종교 · 생태 · 영성

연규홍 외 9인 지음

생명의 씨앗

종교 생태 영성

2007년 4월 1일 인쇄
2007년 4월 8일 발행

지은이/연규홍 외 9인
펴낸이/박옥순
펴낸곳/생명의 씨앗

등록/2007. 3. 25

값/12,000원
ISBN 978-89-958223-5-7 93200

* 파본은 교환해 드립니다.

이 책은 2005년도 한국학술진흥재단(기초학문육성 인문사회분야 지원사업)의
연구지원에 의해 수행되었음(KRF-2005-079-AM0028).

종교 · 생태 · 영성

연규홍 외 9인 지음

생명의 씨앗

머리말

　근대 이후 인간은 편리성을 추구하며 자연을 마음대로 이용하였다. 그 결과 오늘날 생태계는 파괴되고 환경질병, 기후온난화, 식수고갈 등 인간에게 재앙이 다가 오고 있다. 이 재앙으로 인간은 삶의 모든 기반을 잃어버리게 될 위기에 처해있다.
　생태계의 위기를 극복하기 위해서는 무엇보다도 인간의 생태친화적인 삶이 무엇인지 논구하고, 그것을 문화적으로 정착시키는 것이 중요하다. 생태친화적인 삶이 문화로 정착된다면 자연스럽게 생태적 삶이 구현되고 생태계의 위기는 극복될 것이기 때문이다. 그래서 우리는 이 책에서 생태친화적인 문화를 연구하고자 했다.
　생태친화적인 문화를 보다 넓게 정착시키기 위해서는 '대중화될 수 있는 생태문화'를 연구하고 정립해야 한다. 그 동안 연구되고 실행된 생태문화연구는 대중화되기 어려운 특수하고 소규모적 문화가 대상이었다. 예를 들면 생태농업운동, 생태공동체운동 등이다. 그 문화는 주류문화로 편입되기에 한계가 있는 전위적인 문화이다. 우리는 대중적인 생태문화를 연구해야 하고 그것을 확산시키는 방법을 찾아야 한다.
　생태문화가 대중적이고 실천적인 문화가 되려면 먼저 정신문화적으로 형성되어야 한다. 왜냐하면 인간의 삶은 정신에 의하여 결정되기 때문이다. 생대문화가 정신문화적으로 형성되는 것은 종교들에 의하여 이루어지는 영역이 다분하다고 할 수 있다. 종교를 통해 인간의 정신문화가 생태친화적으로 형성된다면 그야말로 대중적이면서도 신념에 찬 생태문화가 될 것이다.

대중적인 종교문화형성에 있어서 한국의 3대 주요종교는 중요한 역할을 담보한다. 2003년 통계청 발표에 따르면 한국의 종교인구는 53.9%이다. 종교인구 중에서 가톨릭·기독교·불교의 종교 인구는 각각 13.7%, 36.8%, 47.0%로 전체 종교인구의 97.5%를 차지하고 있다. 이 통계로 볼 때, 한국의 3대 종교인들이 생태문화를 바르게 형성시킨다면 한국의 문화는 곧 생태친화적인 대중문화가 될 수 있다는 것을 보여준다.

종교적 생태문화를 연구하는데 있어서 중요한 것은 종교성을 중심으로 한 생태문화에 집중되어야 한다는 점이다. 생태계 위기를 극복하기 위해서 그간 접근해 온 시각은 환경관리주의, 환경주의, 생태주의의 3가지 관점이다.

첫째, 환경관리주의는 인간이 자연을 이용하는 재료(material)로, 인간의 욕망 실현을 위한 도구적 가치를 지닌 존재로 보았으며 그것의 영적인(spiritual) 차원을 부정한다. 다만 인간이 살기 위해서는 자연이 필요하므로 자연환경을 계획적으로 관리하고, 대체할 수 있는 시설을 개발하여 위기를 극복할 수 있다고 본다.

둘째, 환경주의는 자연이 영적이고 인간의 동반자(partnership)라고 생각한다. 그러나 이 시각은 인간중심적(anthropo-centric)으로 항상 인간에게 우선순위를 주고 인간이 자연을 마음대로 이용할 수 있다고 본다. 이러한 관점은 이미 환경이라는 말에 표현되어 있는데 환경이란 인간을 중심에 두고 그 주변을 의미하는 말이다. 그래서 환경주의는 인간의 주변에 있는 생활환경이 파괴된 것을 인식하고 더 쾌적한 삶을 위해 주변환경을 보호하자는 것이다. 그래서 환경주의는 멸종해가는 동물을 보호하고 자연을 남용하지는 말자고 주장한다.

환경관리주의와 환경주의는 자연의 영적 혹은 내적 가치에 대해 근본적으로 부정하거나 경시하는 이론으로서 자연과 인간의 동반자적 관계가 전혀 고려되지 못하고 있다. 자연을 인간이 마음대로 이용해도 된다고 말하고 인간이 살기 위해서 단지 아껴서 사용하자는 정도의 논리로 사람들이 얼마나 생태친화적인 삶에 적극적으로 참여하겠는가?

셋째, 생태주의는 환경관리주의, 환경주의와는 근본적으로 다르다. 생태주의는 인간을 중심으로 주변을 다루는 것이 아니라 생태계의 운행원리가 무엇인지를 파악하고자 하고 그 원리에 따라 그 구성원 중의 하나인 인간의 삶을 구상한다. 생태계의 원리를 파악하다가 보니 자연의 유기체성을 발견하고 자연의 형이상학적 배후, 세계관 등에 관심을 둔다. 그 관심의 결과 생태주의는 인간은 물론 자연도 영성(불성)을 가진 내재적 가치를 지닌 존재이고, 그들은 서로 영적 관계 속에서 교류하고 상호보완적으로 조화롭게 공존한다는 결론을 얻는다. 그리하여 인간을 포함한 자연의 상호보완적인 관계성을 실현하는 영성에 관심하고 그 영성의 실현을 추구한다. 따라서 생태주의는 자연의 영성(불성)을 통해 자연의 가치를 고양시키고 자연과 인간의 상호 동반자(partnership)관계를 구상한다. 다시 말하자면, 생태주의는 근본적으로 인간과 자연을 친화적인 존재로 규정한다. 바로 이러한 시각이 오늘날 인간이 처한 생태위기의 극복을 위한 근본적인 대안이라고 판단된다. 그리하여 우리는 생태주의에 입각한 문화에 관심을 기울인다.

생태위기 극복을 위한 문화를 다룸에 있어, 그 문화의 근저에 자연 영성을 고려하고 또한 한국의 대표적인 3대 송교들이 그것을 어떻게 구상하여 대중화할 수 있는지를 고려할 때, 생태위기의 문제를 문화적으로 극복하기 위한 계기를 마련할 수 있는 것이다.

이 책은 이러한 인식 아래 자연의 영성에 기초한 생태적인 종교문화를 연구하고자 기획되었으며 그 기획의 부분적인 결과물이다. 우리는 학술진흥재단에서 2년간의 연구비를 받고 4권의 책으로 연구성과를 발표할 예정인데 이것은 그 첫 번째 연구성과이다. 부족한 점이 많지만 이 책이 종교의 생태문화에 기여할 수 있기를 바란다. 이 연구에 참여하여 글을 주신 선생님들에게 감사드린다. 특별히 이 연구에 참여하지는 않으셨지만 우리에게 좋은 강연을 해 주시고 그 강연문을 게재하도록 허락해주신 천주교 대구대교구의 정홍규 신부님께 감사드린다.

2007. 3. 20
수유리에서 연규홍

차 례

머리말 ___ 5

자연영성과 경전

『傳燈錄』에 나타난 禪師들의 동식물관 · 최동순 ___ 11
예수와 초기 공동체 이적 신앙의 생태학적 이해
–공관복음서의 이적이야기를 중심으로– · 박두환 ___ 41

자연영성과 교리

자연의 영성과 성령의 내재 · 임홍빈 ___ 64
馬祖의 '道' 관념과 생태학적 구조 · 이법산 ___ 92
천태불성론의 생태학적 탐색 · 차차석 ___ 117
매튜 폭스의 생태영성 · 권명수 ___ 145

자연영성과 신앙적 삶

성 프란치시코의 자연영성과 한국 프란치스칸의 수도생활
· 노용필 ___ 172
불살생의 생태적 문화에 대하여 · 김치온 ___ 203
자연 영성가 빙엔의 힐데가르트 · 정홍규 ___ 228

자연영성과 경전

최 동 순

박 두 환

『傳燈錄』에 나타난 禪師들의 동식물관

최 동 순 (동국대학교)

I. 서언(緖言)

 환경생태 문제가 우리 사회의 화두로 등장한지 오래다. 공해나 자원 고갈 문제를 넘어 사회 모든 분야에 영향을 미치고 있다. 또한 하나의 국가가 아닌 모든 세계 국가에 포함되는 공통분모적 사안이다. 시간의 흐름에 따라 심각하게 제기되는 문제에 수반하여, 이를 해결하려는 노력 또한 사회의 커다란 경향으로 다가온 점이다. 불교가 생태 친화적인 종교임에 틀림없다면 현대사회를 이끌어나갈 책무 또한 지게 되는 것이다.
 하나의 국가나 사회에 문제가 제기되었을 때 길항(吉恒)작용이 작동하듯 압력단체나 종교단체 등 문제 해결에 대한 해법이나 실천 요구가 수반된다. 불교 또한 사회를 건강하게 유지시키려는 길항적 구조를 내포하고 있으며, 개인 심성과 사회 치유는 물론 계몽적 목표성을 지닌다.
 불교의 다양한 가르침 가운데 선정수행이 차지하는 비중이 매우 높다. 깨침에 이르기 위한 논리와 이론적인 바탕인 불교학이 있다면, 이를 통해 부처나 선사와 동일하게 되려는 선수행이 있다. 실천성을 앞세워 선종(禪宗)이 성립되었고 불교문화가 꽃피우는 저변적 역할을 하였다. 그러한 선종의 중심에는 간화선(看話禪)의 역사가 자리하고 있으며, 그 간화선의 중심에는 『(경덕)전등록』이라는 공안집(公案集)이 대표하고 있다. 선과 생태학의 학제적 토대를 도출시키기 위한 기반 작업으로서『전등록』에 나타난 생태학 용어를 추출하여 해당 Data에 따른 분석이 필요하다고 판단하였다. 따라서 선종문헌에 대한 생태학적 연구는 환경문제 해결에 크게 기여할 것임에 틀림없다. 그 기초적 작업으로서 선문답(공안)의 난해성을 극복하고 생태문제에 대한 해결적 가시점을 제공해야 하는 것이다.

『전등록』에 수록된 1700여 개의 공안들은 선의 목표인 오도(悟道)에 대한 체험의 영역을 기록한 것이다. 공안참구를 통해 많은 선수행자들이 선사(禪師)의 반열에 들었고 선사들의 말씀들은 금과옥조로 남아 있다. 공안을 이루고 있는 내용은 인간을 비롯하여 많은 부분이 자연환경을 주제로 했기 때문이다.

역사를 두고 조사(선사)들의 말씀은 불설과 동격이며 동시에 분석대상이 아니었다. 그러나 선의 영역이 아닌 생태학적 관점에서 선기(禪機) 어린 선사들의 말씀을 분석해야할 의무가 있다. 선사들의 입장에서 바라보는 자연 즉 세계와 동물, 식물과 등에 대한 자연관이 도출되어야 한다. 그리고 선사들의 자타불이(自他不二)적 관점이 현 사회에 응용될 수 있어야 한다. 그러한 작업의 시작으로서「전등록」은 매우 적합한 문헌이며, 선사들의 생태관을 연구하는 시발점이 될 수 있는 것이다. 이를 위해 컴퓨터에 입력된『전등록』텍스트(대정신수대장경 51권, pp.196~468)를 이용하여 문자를 검색하는 방법을 도입하였다.

Ⅱ.『전등록』의 성립과 공안의 생태학적 위치

선사상과 선문화, 그리고 선의 역사를 총칭한다면 그 범위는 매우 넓다. 특히 한중일 동아시아에 있어 남종선(南宗禪)으로 일컫는 조사선(祖師禪)이 차지하는 비중이 높다. 본 논문의 분석대상은 선사들의 어록과 그 내용에 담겨있는「전등록」의 자연관과 생태관련 단어들이다.

『전등록』은 30권 본으로 구성되어 있다.[1] 『전등록』은 북송 진종(眞宗)이 문화적 자부심을 드러내고자 도원(道原)에 명하여 편찬한 책으로서 당시 선종이 유행하던 시기와 맞물려 있다. 북송 경덕 3(1006)년에 의해 완성되었으며, 과거 칠불(七佛)로부터 당시까지 선종 조사들의 전등 법계(法系)와 선사들의 행위·어록을 기록한 공안집(公案集)[2]이다. 중국 선사들뿐만 아니라 한국 선사들의 행장(行狀)을 함께 수록하고 있다. 신라 출신으로 등재된 선사는 본여(本如) 등 모두 40여 명이며, 고려의 선사들도 10여명의 이름이 보이고 있다.

『전등록』 공안의 내용 분석을 통해 선사들의 법계관은 물론 동물관과 식물관에 대하여 알 수 있으며, 또한 생태학적 접근이 가능한 것이다. 또한 공안의 주제와 용어들을 중심으로 면밀히 살펴본다면, 『전등록』의 공안이 내포하는 생태학적 위치와 그 의의를 드러내게

---

1) 1권부터 26권까지는 과거불로부터 선종 조사 53세(世)에 이르는 오가칠종(五家七宗)의 법계(法系)를 소개하고 있다. 소개된 선사들은 모두 1712인이며, 이들 중 954인은 어록이 수록되어 있고 758인은 이름만 소개하고 있다. 그리고 27권에는 선사는 아니지만 선종에 영향을 끼친 유명한 인물들을 소개하였다. 28권부터 30권까지는 선사들의 법어(法語)와 찬(讚), 염송(拈頌), 게송(偈頌), 선시(禪詩) 등 관련 자료들을 수록하고 있다. 책의 내용은 선사들의 어록과 행위가 곧 공안이라고 할 때, 1700여 개의 행위[일화(逸話), episode]들을 소개하고 있다. 그 일화들 하나 하나가 공안(화두)으로서 불조(佛祖)의 설법과 동등하게 취급하며, 또한 후세의 선입문자들에게 훌륭한 귀감이 되었다. 『전등록』의 총 글자 수는 379,500여 자에 달한다. 선종이 불립문자(不立文字)를 지향하는 선사들의 어록임을 감안할 때 이는 방대한 분량이라고 하겠다. 그것이 불교의 교리를 설하였다기 보다 선사들의 행록을 사실대로 기록한 공안집(公案集)인 것이다. 『전등록』에는 1700여개의 공안을 수록하고 있다. 이들은 고칙(古則) 공안으로서 간화선(看話禪) 수행자의 고전(古典)이다. 『전등록』의 수많은 공안은 다시 『무문관(無門關)』이나 『벽암록(碧巖錄)』 등으로 축약되어 평창(評唱)이나 염송(拈頌)이 부가되기도 하였다. 또한 『전등록』을 이어 『속전등록(續傳燈錄)』이 편찬되었으며, 고려에서는 이를 토대로 『선문염송(禪門拈頌)』이 발행되었다. 『전등록』.
2) 공안(公案)은 깨달은 선사들의 행위와 말씀을 과제로 들고 고찰[參究]하는 것을 말한다. 공공문서처럼 확고부동하다는 의미이며, 화두(話頭)라고도 한다.

된다. 그것을 다음의 세 가지로 요약하고자 한다.

첫째, 자연환경과의 긴밀한 접근성이다. 탁발(托鉢)을 해야 하는 남방불교와 달리 중국에서 발생한 선종은 민가와 분리된 고요한 곳을 입지조건으로 삼는다. 천태대사는 수행처를 한거정처(閑居靜處)라 하여 가축 소리가 들리지 않아야 한다고 하였다.[3] 선찰(禪刹)들이 자연 속에 위치함으로써 동식물이나 자연환경에 대한 주제들이 무리 없이 공안으로 이입될 수 있었던 것이다.

둘째, 불성론(佛性論)의 중심에 있다. 공안참구의 목적이 자신의 불성을 드러내는 수행이며, 직지인심(直指人心) 견성성불(見性成佛)로 요약된다. 견성을 위해 공안 속에 나타난 주제인 자연과 주위 환경에 대하여 끊임없이 참구(=사색)해야 한다. 오도(悟道)는 곧 불성의 현현(顯現)이며 자신과 자신을 둘러싼 연기(緣起)적 관계성을 완벽히 깨닫는 것이다. 따라서 수행자 자신의 불성 확인은 물론 대상들이 갖추고 있는 고귀한 가치(불성)까지도 확인한다는 점이다.

셋째, 자연과의 공존이 두드러진다. 선사들의 상당(上堂) 설법이나 제자와의 선문답 등을 미루어 볼 때, 집단적인 대중생활을 영위했음을 알게 한다. 집단 생활을 위해 불교의 계율은 물론 선원의 규칙인 청규(淸規)를 통해 선자들의 행위를 제한한다. 계율과 청규는 거주 대중들의 공존은 물론 주위 환경과의 공존이 반드시 전제되어야 하는 것이다.

이와 같이 살펴볼 때 『전등록』의 공안은 현 시대에도 선자들과 일반인에게도 선수행을 인도하며, 동시에 선수행은 생태학적 응용 과정에서 많은 영향을 끼칠 수 있다는 점이다.

---

3) 「修習止觀坐禪法要」(대정장 46. p.463중). "離于聚落極近三四里 此則放牧聲 絕無諸憒閙"

Ⅲ. 법계관(法界觀)에 대한 선사들의 인식

　선종 공안에는 불교적 세계관이 충분하게 반영되어 있다. 선수행자들이 참구하는 공안의 내용 가운데 동식물과 주위 환경에 대한 자연이 주제로 설정된 것이 많다. 이에 대한 이해를 위해 먼저 공안의 주제가 된 불교적 세계관이 분석되어야 한다. 인도 초기불교로부터 대승불교로 형성된 불교가 중국에 전래되었고, 그러한 불교적 세계관이 선사들에게 영향을 끼쳤다. 불교의 세계관은 선사들에게 자연스럽게 이입되었고, 공안의 내용을 구성하게 되었으며, 이는 수행자들이 공유하는 자연관으로 발전했던 것이다.

　인도불교는 고대인도의 신화적 세계관을 도입하여 불교적 법계(法界)로 재구성하였다. 『전등록』 또한 불교적 법계관을 그대로 수용하고 있으며, 법계관에 드러난 다양한 신(神)들과 중생들을 공안의 주제로 등장시키고 있다. 인도 초기불교의 삼계(三界)와 육도(六道)가 대표적으로 도입된 불교적 세계관이며, 『전등록』에도 적극적으로 수용되었음을 볼 수 있다.

　초기불교의 [삼계육도], 『화엄경』의 [십법계], 정토계 경전의 [정토세계], 『화엄경』과 『범망경』에 나타난 [연화장세계] 등이 불교적 세계관을 대표한다. 중국에서 형성된 선종은 인도의 선정과 그 성격이 다르지만, 이와 같은 불교의 법계관을 그대로 수용하고 있다. 따라서 『전등록』에 나타난 세계관을 통해 선사들의 자연관에 접근할 수 있다고 하겠다.

1. 삼계(三界)와 『전등록』

　초기불교 세계관으로서 삼계(三界)는 욕계(欲界)·색계(色界)·

무색계(無色界)가 대표적이다. 삼계는 선정(禪定)이 가능한 곳인가의 능력에 따라 분류한 세계관이다. 초기불교의 선정설은 사선(四禪), 사무색정(四無色定), 멸진정(滅盡定)의 순서로 상승(上昇)된다고 보았다. 인도불교는 선정 수행의 능력과 업보에 따라 해당 세계에 존재하거나 태어날 수 있다고 보았다.[4] 실제로 『전등록』 용어를 중심으로 살펴 볼 때, 선사들의 이 같은 삼계관이 여러 곳에서 보이고 있다. 선종원 명(明)선사의 상당설법에 나타난 삼계관을 살펴본다.

> 복주(福州) 선종원(僊宗院)의 명(明)선사. 삼계에 대한 상당설법에서 이르기를, '다행히 이러한 문풍(門風)이 있거늘 왜 뚜렷이 계승하지 못하는가. 만일 계승한다면 삼계 안에 있지 않을 것이니, 삼계를 벗어난다면 삼계를 무너뜨리고, 삼계에 있으면 삼계에 걸린다. 걸리지 않고 무너뜨리지 않으면 이것이 삼계를 벗어나면서도 삼계를 벗어나지 않는 것이다. 이렇게 깨달으면 불법의 종자가 되기에 넉넉하고 인간과 하늘이 믿을 수 있으리라.'[5]

본 공안은 불교의 기본적인 세계관인 삼계(三界)(55)라는 주제를 중심으로 형성되었고, 삼계는 벗어나야 할 대상으로 인식하고 있다는 점이다. 욕계와 색계뿐만 아니라 고도의 선정이 이루어진다는 무색계 마저도 벗어나야 한다는 세계관을 보여준다. 전통적인 삼계관 설명과 함께 『전등록』 텍스트 전체를 대상으로 '三界'라는 용어를

---

4) 아베쵸이치 著, 최현각 譯, 『인도의 선 중국의 선』(서울: 민족사, 1994), p.42.
5) 『전등록』(대정장 51, p.382상), "福州僊宗院明禪師 師上堂曰 幸有如是門風 何不烜赫地紹續取 去若也紹得不在三界 若出三界卽壞三界 若在三界卽礙三界 不礙不壞是出三界 是不出三界 恁麼徹去堪爲佛法種子 人天有賴"
6) 불교적 법계관이 『전등록』에 나타난 용어 데이터를 중심으로 전개하고자 한다. 관련 용어 뒤의 (   )와 숫자는 『전등록』에서 검색된 용어 갯수이다.

검색하여 초기불교 세계관에 대입시켰다.[6]

첫째, 욕계(欲界)(4)의 위치는 세계의 맨 아래에 위치하며 오감(五感)의 쾌락을 추구하는 본능적 욕망이 충만한 세계이다. 욕심의 세계이므로 진정한 선정이 이루어질 수 없는 세계라고 간주한다. 인간이 사는 세계와 아수라의 세계, 그리고 육욕천(六欲天)(1)도 여기에 포함된다.

『전등록』의 법계 용어 중 지계(地界=땅)(130)와 허공계(虛空界)(233)가 가장 많이 등장한다. 따라서 선사들은 허공이라는 공간이 갖는 특징을 선문답이나 법어에서 매우 많이 사용한 것을 알 수 있다. 육도(六道)(13)를 구성하는 용어를 추출해 본다면, 지계(地界)의 지옥(地獄)(28), 아귀(餓鬼)(4), 축생(畜生)(16), 인간(人間)(7)과 허공계는 아수라(阿修羅)(3)와 천상인간(天上人間)(9)이 나타난다. 천상 중의 육욕천은 사왕천(四王天)(5)[7], 도리천(忉利天)(4), 야마천(夜摩天), 도솔천(兜率天)(2), 화락천(化樂天), 타화자재천(他化自在天)(1)으로 구성된다. 욕계는 우리가 살고 있는 세계이며, 땅과 허공의 현실세계를 중심으로 구성하고 있다. 초기불교의 삼계적 세계관과 사선(四禪)의 선정관의 입장에서 본다면 욕계는 진정한 선정이 이루어질 수 없으므로 선정 수행을 통해 욕계는 물론 삼계 모두를 벗어나라고 강조한다.

둘째, 색계(色界)(1)는 욕계 위에 있으며 음욕(婬欲)과 식욕(食慾) 등 오욕이 없고 묘한 물질[色]로 구성된 세계이다. 색계에는 사선천(四禪天)이 있어 초선, 제2선, 제3선, 제4선의 선정이 가능한 곳이

---

7) 사왕천은 지국천(持國天), 증장천(增長天), 광목천(廣目天), 다문천(多聞天)으로 구성된다. 그러나 『전등록』에는 사왕천의 명칭만 보일 뿐 사왕천 각각의 이름은 보이지 않고 있다.
8) 초선천(初禪天)은 범천·범중천·범보천·대범천이며, 이선천(二禪天)은 소광천·무량광천·광음천이며, 삼선천(三禪天)은 소정천·무량정천·변정천이며, 사선천(四禪天)은 무운천·복생천·광과천으로 구성되어 있다.

다.[8] 사선천 위에 청정한 행위가 이루어지는 정범지(淨梵地)가 있다. 사선은 각각 세분화된 선천(禪天)들이 존재한다. 그러나 『전등록』에는 이들 색계천 중 초선천의 범천(梵天)(6)의 용어만 나타날 뿐 다른 용어는 보이지 않는다. 이러한 이유는 선사들이 복잡한 선천(禪天) 분류 대신 '삼계'라는 용어로도 충분했기 때문일 것이다. 『전등록』의 성립은 이미 중국 간화선과 선종이 발달한 이후이기 때문이기도 하다. 돈오(頓悟)를 지향하는 조사선(祖師禪)의 입장에서 사선(四禪)으로 대변되는 차별적, 분류적, 점수(漸修)적인 복잡성을 굳이 인용할 필요가 없었을 것이다.

셋째, 무색계(無色界)는 욕심이나 물질적인 것이 사라지고 고도의 정신 세계만 남아 있는 무념무상(無念無想)의 세계이다. 무색계는 사처에 따라 각각 사무색정(四無色定)[9]이 가능한 곳이다. 『전등록』에는 이 사처정 중에 무소유처정(無所有處定)(1)과 비상비비상처정(非想非非想處定)(1)만 보이며,[10] 나머지는 보이지 않는다. 색계의 사천(四天禪)과 무색계의 사처정(四處定)을 합하여 사선팔정(四禪八定)이며, 여기에 멸진정(滅盡定)을 합하여 구차제정(九次第定)이라는 초기불교의 수행 단계로 구성되었다.

삼계의 분류 기준은 불교 수행의 입장에서 구분한 세계이며, 선정이 가능한 곳인가를 기준으로 삼고 있다. 욕계의 선정은 곧 선정과 유사한 것이지만, 진정한 선정이 아니라고 보는 것이다. 욕심이 제거된 세계인 색계부터 비로소 선정이 가능하며, 색계천 또한 정

---

9) 무색계의 사처정(四處定)은 공무변처정(空無邊處定), 식무변처정(識無邊處定), 무소유처정(無所有處定), 비상비비상처(非想非非想處定)이다.

10) 『전등록』(대정장 51, p.205중). "아람가람(阿藍迦藍, 알랄라깔라마)에게 3년 동안 불용처정(不用處定=무소유처정)을 배웠으나 옳지 못한 것임을 알자 버렸다. 다시 울두람불(鬱頭藍弗, 웃다까라마푸트라)에 가서 3년 동안 비비상정(非非想處定)을 배웠으나 그것도 그른 줄 알고 버렸다.[始於阿藍迦藍處 三年學 不用處定 知非便捨 復至鬱頭藍弗處 三年學非非想定]"

(定)에 따른 분류이다. 무색계도 정(定)에 따라 공무변처정, 식무변처정, 무소유처정, 비상비비상처정 사처정(四處定)로 분류한다. 삼계의 구성은 선정 수행을 중심으로 이루어진 것이다. 따라서 「전등록」의 선사들은 사선팔정(四禪八定)과 멸진정(滅盡定)의 수행적 세계관을 간화선(看話禪)에 응용하고 있다. 그러나 육욕천과 구차제정의 수행단계의 세계에 관심을 두지 않은 반면, 우리가 살고 있는 현실, 즉 지계(地界)와 허공계(虛空界)를 중요하게 취급하였고, 인용된 숫자 또한 매우 많다.

지계와 허공계가 공안에 많이 인용되었다는 것은 현실의 가치관을 중시하였음을 말한다. 색계 무색계의 가늠하기 어려운 선정보다 욕계의 대상과 그 연기에서 깨달음을 얻는 방식인 것이다. 따라서 선은 현실 인간계와 자연계의 생태학적 관점을 명확히 세우고 있는 것이다.

중국 선종의 또 다른 세계관은 초기불교나 부파불교 보다 대승불교에 기반하고 있다는 점이다. 대승불교의 기본적인 세계관은 십법계(十法界)이다. 10계는 지옥·아귀·축생의 3악도(三惡道), 인·아수라·천의 3선도(三善道), 그리고 성문·연각·보살의 성인도(聖人道)와 불계로 구성된다. 초기불교의 세계관인 6도(六道)에 대승불교 세계관인 3승과 불계가 덧붙여진 것이다. 따라서 사선·사처정·멸진정의 구차제정(九次第定)과 관련된 용어가 드물게 인용되는 이유인 것이다.

2. 십법계(十法界)설

십법계(十法界)설은 범부계(凡夫界)의 육도(六道)에 성문계(聲聞界), 연각계(緣覺界), 보살계(菩薩界), 불계(佛界)의 사성계(四聖界)

을 더한 숫자이다. 십법계는 천태대사(天台大師) 지의(智顗, 538-597)가 『법화현의(法華玄義)』[11]와 『마하지관(摩訶止觀)』 등에서 소개하고 있다. 십법계의 구조는 비록 선종에서 형성된 것이 아니지만, 많은 숫자의 관련 용어들이 『전등록』에서 배출되고 있으므로 십법계를 중심으로 검색하였다.[12] 십법계에 태어나는 중생이나 부처님은 업보와 불교적 수행에 따라 태어나는데, 이를 다시 삼악도와 삼선도, 성인도와 불계의 네 가지로 나누고 이를 중심으로 십법계와 관련된 용어를 『전등록』 전문(全文)에서 검색하였다.

첫째, 『전등록』에 나타난 삼악도(三惡道)(3)는 지옥계, 아귀계, 축생계로서 악업에 의해 태어나는 세계이다. 『전등록』 텍스트에서 검색된 용어들을 중심으로 열거한다. 지옥계는 지옥(地獄)(28), 아비(阿鼻)(3)지옥, 도산(刀山)(4)지옥=검수(劍樹)(2)지옥, 무간(無間)(6)지옥이 나타나며, 아귀계는 아귀(餓鬼)(4), 귀신(鬼神)(4), 중음(中陰)(1)이 보이고 있다. 그리고 축생계의 축생(畜生)(16)이 보이고 있다.[13]

둘째, 삼선도(三善道)는 선업에 의한 세계로서 수라계, 인계(人界), 천계가 여기에 속한다. 수라계에는 수라뿐만 아니라 정매귀도 함께 포함하였다. 마왕(魔王)(5), 마계(魔界)(3) 마궁(魔宮)(2), 마매(魔魅)(3), 수라(修羅)(3), 천마(天魔)(7)가 포착되고 있으며, 인계와

---

11) 『法華玄義』(대정장 33, p.694상). 지의는 「법화현의」 권2上에서 십여시의 설명 중에 사취(지옥 · 아귀 · 축생 · 수라)와 인천(인간계 · 천계), 그리고 이승(성문 · 연각), 보살불(보살계 · 불계)의 십계를 제시하고 있다.(初四趣 次人天 次二乘 次菩薩佛也)
12) 천태지의가 「법화현의」에서 십법계를 설했지만, 온주(溫州) 서록사(瑞鹿寺)의 본선(本先)선사 설법에 십법계의 내용이 나타나고 있다(대정장 51, p.426중).
13) 공안참구(公案參究)에 있어 지옥과 천당의 구분은 자주 나타나는 기연으로 삼고 있다. 대표적으로 양산 혜적은 어떤 스님의 질문에 다음과 같이 대답하고 있다. 어떤 스님이 묻기를 "천당과 지옥의 거리가 얼마나 됩니까." 하자 혜적은 주장자로 땅에다 한 획을 북 긋는 행위를 보였다.(대정장 51, p.283하, 問天堂地獄相去幾何 師將拄杖畫地一畫) 공안참구에 있어 지옥과 천당은 구분의 대상이 아니라 불성을 현현시키는 기연의 대상임을 밝히는 것이다.

관련하여 사바세계(娑婆世界)(5), 인간(人間)계(5)가 검출된다. 그리고 천계는 도리천(忉利天), 범왕(梵王)(5), 범천(梵天)(6), 삼십삼천(三十三天)(1), 자재천(自在天)(1), 천중(天衆)(2), 천선(天仙)(1), 천당(天堂)(5), 도솔(兜率宮)(8), 비사문천(毘沙門王)(1), 제석(帝釋)(6), 염왕(閻王=閻羅王)(4), 긴나라왕(緊那羅王)(1), 금륜천자(金輪天子)(2)가 관련되는 용어들이 보인다. 선수행을 방해하는 존재를 마군[魔]으로 보았고, 색계의 초선천에 해당하는 범천과 제석천(왕)을 공안의 주제로 떠올린 것이 특징이다.[14]

셋째, 성인도(聖人道)는 성문계의 성문(聲聞)(32), 연각계의 연각(緣覺=벽지불(辟支佛))(9), 그리고 보살계의 관세음보살(觀世音)(48), 지장(地藏)(6), 세지(勢至)(2), 보현(普賢)(1), 문수(文殊)(9)가 나타나고 있다. 이와 같이 성인도(계)를 주제로 많은 공안이 성립된 것을 볼 수 있다. 특히 공안 중에 '관세음보살' 용어가 많이 검출되었다는 것은 선사들의 자리(自利)적 수도만 지향한 것이 아니라 이타(利他)적 구원을 병행했음을 알 수 있다. 특히 십일면 관세음보살과 천수천안 관세음보살을 공안의 주제로 삼았음이 보여진다.[15] 또한 각 지역에 관음원의 이름으로 선찰(禪刹)이 존재했으며, 많은 숫자의 관음선사(觀音禪師)가 검색되었다는 것이 이를 반증한다. 관

---

14) 범천(梵天)과 제석(帝釋)을 주제로 이루어진 공안은 악주(鄂州)의 신개호감(新開顥鑑)선사의 일화가 대표적이다. 그가 처음에 운문(雲門)에 있을 때에 운문이 말했다. "아수라왕이 업을 발동하여 수미산을 한 주먹 때리고 범천(梵天)으로 뛰어올라 제석에게 보고했거늘 그대는 어째서 일본국(日本國)에 가서 몸을 숨기는가.(대정장 51, p.386상, 雲門日 修羅王發業打須彌山一摑 □跳上梵天報帝釋 爾爲什麽卻去日本國裏藏身)"

15) 도오가 물었다.
"관세음보살의 천 개의 눈과 손이란 무슨 뜻입니까.'
"어두울 때에 너듬어서 퇴침을 찾았다면 어떻겠는가.'
"알았소이다. 알았소이다.'
"어떻게 알았는가.'
"온몸이 눈이군요.' (대정장 51, p.315상. 道吾問 大悲千手眼如何 師日 如無燈時把得枕子怎麽生 道吾日 我會也我會也 師日 怎麽生會 道吾日 通身是眼)

세음보살 뿐만 아니라 문수, 보현 등 많은 수의 보살이 등장하며, 성문과 벽지불도 공안의 중요한 주제였음이 보인다.

넷째, 불계(佛界)와 부처님의 명호들에 대한 검출을 다음과 같이 열거한다. 과거칠불(10)[16]을 비롯하여 과거등명불(過去燈明佛)(2), 아촉불(阿閦佛)(1), 아미타불(阿彌陀佛)(4), 위음왕불(威音王佛)(6), 공왕불(空王佛)(1), 사자월불(師子月佛)(1), 치성광불(熾盛光佛)(1), 연등불(燃燈佛)(4), 보광왕불(普光王佛)(1), 자씨불(慈氏佛)(3), 석가(釋迦如來=釋迦佛=釋迦牟尼佛)(33), 석존(世尊)(42), 초심정각불(初心正覺佛)(1), 성문불(聲聞佛)(1), 진여(眞如=眞如佛=眞如佛性=眞如佛像=眞如理=眞如心=眞如般若)(59), 천진불(天眞佛)(3), 천중천(天中天)(2), 여여불(如如佛)(1), 여래(如來)(145)의 여래 명호들이 검색된다. 견성(見性)을 목적으로 공안 참구를 하는 간화선이지만, 부처님의 다양한 명호를 사용했다는 것은 그만큼 깨달음의 세계인 불계(佛界)를 희구했음을 반증한다고 하겠다. 그러나 공안 중에서 석존 혹은 석가라는 검색어를 살펴볼 때, 경배와 신앙의 대상이기보다 오히려 극복해야할 대상으로 삼았음을 볼 수 있다.[17] 이는 수행자들의 깨달음에 대한 기대[待悟心]와 담론들을 경계했음을 말한다.

3. 그 외의 법계관(法界觀)

(1) 『전등록』과 수미산(須彌山)의 구조

---

16) 과거칠불은 비바시불, 시기불, 비사부불, 구류손불, 구나함모니불, 가섭불, 석가불이며 미래불은 미륵불이다.

17) 간화선 즉 조사선의 입장에서 본다면 인도의 선을 대표하는 석가(석존)는 여래선이다. 여래선에 대한 비판적 입장이므로 천연선사 조에 등장하는 목불(木佛)을 태우는 공안(대정장 51, p.313하)은 물론 농주(隴州) 국청원(國淸院) 봉(奉)선사조에서는 "석가는 우두옥졸(牛頭獄卒)이요, 조사는 마면아파(馬面阿婆)니라(대정장 51, p.287중)"하여 여래선 혹은 조사선으로 분류하는 차별적 입장을 경계하고 있음을 본다.

수미산의 구조는 불교적 상상력에 의한 대표적인 세계관이다. 삼계의 분류가 선정 능력에 따른 기준이라면, 수미산(須彌山, Sumeru-parvata)(32)을 통해 삼계의 구조를 구체적으로 보여준다. 『도행반야경』, 『유마경』, 『무량수경』 등에 나타난 수미산의 구조를 보면, 최하부에 거대한 풍륜(風輪)이 있고, 그 위로 수륜(水輪)(1), 금륜(金輪)(3)과 지륜(地輪)이 차례로 겹쳐져 있다. 중앙에 거대한 수미산(높이: 팔만유순, 1유순=40리)이 솟아있고, 주위에 거대한 8개의 산과 바다인 구산팔해(九山八海)가 에워싸고 있다. 수미산 중턱을 중심으로 사주(四洲)가 있는데, 동승신주(東勝身洲), 서우화주(西牛貨洲), 남섬부주(南贍部洲)(2), 북구로주(北俱盧洲)가 있다고 하였다. 현재 우리들이 살고 있는 지구는 남섬부주(南贍部洲) 혹은 남염부제(南閻浮提=閻浮)(5)에 해당한다. 그리고 수미산 위 허공에는 33천으로 구성되어 있다. 선사들의 공안에 등장한 수미산은 불교의 법계관을 나타내기보다 높고 크고 거대하다는 표현을 대신한다. 무주(撫州) 용제산(龍濟山) 소수(紹修) 선사조에 등장하는 수미산과 관련된 내용은 다음과 같다.

어떤 이가 물었다. "경전에 말씀하시기를, '수미산에다 겨자씨를 넣고, 겨자씨 속에다 수미산을 넣는다'고 하는데 어떤 것이 수미산입니까?"
"그대의 심장을 꿰뚫었다."
"어떤 것이 겨자씨입니까?"
"그대의 눈을 막았다."
"어떤 것이 넣는 것입니까?"
"수미산과 겨자씨를 가져오너라."
"앞서 한 말씀은 무엇입니까?"

"앞서 무엇이라 했는가?"[18]

경전에 나타난 거대한 세계 구조를 공안의 주제로 도입한 경우이다. 수미산을 매우 작은 단위의 겨자씨에 비교하여 스승과 제자 사이에 선기(禪機)가 오가는 사례이다. 수미산의 구조가 일반적으로 통용되었음을 의미하며, 이미 선사들의 법계관(法界觀)에 자리하고 있었던 것이다.

(2) 정토(淨土)와 연화장(蓮華藏) 세계

『전등록』에서는 심즉시불(心卽是佛) 즉 유심정토(唯心淨土) 혹은 삼계유심(三界唯心)(13)을 추구하므로, 사후 피안(彼岸)(6)에 왕생(往生)하는 정토세계에 대한 인식이 적을 수밖에 없다. 그러나 정토와 관련된 몇 가지의 용어는 『전등록』에 여러 번 노출되고 있다.

첫째 정토에 대한 설명은 『유마경(維摩經)』, 『무량수경(無量壽經)』 등에 보인다. 서방세계의 극락(極樂) 국토인 정토에는 아미타불(阿彌陀佛)(2) 설법하고 있는 곳이다. 또한 염불과 보살도를 닦아 부처가 될 것이 결정된 이들이 죽어서 왕생한 아비발치[불퇴전보살]들이 있는 곳이다. 낙방(樂邦)이라고도 하며, 선종에서는 안양(安養)이라고도 하며 『전등록』에서는 천당(天堂)(10)이라는 용어를 사용하였다.

둘째 화장정토로서 연화장(蓮華藏)세계는 『화엄경』[19]과 『법화현의』[20] 등에 설명된 불교적 이상세계이다. 원래 인도 바라문교에서 대수(大水)에서 비쉬뉴신(vishnu)이 나타나고 그 신의 배꼽 안에서

---

18) 『전등록』(대정장 51, p.401상) "問敎云 須彌納芥子芥子納須彌 如何是須彌 師曰 穿破汝心 曰如何是芥子 師曰 塞卻女眼 曰如何納 師曰 把將須彌與芥子來 曰前言何在 師曰前有什麼言"
19) 『화엄경』(80권본)(대정장 8, p.39상) 이하.
20) 『법화현의』(대정장 33, p.768하) 이하.

천 개의 꽃잎의 금색 연화를 낳고 그 안에 범천왕이 출현하여 모든 생물을 낳았다고 하는 견해를 불교에서 받아들인 것이다. 노사나불(盧舍那佛)(1)의 서원에 의해 출현한 세계로서 가장 밑에 풍륜(風輪)이 있고, 그 위에 향수해(香水海)가 있고, 그 위에 대연화(一大蓮華)가 떠있다. 그 세계는 함장된 세계이므로 연화장(蓮華藏)(1) 세계이다. 대연화 안에 다시 여러 세계가 있고, 그물처럼 그 세계를 엮고 있다. 수미산 개념과 유사한 세계이다.

공안은 평상심시도(平常心是道)라는 현실을 중요시하는 입장이므로 정토교의 내세관과 다르다. 때문에 다른 세계인 '연화장세계', 혹은 죽어서 왕생하는 '정토세계'는 삼계유심(三界唯心)적 입장인 『전등록』에서는 해당 용어에 대한 검색이 드물게 나타나는 것이다.

4. 다양한 법계 용어들

지금까지 살펴 본 바와 같이 『전등록』에 나타난 삼계와 육도를 통한 십계, 그리고 수미산 구조 및 정토와 관련된 용어들을 검출해 보았다. 불교의 이상인 불계(佛界)를 희구하지만, 선종 즉 『전등록』은 오히려 현실에 나타난 대상들을 중요하게 여기고 있음을 보았다. 상상적 세계라하더라도 현재의 수행과 직접적인 관련을 맺고 있어야 함을 제시한다. 그러므로 『전등록』에 보이는 삼계·육도를 차지하는 두두물물(頭頭物物)(1)들은 대부분 현실적 반영이라 해야 할 것이다. 삼계육도와 관련하여 『전등록』에 나타난 용어들을 다음과 같이 열거한다.

(1) 중생계와 관련

중생(衆生)(=중생계)(180), 유정(有情)(19), 무정(無情)(38), 육취

(六趣)(5), 사생(四生)4(태생(胎生)(1), 난생(卵生)(1), 습생(濕生)(1), 화생(化生)(3)), 군생(群生)(16),

(2) 인비인(人非人): 귀신(鬼神)
 (천룡)팔부(八部)(2), 용(龍)(31), 용왕(龍王)(3), 용궁(龍宮)(4), 용녀(龍女)(4), 금룡(金龍)(2), 화룡(火龍)(1), 금강대사(金剛大士=金剛力士)(8), 허공신(虛空神)(1), 산신(山神)(5), 지신(地神)(2), 야차(夜叉)(2), 나찰귀(羅刹鬼)(3), 요귀매(妖鬼魅)(1)

(3) 불신(佛身)의 명칭 및 공능(功能)
 응신(應身)(4)=화신(化身)(6)=응화(應化)(7), 보신(報身)(5)=보불(報佛)(5), 고불(古佛)(34), 색신(色身)(20), 법신(法身)(131), 불신(佛身)(23), 불타(佛陀)(11), 삼세제불(三世諸佛)(18), 유상불(有相佛)(1), 무상불(無相佛)(1), 불지견(佛知見)(5), 여래지견(如來知見)(3)

(4) 불국토개념
 예토(穢土)(2), 시방(十方)(77), 대천(大千)(세계)(20), 사계(沙界)(10)[21], 철륜(鐵輪)(3), 육도(六道)(13), 삼계구십육도(三界九十六道)(1), 국토(國土)(18), 응화토(應化土)(1)=동거토(同居土)(2), 극락(極樂)(3)=정토(淨土)(7)=상안락국(常安樂國)(3), 상적광(常寂光)토(2), 불계(佛界)(6), 불국(佛國)(6) 연화장(蓮華藏)(1)

 이상과 같이 『전등록』에 나타난 세계와 그 세계를 구성하는 법계

---

21) 항하강(恒河江)의 모래알처럼 많은 숫자의 세계를 가리킨다.

와 활동체들 즉 의보(依報)와 정보(正報)의 용어에 대하여 검색하였다. 법계의 활동체는 지옥중생으로부터 불계(佛界)의 불타(佛陀)에 이르기까지 다양한 분류로 이루어질 수 있다. 모두가 현실적 자연계와 인간계를 반영한 결과들이다. 상상으로 이루어진 법계와 자연일지라도 공안이라는 현실에서 문답이 이루어진다. 따라서 자연의 다양한 군상들은 스승의 역할을 대신한다는 점이다. 수행자 싯다르타가 반짝이는 별을 보고 깨쳤듯, 수많은 선수행자들이 자연에 연(緣)하여 부처[大悟]를 이룩했던 것이다.

현실 세계[사바세계(娑婆世界)]의 다양한 자연 뿐만 아니라, 불교적 세계관인 상상의 세계에 등장하는 자연물들도 또한 선자들의 수행을 진작시키거나 깨달음을 얻는 기연의 역할을 한다. 공간적으로 극세한 티끌에서부터 광활한 대천세계에 이르기까지 시방법계의 모든 대상들이 선사들의 인식에 포착되고 있다. 또한 시간적으로 찰나의 순간이나 과거 · 현재 · 미래와 무한겁(無限劫)의 개념 또한 선수행을 돕는 선지식(善知識)으로 나타나고 있다.

Ⅳ. 공안에 나타난 동식물관

1. 동물관과 선사들의 인식

유정물(有情物)인 동물과 공안참구의 연기적 관계가 쉽게 짐작된다. 선찰(禪刹)이 주로 자연 속에 위치하므로, 선문답의 주요 화제로 채택될 수밖에 없다. 새와 풀벌레들과 짐승들 즉 준동(蠢動)에 대한 인식은 그대로 공안에 나타나고 있다. 천주산(天柱山) 숭혜(崇慧)선사와 제자와의 선문답을 살펴본다.

(숭혜)화상께서 종문(宗門)의 도리에서 말씀해 주십시오.
돌소(石牛)가 길게 포효 하니 진공(眞空)밖이요, 목마(木馬)가 울 때 달은 산 너머로 숨었도다.
어떤 것이 화상께서 남을 이롭게 하시는 경지입니까?
한 줄기의 빗발이 두루 뿌리니 일천 봉우리의 산 빛은 수려하다.
어떤 것이 천주산 안의 사람입니까?
홀로 천 봉우리의 정수리를 거닐면서 굽이굽이 시냇물에 노니느니라.
어떤 것이 서쪽에서 온 뜻입니까?
흰 원숭이가 새끼를 안고 푸른 봉우리에 오르고, 벌과 나비는 초록빛 꽃술 사이에서 꽃가루 물어온다.[22]

위의 공안은 짧은 내용이지만, 몇 가지 동물들이 등장하고 있다. 숭혜선사는 선문답을 통해 제자의 혜안을 열어주기 위해 제자에게 '자연성품'을 그대로 전달하려는 것을 감지할 수 있다. 조사들의 선지는 이심전심(以心傳心)이라는 체험의 영역이다. 때문에 조사들의 심지(心地)를 전달하기 위해 자연물을 치환하는 방식을 사용한 것이다. 그러므로 자연물이 가지는 진여성(眞如性)을 통해 제자를 깨우치도록 하는 것이다. 선사들은 제자와 자연물 사이의 연기 관계를 설정해주고, 자연의 성품과 합일되도록 기연을 발휘한다. 공안에 등장하는 모든 자연물은 살아 있는 스승의 역할을 한다는 점은 생태학적 측면에서 매우 중요하다. 『전등록』에 나타난 동식물 중 검색된 동물들을 열거한다.

---

22) 『전등록』(대정장 51, p.230상) "問宗門中請師擧唱 師曰 石牛長吼眞空外 木馬嘶時月隱山 問何如是和尙利人處 師曰 一雨普滋千山秀色 問如何是天柱山中人 師曰 獨步千峰頂 優游九曲泉 問如何是西來意 師曰 白猿抱子來靑嶂蜂蝶銜華綠蕊間"

(1) 신화적 동물류

용(龍)·용왕(龍王)(140), 용녀(龍女)(5) 가릉빈가(迦陵頻伽)(1) 공명조(共鳴鳥)(1) 금시조(金翅鳥)(4), 봉황(鳳凰)(10), 허깨비(幻)(40)

(2) 현상계의 축생(畜生)(16)류

-포유류·영장류: 개(狗)(6), 소(20)(牛), 황소(3), 암소(7), 고래(鯨)(2), 고양이(苗)(7), 돼지(豚)(1), 박쥐(1), 코끼리(象)(14), 토끼(25), 호랑이(虎)(28), 사자(獅子)(14), 사슴(鹿=노루)(21), 닭(鷄)(21), 말(馬)(99), 다람쥐(3), 염소(11), 쥐(鼠)(12), 양(羊)(21), 원숭이(猿)(45)

-파충류 : 거북이(19) 뱀(蛇)(37) 두꺼비(蝦蟆)(4)

-양서류 : 개구리(蛙)(16) 자라(1)

-조류 : 새(鳥)(25), 앵무(鸚鵡)(9), 새매(8), 참새(雀)(9), 솔개(鳶)(1), 비둘기(鳩)(3), 오리(鴨)(2), 꿩(雉)(2), 제비(燕)(2), 올빼미(梟)(1), 독수리(雕)(15), 까마귀(烏)(17) 까치(鵲)(11), 학(鶴)(21)

-곤충류: 벌레(蟲)(21), 나비(蝶)(2), 모기(蚊子)(5), 벌(蜂)(5) 파리(蠅子)(4), 구더기(2)

-환형동물: 지렁이(蚯蚓)(7), 달팽이(蝸)(3),

-어류: 물고기(魚)(5) 잉어(鯉魚)(2)

『전등록』에 나타난 동물관을 통해 살펴볼 때, 가시적 포유류가 가장 많이 등장하고 있다. 호랑이가 가장 많이 등장하며, 말과 원숭이와 뱀을 비롯하여 조류나 벌레 등 다양한 동물들을 공안의 주제로 삼았음을 알 수 있다.

선사들이 말하는 준동(蠢動)은 벌레로부터 코끼리나 영장류에 이르기까지 다양한 동물들을 말한다. 용이나 금시조 등 경전에 나타난 동물들도 공안의 내용에 등장하고 있으며, 포유류, 파충류, 조류, 등 다양한 생물군도 인용되고 있음을 볼 수 있다. 인간과 가까운 소나 말, 개와 토끼는 가축의 특성으로 인용되고 있으며, 뱀이나 벌레와 새도 비유적인 내용을 보이고 있다. 이들은 유정물로서 그 자체가 인간과 동등한 존재이며 각각의 동물들 모두에게 불성이 내재하고 있다고 보았으며, 더 나아가 이들을 잠재적 부처로 보았다는 점이다. 또한 생태계의 먹이사슬 자체가 자연의 섭리임을 인식하고 인위적인 개입을 자제하고 있음을 문답 중에 볼 수 있다.

> 새매에 쫓긴 비둘기가 불전의 난간 위에서 벌벌 떨고 있으니, 어떤 이가 스님에게 물었다. 온갖 중생은 부처님의 그늘 안에선 항상 안락한데 참새는 어찌하여 부처님을 뵙고서도 벌벌 떱니까.[23]

공안에 등장한 생태적인 내용을 남전(南泉)선사의 문답에서 살펴보자. 최상공(崔相公)이 절에 왔다가 바깥에 모신 불상 위에 참새들이 똥을 싸는 것을 보고 말했다.

> 최상공 : 참새들에게 불성이 있습니까?
> 남　 전 : 있소.
> 최상공 : 그렇다면 어찌하여 불상[佛頭] 위에다 똥을 쌉니까?
> 남　 전 : 그것은 저 참새가 왜 새매 머리에 똥을 싸지 않는가 하는 것과 같소.[24]

---

23) 『전등록』(대정장, 51, p.437상) "鷂子趂鴿子飛向佛殿欄干上顫 有人問僧 一切衆生在佛影中常安常樂 鴿子見佛爲什麽顫"
24) 『전등록』(대정장 51, p.255중) "崔相公入寺 見鳥雀於佛頭上放糞 乃問師曰 鳥雀還有佛性也無 師云有 崔云 爲什麽向佛頭上放糞 師云 是伊爲什麽不向鷂頭上放"

이러한 형식의 공안은 흔히 대할 수 있는 주제이지만, 해당 문답에 적지 않은 의미를 내포하고 있다. 남전선사는 불상(佛像)이라는 신앙적 형상과 참새의 불성을 대립시킨 점과, 참새와 새매의 먹이 사슬관계, 즉 자연적 상태를 정확히 인용했다는 점이다. 선자들의 수행은 주로 자연 속에 입지한 선찰에서 이루어지며, 자연 속에서 움직이는 준동들과 함께 생활한다고 할 때, 그들은 포유류는 물론 새와 벌레들을 유심히 살폈으며, 동물들의 성질에 따라 공안의 주제로 이입시켰다고 보여진다. 특히 대부분의 한국 사찰 벽화에 그려진 심우도(尋牛圖)는 소가 갖는 고유의 성질을 연(緣)으로 하여 수행자의 수행 과정으로 나타내는 것과 같다고 하겠다.

2. 선사들의 식물관

식물군에 속하는 초목(草木)들도 무정물이지만 동물과 동일하게 선사들의 선문답에 응용되고 있다. 공안에 나타난 식물군을 분류하여 검색해보면 다음과 같이 나타난다.

-신화적 식물류: 우발라화(優鉢羅華)(1) 우담화(優曇華)(4), 공화(空花-허공꽃)(1)

-나무류: 소나무(松)(17), 계수(桂樹)(6), 오동나무(桐)(1), 잣나무(柏樹子)(4), 대나무(竹)(4), 밤(栗)나무(2), 전단나무(旃檀)(4), 차나무(1), 향나무(香木)(2), 등나무(藤)(4), 삼나무(杉)(1), 배나무(梨)(1), 보리수(菩提樹)(7), 버들(柳)(3), 사라수(娑羅樹)(3), 뽕(桑)나무(1), 상수리(橡)나무(1)

-곡식류: 과일(菓)(18), 콩(豆)(4), 벼(禾)(15), 보리(麥)(3), 조(粟)(5), 감(枾)(1), 개자(芥子)(7), 야자(椰子)(2)

-채소류: 나물(菜)(13), 풀(草=잡초)(54), 머루(萄)(3), 다래(2), 난(蘭)(2), 칡덩굴(葛藤)(8), 쑥(蓬)(3), 차(茶)(122), 고사리(蕨菜)(1), 나복(蘿蔔)(2), 버섯(菌)(5)

-화훼류: 연꽃(연화=菡萏)(22), 홍련(紅蓮)(5), 청련(靑蓮)(1), 갈대(蘆)(7), 모단화(牡丹花)(4), 복숭아꽃(桃花)(3), 매화(梅花)(1)

『전등록』에는 고유명사로서 많은 나무들이 등장한다. 그런데 보통명사인 나무(木=樹)라는 용어는 약 220여 개가 노출되었다. 이외에도 나무뿌리(根)(22), 수풀(林=森)(53)이 있으며, 또한 나무를 재료로 한 재질로서 대들보(梁)(2), 사다리(梯)(1), 몽둥이(棒)(18), 다리(橋)(30), 주장자(錫杖)(3), 나무통(桶)(13), 나무관(棺)(20), 노(棹)(4)가 공안에 응용되고 있다.

  선자(禪者)들이 일상적으로 접하는 대상이 주로 나무와 풀이라 할 때, 설법이나 선문답에 자연스럽게 등장하고 있는 것이다. 초목류가 가까운 대상일 뿐만 아니라 시간과 기후변화에 따른 자연의 섭리를 그대로 보여준다는 측면에서 인위적인 것들과 비교되는 관점을 제시한다. 나무 가운데 소나무가 가장 많이 등장하고 있으며, 풀은 구체적인 이름보다 단순히 '풀'이라는 용어로 비유되어 사용된다.

  특히 선정과 나무는 불가분의 관계를 가진다. 석존이 선정을 통해 부처를 이룰 때 나무 밑이었으며, 열반할 때의 장소도 사라쌍수(裟羅雙樹) 밑이다.[25] 혜능과 신수의 게송에서 보리수(菩提樹)가 등장하며, 선사들이 사용한 방(棒)이나 주장자(柱杖子)는 나무의 재질이다. 선자들에게 있어 생활도구나 의례(儀禮) 진행에 있어 나무 재질이 대부분이므로, 이들은 자연스럽게 공안으로 이입되었다고 보는 것이다. 주관과 객관을 초월하여 부처와 조사의 심지를 체험해야 하는 선자들은 고정성이 있는 나무를 초월적 가변성으로 전환시키고 있다. 나무오리가 등장하며, 나무말(木馬)이 뛴다거나, 나무 학(鶴)이 날고, 나무로 만든 닭이 울고 풀로 만든 개가 짖는다고 하는 격외(格外)적 인식을 다룬다. 특히 신성한 목불(木佛)을 태워[26] 보임으로써 제자들로 하여금 상식을 넘어서서 부처와 조사들의 입장으로 돌아갈 것을 주문한다. 모두가 나무를 통해 불지(佛地)에 들도록 인도하고 있다. 풀이나 꽃 등도 나무와 같은 형식으로 공안에 등장하고 있다.

V. 무정물(無情物)에 대한 인식과 관련 용어들

불교에서 무정물(無情物)(35)로 분류할 때 초목과 장벽와력(牆壁瓦礫)을 포함시킨다. 그런데 선사들은 준동(蠢動)(6)과 초목(草木)은 물론 산하대지(山河大地)로 대변되는 지수화풍(地水火風)(5) 요소들도 모두 그들의 수행에 직접적으로 도움을 주는 대상들이다. 보여지

---

25) 인도의 기후적 특성으로 인해 출가 수행자들에게 있어 나무(밑)는 생활의 중요한 터전이었다. 석존 탄생 또한 룸비니 동산에서 무우수를 붙잡고 우협분만의 기록, 그리고 망고나무에 대한 비유들과 함께 나무(그늘)와 분리될 수 없는 관계성을 가진다.
26) 『전등록』(대정장 51, p.310하) 목불을 태운 단하천연(丹霞天然)선사의 일화이다.
    대사는 목불(木佛)을 패서 때니, 사람들이 비난을 하였다. 이에 대사가 말했다.
    "나는 불(火)을 때고서 사리를 얻으려 한다."
    그 사람이 말하기를 "목불에 어찌 사리가 있으랴."
    "그렇다면 왜 나를 꾸짖는가." (後於慧林寺遇天大寒 師取木佛焚之 人或譏之 師曰 吾燒取舍利 人曰 木頭何有 師曰 若爾者何責我乎)

는 환경적 요인이나 신화로부터 비롯된 공간과 시간, 그리고 관념적 세계도 모두 수용했다는 점이다. 동식물을 제외한 환경적 요인들을 「전등록」 용어검색을 통해 살펴본다.

1. 공간과 재질 등 물리적 개념

자연은 선사들의 깨우침의 역할에 직접적으로, 혹은 간접적으로 등장하게 된다. 그것이 유정물로서 동물이든 무정물로서 식물이나 산하대지(山河大地)의 무생물일지라도 모두 의인화시켜 자신과 동등한 위치에 둔다는 점이다. 중국 선종의 초조인 달마(達摩)대사는 교리라는 의해에 몰두한 당시 사회를 비판하고 소림사(少林寺)에서 좌선 면벽(面壁)을 시도하였다. 벽(壁)을 바라본다 하여 그를 벽관바라문(壁觀婆羅門)(1)이라 불렀다.[27] 그는 무정물인 벽을 선택하였고, 그 벽과 합일되는 실천성을 보여주었다. 당시의 벽관이 상징했던 것은 교리적 바탕에 자연과 교감성을 보여준 것이다. 벽뿐만 아니라 생활환경을 이루고 있는 땅과 물 등 모든 재질들도 선자들의 중요한 수행 대상으로 이용되었음을 알 수 있다.

-산하대지 : 산하대지(山河大地)(35), 산(山)(2995), 물(水=河=江)(851), 흙(地)(622), 돌(石)(419)

-광물·재질 : 장벽와력(牆壁瓦礫)(103), 황금(黃金=金=眞金)(255), 금강(金剛)(60), 은(銀=白銀)(15), 철(鐵)(56)

---

27) 『전등록』(대정장 51, p.219중). "面壁而坐終日黙然 人莫之測 謂之壁觀婆羅門"

- 천문기상 · 자연현상 : 별(星=曉星=星辰=北辰=北(南)斗)(30), 태양(日 · 陽)(75), 달(月)(97), 바람(風)(145), 비(雨)(28), 구름(雲)(160), 안개(霧)(8), 이슬(露)(9), 눈(雪)(65), 번개(電)(16), 무지개(虹)(3), 서리(霜)(20), 얼음(氷)(15), 우레(雷)(15), 벼락(震)(3), 불(火)(74), 파도(波)(22), 벼락(震)(3), (六種)震動(15), 소리(聲=音)(364), 색깔(色)(30)

- 계절 등 : 봄(春)(34), 여름(夏=孟夏)(49), 가을(秋)(35), 겨울(冬)(32), 중추(中秋)(3)

선사나 선수행자들에게 있어 산(山)은 가장 가까운 관계를 유지한 것을 볼 수 있다. 산과 관련된 지명이나 선사들의 이름에 포함된 산을 제외한 순수 용어로서 산은 3,000여 개에 달한다. 산은 그 만큼 선자들을 일깨우는데 커다란 역할을 했던 것이다. 이외에도 흙이나 돌, 기왓장 등 하찮은 존재들 또한 공안의 내용과 비유를 형성하는 중요한 대상들이다. 불법대의를 묻는 제자들의 질문에 선사들은 '산이니라', '산하대지니라', '물이니라' 등으로 답변하고 있다. 선사들은 산야의 비유를 통해 제자들을 자신이 체험한 영역으로 인도하고 있음을 본다.

이와 같이 볼 때, 생명 없는 무정물일지라도 선자(禪者)를 가르치는 무정설법(無情說法)(11)이 등장하는 것이다. 유정물뿐만 아니라 무정들도 언제나 수행자의 스승이 될 수 있다는 것이다. 따라서 이는 자연물은 이용의 대상이 아니라 교감의 주체라는 것을 보여준다.

제자 : 바라옵건대 화상께서 무정설법(無情說法)을 가르쳐 주십시오.
혜충 : 그대가 무정설법을 물으려면 다른 무정을 이해해야 비로소 나

의 설법을 들을 수 있으리니, 그대는 단순히 (무정)설법을 듣기만 할 뿐이다.

제자: 지금 말씀하신 유정(有情)의 방편 안에 어떤 것이 무정(無情)의 인연입니까.

혜충: 지금의 온갖 운동과 작용 가운데서 범부와 성인의 두 무리가 모두 다하여 조금도 일지 않으면 그것이 의식을 벗어나면, 유무에 들지 않는다. 분주히 보고 느끼지만 다만 정식(情識)의 얽매임 없는 소리만 들릴 뿐이다. 그러므로 6조[혜능]께서 말씀하시길 여섯 감관이 경계를 대하여 분별하나, 그것은 식이 아니라고 하였다.[28]

남양(南陽)지방의 장분이라는 사람이 혜충국사를 찾아 무정설법을 요청한 대목이다. 선자의 몸과 마음이 대상에 얽매이지 않을 때, 비로소 무정물의 설법을 듣는다고 하였다. 석존이 별을 보고 깨치거나, 선자들이 낙숫물소리, 대나무 흔들리는 소리 등을 기연(機緣)으로 오도(悟道)하는 것이다. 따라서 자연물도 선자들의 깨달음에 도움을 주는 스승의 역할을 한다는 점이다.

2. 시간과 숫자 등 관념적 개념

시간이나 숫자, 방향 등은 물리적 혹은 상상적 법계를 구성하고 있지 않지만, 해당 세계의 변화와 현상들을 측정하는 수단들이다. 특히 선사들의 가르침에는 과거 · 현재 · 미래의 시간적 흐름에 관하여 많은 주제가 나타나고 있다.

---

28) 『전등록』(대정장 51, p.244중) "南陽張濆行者問 伏承和尚說無情說法 某甲未體其事 乞和尚垂示 師曰 汝若問無情說法 解他無情方得聞我說法 汝但聞取無情說法去 濆曰 只約如今有情方便之中 如何是無情因緣 師曰 如今一切動用之中 但凡聖兩流都無少分起滅 便是出識不屬有無 熾然見覺 只聞無其情識繫執 所以六祖云 六根對境分別非識"

- 시간[時] : 찰나(刹那)(13), 삼세(三世)(41), 과거(31),
  현재(20), 미래(17), 숙세(宿世)(1), 말법악세(末法惡世)(2),
  연(年)·월(月)·일(日)·12간지(干支)(계수불능)

- 숫자[數] : 공겁(空劫)(7), 현겁(賢劫)(9), 장엄겁(莊嚴劫)(3),
  아승지(阿僧祇)(5), 무량수(無量)(25),
  항하사(恒河沙=恒沙)(8), 불가사의(不可思議)(25)

- 방향 : 동(東)(90), 서(西)(275), 남(南)(54), 북(北)(360),
  사유(四維)(2), 시방(十方)(77)

- 길이 : 리(里)(82), 장(丈)(11), 척(尺)(42), 촌(寸)(28),
  유순(由旬)(1)

- 부피 : 두(斗)(5)

- 무게 : 근(斤)(5)

『전등록』에는 다수의 방향 용어가 보이고 있다. 법계라는 장소가 존재한다면 위치 또한 중요하므로 방향에 대한 관심이 깊었을 것으로 보인다. 물론 경전에 나타난 '서방' 혹은 '동방'에 대한 깊은 관심이 이어졌듯 『전등록』에도 이같이 나타나고 있다. 특히 달마(達摩)의 중국 입국에 따른 '조사서래의(祖師西來意)'의 귀절이 보편적으로 나타나며, 북쪽에 대한 용어가 가장 많이 탐색된다. 남종선(南宗禪)이라 명명된 것처럼 남쪽의 입장에서 북쪽(北宗禪)을 향한 다수의 용어가 탄생되었을 것으로 볼 수 있다.

Ⅵ. 결어(結語)

위의 결과는 선종 문헌인 『전등록』에 대하여 생태학이라는 새로운 관점으로 공안의 내용 분석을 시도한 것들이다. 『전등록』은 선사들의 선문답과 법어, 행위로서 갖가지 기연들을 수록하고 있고, 그 기연을 표현한 용어 검색을 통해 생태학적 응용 가능성을 살펴보았다. 선사들이 남긴 공안은 모두가 견성오도(見性悟道)와 직접적으로 관련 있는 일화(逸話)들이다. 모두가 고칙공안(古則公案)이며, 이 공안들은 또한 후대의 선자(禪者)들에게 교육적으로 적용되어, 또 다른 기연(機緣)을 낳을 수 있다는 점에서 선종 텍스트의 중요한 부분인 것이다.

선종의 불립문자(不立文字)의 의미는 문자나 언어를 통한 분석이 아닌 체험의 영역이어야 한다는 것이다. 이러한 전통은 천년 이상을 지탱해온 선종의 역사가 대변한다. 그러나 이심전심의 체험적 영역의 공안을 생태학적 관점으로 응용한다면, 선사들의 가르침이 현 사회에 미치는 감화력은 매우 클 것이라고 보는 것이다. 『전등록』에 대한 생태학적 관점을 다음과 같이 몇 가지로 정리하고자 한다.

첫째, 논문의 형식을 데이터 추출 형식인 사회과학적 방법을 도입하였다. 『전등록』의 내용은 대부분 선사들의 행적에 따른 어록과 행위의 기록이다. 조사들의 그 어록들은 모두가 불설과 동격이므로 공공문서 즉 공안(公案)이다. 공안에 대한 생태학적 분석이 이루어질 때, 생태학적 소재(용어)가 분석되어야 한다. 따라서 공안의 생태적 용어에 대한 고찰을 통해 생태학적 논리의 근거로 삼기 위한 것이다.

둘째, 불교적 세계관을 통해 생태학적 용어들을 추출하여 분류하고 분석하였다. 공안 각각의 내용은 짧지만 1700여 개의 방대한 분량이다. 불립문자를 지향하는 선종이고 보면 더욱 그렇다. 따라서 대승불교의 법계관(法界觀)을 『전등록』에 적용하여 선사들의 세계관, 즉 자연 생태에 대한 입장이 어떠했는가의 연구가 가능한 것이다.

셋째, 선사들의 삶은 가장 자연스러웠다는 점이다. 선사들의 행위와 어록에는 사자(師資: 스승과 제자)간의 관계성뿐만 아니라 자연과 교감이 차지하는 비중이 너무도 크다. 선찰이 자연 속에 위치한 점이 크게 작용한 점이 있겠지만, 자연 자체가 주는 가르침 또한 스승의 위치에 놓을 수 있다고 하겠다. 따라서 선과 자연의 관계는 생태학적 관점이 그대로 나타내고 있음을 의미한다. 불타께서 밝은 별을 보고[見明星] 대각을 이루었고, 수많은 선사들도 자연과 자연현상의 도움을 받았다. 이는 자연생태와 무한한 교감을 이룰 수 있다는 것을 말한다.

넷째, 본 논문을 통해 분석한 것은 공안에 나타난 선사들의 생태학적 분석뿐만 아니라 법계를 구성하고 있는 다양한 구성 요소들에 대한 탐구의 기회가 된다는 점이다. 법계의 구성에 따른 중층적 분류는 물론 해당 세계에 존재하는 다양한 동물과 식물, 그리고 무정물(무기물질)들에 대한 용어 검색도 매우 색다른 시도임을 말하고자 한다.

다섯째, 선과 생태학에 대한 새로운 연구가 가능할 수 있도록 출발점을 제시한 점이다. 본 연구가 『전등록』 전체에 대한 법계적 분석이었지만, 법계관, 동물관, 식물관 무정물관 등 세분화된 연구가 가능하다는 점에서 후속 연구의 기반이 될 수 있다는 점이다.

선에 대한 일반인들의 관심도에 반하여 선사상이 알려지지 않은 이유는 선문답(禪問答)이라는 선입견이 우선한다. 선사상에 대한 자료 제시의 부족과 함께 선원(禪院)의 전유물이라는 오해에서 비롯되었다고 할 수 있다. 이는 불립문자(不立文字)를 추구하는 선종 특유의 지향점 때문이다. 그러나 선과 관련된 부연 서적들과 다양한 접근자료들이 존재한다. 선사상에 대한 저변은 이미 확대되어 있는 상태이며, 이를 통해 생태학적 접근이 본격적으로 시도되어야할 시점이다.

참고 문헌

道原, 『景德傳燈錄』(대정장 51)
智顗, 『修習止觀坐禪法要』(대정장 46)
無門慧開, 『禪宗無門關』(대정장, 48)
崔玄覺 譯, 『인도의 선 중국의 선』(서울: 민족사, 1994)

예수와 초기 공동체 이적 신앙의 생태학적 이해
-공관복음서의 이적이야기를 중심으로-

박 두 환(나사렛대학교)

I. 머리말

발전과 풍요를 위해 부단히 질주해왔던 인간은 그로 인해 발생한 엄청난 생태학적 위기에 직면해 있음이 사실이다. 인간이 지향하는 사회적 문화적인 발전이 지속적으로 환경 뿐 아니라 인간의 삶(생명)에까지 파괴적인 영향력을 갖고 있다는 것은 이미 여러 영역에서 우려되어 오던 바이며, 이에 그치지 않고 이러한 우려가 앞으로 닥칠 생태학적 위기로 그 심각성을 더하고 있다 해도 과언이 아니다.

이런 황폐화 된 시대에 인간과 자연의 상호관련성을 찾는 여러 방법들이 있겠지만 그 중에서 종교적인 고찰로 이러한 연구에 접근하는 시도도 의미 있다 할 것이다.

그리스도교의 역사 속에서 코스모스는 전통적으로 두 가지로 해석되어 왔다.[1] 그 하나는 영적인 해석으로 인간존재의 목적이 자연의 초월과 자연의 인간화라는 것이다.[2] 다른 하나는 생태학적 해석으로 인간의 삶의 목적이 자연과의 유기적 관계를 인식하고 자연과 공동체를 이루는 것이다. 인간은 자연의 은총에 감사해야하며 자연의 독특한 가치를 인정해야 한다.[3]

---

1) 참조. H. Paul Santmier, The Travail of Natur: The Ambigious Ecological Promise of Christian Theolgy (Philadelphia: Fortress Press, 1985).
2) 이런 해석을 지지했던 신학자들로는 오리겐(Origen), 토마스 아퀴나스(Thomas Aqunas), 보나벤투라 (Bonaventrue), 단테(Danta), 바르트(Karl Barth), 떼야르 드 샤르댕(Teilhard de Chardin)등을 들 수 있다.

필자는 본 논문에서 신약성서에 속하는 공관복음서로 범위를 제한하여 그곳에서 나오는 이적사화들을 통시적이고 공시적으로 접근하여 이 이적사화 속에 내재되어 있는 역사적 예수와 그 당시 초기 에클레시아들의 생태신학을 밝히고자 한다. 예수의 지상사역은 세 부분으로 나누어 소개될 수 있다. 그 하나는 하나님 나라의 복음을 선포하신(헬: keryssein) 사역이며, 다른 하나는 그리스도의 교육 사역으로 그 분은 지상에서 인간들의 무지를 깨우치기 위해 가르치셨다(헬: didaskein). 마지막으로 그리스도는 선포와 교육뿐만 아니라 인간들과 코스모스가 겪고 있는 많은 문제들을 해결하고 치유하기 위해 적극적인 사역을 행하셨다(헬: poiein).

본 논문의 취지를 위해 우리는 특별히 이적사화(Wundergeschichte)에 주목하려고 한다. 그 당시 예수의 이적행위와 예수의 이적행위에 담긴 신앙적 의미와 가치를 지상에서 계승하고자 했던 공동체가 바로 에클레시아(헬: ekklesiai)들이다. 그 당시 에클레시아들은 예수의 이런 정신을 계승하고자 했으며, 이런 이적행위들은 인간과 자연에 대한 하나님의 사랑에서 기인하고 있는 것이다.

II. 예수에 관한 전승

예수 이후의 초기 예수 운동에서 형성된 전승들을 구분하면 크게 두 가지다. 그 가운데 하나는 예수의 선포에 관한 전승이며,[4] 또 다른 하나는 예수의 활동에 관한 전승이다.[5]

예수의 말씀에 관한 전승들로는 다음과 같다: 1) 예언적인 말씀

---

3) 이런 해석을 시도했던 신학자들로는 이레니우스(Irenaeus), 어거스틴(Augustin), 아씨시의 프란시스(Francis of Assis), 루터(M. Luther)와 칼뱅(Calvin)이 있다.

(예. 눅 6,20 병행문; 10,22 병행문), 2) 지혜의 말씀(예. 마 6: 19-34 병행문), 3) 율법적인 말씀(예. 마 5:21-48; 7:6; 8:38 병행문), 4) 비유들(예. 막 4:26-29), 5) 그리스도의 말씀(예: 막 2:17 병행문; 막 10:45 병행문)", 6) 사제 대화와 논쟁 대화(예. 막 12:13-17 병행문).

예수의 활동에 관한 전승들은 크게 4 가지로 정리될 수 있다. 그 중 하나는 예수의 수난에 관한 전승이다(예. 막 8:31 병행문; 9:31 병행문; 10:33 이하 병행문). 두 번째로 그리스도에 관한 전승으로 세례 받으시는 이야기와 변화산사건, 유년시절의 이야기가 여기에 속한다. 세 번째로 세례 요한의 마지막에 관한 전승(막 6:17-29 병행문)을 들 수 있다. 네 번째로 우리가 여기서 다루고자 하는 이적활동에 관한 전승이 있다. 예수의 이적사화들은 역사적 예수의 이적활동에서 기인하며, 그 이적활동은 초기 공동체의 신앙전승에서 지속적으로 확대 강조되어 왔다.

III. 이적사화의 해석사

1. 초자연주의적 이적해석(Die supernaturalische Wunderinterpretation)

이적에 대한 이런 해석은 18세기 이전까지 교회의 전통 속에서

---

4) 예수의 선포에 관한 전승을 다룬 문헌들은 다음과 같다: G. Bornkamm, "Formen und Gattungen im NT", 3. Auflage RGG II (1963), 999-1001; B. Gerhardsson, "Memory and Menuscript" (ASNU 22), 21964; ders., Tradition and Transmission in Early Christianity" (CN 20), 1964; H. Zimmermann, Neutestamentliche Methodenlehre (Stuttgart: Verlag Katolisches Bibelwerk 71982), 142-149; C. F. D. Moule, "The Intention of the Evangelists", NT Essays in Memory of T. W. Manson, 1959, 165ff.

5) 참조. E. Lohse, Die Entstehung des Neuen Testaments (Stuttgart Berlin Köln: Verlag W. Kohlhammer 51991); ders., Grundriß der neutestamentlichen Theologie (Stuttgart Berlin Köln: Verlag W. Kohlhammer 1974); H. Zimmermann, Neutestamentliche Methodenlehre, 149-157.

지속되어 온 해석 방법으로 가장 오래된 해석 가운데 하나이다. 이런 해석에 의하면 이적은 초자연적으로 해석되는데, 그것은 곧 자연세계를 향한 하나님의 개입으로 해석되었다. 그 당시 교회와 성도들은 이적에 대한 합리적 사고보다는 그리스도교의 신앙의 진리를 떠바치는 아주 중요한 사건으로 보고 있으며 이를 통해 하나님의 지상적 개입을 확신하고자 했다.

2. 합리주의적 이적해석(Die rationalistische Wunderinterpretation)

합리주의적 해석은 18세기 이후부터 교회에서 제기되었다. 합리주의적 신학자들은 성서의 이적이 현대적 의미, 즉 이성의 틀 속에서 해석되어야 한다고 주장한다. 만약 그렇지 않는다면 이적에 대한 일방적인 종교적 초 자연주의적 해석에 머물고 만다. 이들은 이적이야기의 역사성은 인정하면서도 그 안에 내포되어 있는 비합리적인 내용들을 합리적으로 해석하려 시도하였다. 여기에는 합리적으로 이해될 수 없는 것은 믿을 수 없다는 사고가 전제되고 있는 것이다. 따라서 이때부터 이적이야기의 역사성이 심히 도전받게 되었으며 특별히 이적이야기의 비역사적인 내용들은 철저히 의심을 받게 된다.[6]

3. 신화적 이적해석(Die rationalistische Wunderinterpretation)

신화적 이적해석에 따르면 이적이야기는 신화적으로 이해되어야 한다. 이적전승자들은 그 당시의 편만한 이적내용을 예수 전승에 삽입하였다고 한다. 열왕기하 4장 42-44절에 나오는 예언자 엘리사

---

6) 대표적인 합리주의적 해석들은 바르트와 파울루스를 들 수 있다. 이들의 대표적인 작품들은 다음과 같다: C. F. Bahrt, Brief über die Bibel im Volkston (Halle, 1782); 1784-1792; H. E. G. Paulus, Das Leben Jesu. Grundlage einer reinen Geschichte des Urchristentums, 2Bde (Heidelberg, 1828).

에 대해 언급되고 있기 때문에 메시야 역시 이런 이적을 행하셨음에 틀림없다. 백성들의 이적 신앙에 대한 기대는 한편으로 정신의학적으로 설명될 수 있는 이적치료를 만들고, 다른 한편으로 결코 발생하지 않은 이적에 관한 해석도 아울러 가져온다. 여기서 중요한 것은 의도적인 속임이 아니라 의도성이 없는 집단의식의 산물이다.[7] 이런 신화적 해석의 목적은 바로 예수의 중요성을 강조하기 위한 것이었다. 이런 해석은 본문의 역사성을 해결할 뿐만 아니라 케리그마적 관점이 부각되는데 큰 기여를 한다.

4. 종교사적 이적해석
(Die religionsgeschichtliche Wunderinperpretation)

종교사적인 이적 해석은 성서의 이적사화가 헬레니즘과 헤브라이즘의 종교세계에도 나타나는지 살펴보고 이런 이적사화들의 유사성을 찾아 서로 비교하고 이런 작업을 통해 성서의 이적과 다른 종교문헌에 나오는 이적을 현상학적으로 검토함으로써 상호 관련성과 차이를 찾으려는 방법이다. 고대의 종교세계에서 이해된 이적자의 유형을 통해 예수의 이적이 다음과 같이 이해될 수 있었다: 1) 유대적 배경 속에서 예수는 1 세기 경에 활동했던 카리스마티커(Charismatiker)로 이해될 수 있다(G. Vermes). 2) 이집트의 배경 속에서 예수는 마술사(Magier)로 간주되기도 한다(M. Smith). 3) 예수는 카리스마적이고 의전적인 이적자로 해서 해석된다(G. H. Twelftree). 4) 예수의 포도주 이적은 그 당시 헬레니즘 배경 속에서 디오니소스 기적(Dionysoswunder)과 연관해석 해석된다(R. Bultmann). 5) 예수는 헬레니즘 배경 속에서 신적인 인간(헬:

---

7) 참조. D. F. Strauß, Das Leben Jesu für das deutsche Volk (Bonn, 111895), 1 Teil, 336f.; G. Theißen/A. Merz, Der Historische Jesus (Göttingen: Vandenhoeck 1996), 260-261.

theios aner)로 해석되기도 한다(L. Bieler).[8]

5. 양식사적 이적해석(Die formgeshichtliche Wunderinterpretation)

이적이야기에 대한 양식사적인 연구는 디벨리우스(M. Dibelius)에 의해 시작된다. 그는 이적이야기를 양식구조적인 관점에 따라 짧고 간략하면서 예수의 말씀과 연관되어 있는 이적사화를 범례(Paradigma)로, 내용이 보다 상세하고 헬레니즘적 요소가 포함된 이적사화를 단편소설(Novelle)로 구분하였다.[9] 불트만(R. Bultmann)과 로스(H. v. Loos)는 내용적인 관점에 따라 이적사화를 치유이적과 자연이적으로 구분한다.[10] 이런 양식사적인 연구는 시간이 지나면서 다양하게 구분된다: 구원이적, 선물이적, 부활이적, 치유이적, 구마이적 등.[11]

6. 편집사적 이적해석
(Dir redaktionsgeschichtliche Wunderinterpretation)

이적사화의 편집사적인 해석은 그리스도교의 케리그마를 위해 이런 이적내용을 이야기하고 있는 화자에 관심을 기울인다. 원래 이적이야기들은 복음서에서 복된 소식의 의미에서 작업되고 상대화된 전승으로 주어졌다. 편집사적인 해석은 전통적인 신앙을 위해 이런

---

8) 참조. G. Theißen/A. Merz, Der Historische Jesus, 261-263.
9) 참조. M. Dibelius, Formgeschichte des Evangeliums, [Tubingen: J. C. Mohr (Paul Siebeck), 1961], 40.60; 김희성, 『신약주석방법론』(서울: 한들출판사 2000), 230-231; 박창건,『신약성서 주석방법론』(서울: 목양서원 1991), 119-122.
10) 참조. R. Bultmann, Die Geschichte der synoptischen Tradition (Göttingen: Vandenhoeck und Ruprecht Verlag, 1921), 223-233.
11) 참조. H. Zimmermann, Neutestamentliche Methodenlehre, 156; K. Kertelge, Die Wunder Jesu im Markusevangelium (StNT 23) (München, 1970), 43f.; R. Kratz, Rettungswunder. Motiv-, tradions-, und formkritische Aufarbeitung einer biblischen Gattung, (Frankfurt/Bern/Las Vegas 1979); H. Weder, "Wunder Jesu und Wundergeschichten", VuF 29 (1984), 25-29.

이적사화들이 어떻게 구성되고 강조되는지를 묻는다. 1) 마가복음에서 이적이야기는 메시야비밀사상의 틀 속 배열되고 이해된다. 그리고 이적이 내포하고 있는 영광의 신학은 마가복음에서 십자가의 신학을 통해 새로운 의미를 지니게 된다.[12] 2) 마태복음에서 이적이야기는 마가복음에 비해 상대적으로 약화된다. 무엇보다 마태는 이적이야기를 통해 예수를 병자들을 치유하시는 자비로운 메시야의 행동으로 규정한다.[13] 3) 마가에 비해 상당히 증가된 누가복음의 이적사회는 예수의 활동 속에 실현되어가는 구원으로 이해된다. 그리고 이 이야기는 누가문헌에서는 특별히 구속사적인(heilsgeschichtlich) 관점에서 해석된다.[14] 4) 요한복음에서 이 이야기들은 쎄메이아 자료(Semeia Quelle)로 구성되며, 이 자료들은 이적은 단지 그리스도의 신성을 드러내는 상징적 의미로 해석된다.[15]

7. 인간학적 이적해석(Die anthropologische Wunderinterpretation)

이적에 대한 인간학적 해석은 심리학과 사회경제사적인 전제를 통해 이적을 해석하는 방법으로 이적을 인간학적인 이해로 재해석한다. 심리학적 이해의 대표적인 견해들은 루디비히 포이에르바하(L. Feuerbach)와 지그문트 프로이트(S. Freud)의 종교이해와 비평에서 시작된 것으로 이들에 의하면 성서에 나오는 이적은 실현될 수 없는 소망의 투영이나 현존사실을 부정하는 한계성 초월 현상으로 간주된다. 이런 전제 속에서 이적은 실제로부터의 이탈현상이나

---

12) 마가복음의 이적에 관한 논문들로는 케르텔게(K. Kertelge)의 이적(Wunder)과 쉥케(L. Schenke)의 이적이야기(Wundererzaelungen)를 들 수 있다.
13) 참조. G. Bornkamm/G. Barth/H. J. Held, überlieferung und Auslegung im Matthäusevangelium (München: Neukirchen-Vluyn, 1968).
14) 참조. H. Conzelmann, Die Mitte der Zeit [Tübingen: J. C. Mohr (Paul Siebeck), 1954].
15) 참조. R. Bultmann, Das Evangelium des Johannes (KEK II) (Göttingen: Vandenhoeck, [20]1985).

유아형적 퇴행으로 이해되고 만다. 종교의 이적에 대한 이런 부정적 이해는 공관복음서의 이적이해를 너무 부정적으로 제한시키게 된다.

마르크스주의와 신마르크스주의적 해석에 의하면 신약성서의 이적들은 아직 실현되지 못한 인간존재의 가능성을 향한 초월화로 간주된다. 복음서의 이적을 인간존재의 새로운 가능성, 즉 철저한 자기실현화로 해석하는 가르다프스키(V. Gardavsky)의 해석은 주목할 만 하다.[16]

8. 사회심리학적 이적해석
(Die sozialpsychologische Wunderinterpretation)

사회심리학적인 해석은 이적 신앙의 형성과 기능을 해결하는데 도움을 준다. 타이센(G. Teißen)의 사회사적 연구에 의하면 이적사화에 대한 무시간적 이적이해는 거부된다. 그에 의하면 이적 신앙은 반드시 소급될 수 있는 많은 과거와 관련된다는 의미에서 역사적이라 할 수 있다. 원시 그리스도교는 고대에서 성장한 이적 신앙에 속한다. 이적 신앙의 증가와 이적자의 출현을 위한 중요한 사회적 요인은 그 당시에 발생했던 긴장과 대립인데, 그것은 도시문화와 농촌문화 사이의, 유대인과 이방인 사이의, 전통적인 삶의 형식과 새로운 삶의 형식 사이의 긴장과 갈등이다. 이적행위와 마술은 사회적 기능을 통해 설명될 수 있다.[17] 이적사화는 상징적 행위로서 특정한 사회계층의 부정적 체험이 거룩성에 대한 확신을 통해 극복된다. 따

---

16) 가다브스키(V. Gardavsky)의 논문(Gott ist nicht ganz tot, 1968, 59f)을 참조하라..
17) 참조. G. Theißen, Urchristliche Wundergeschichten, Ein Beitrag zur formgeschichtlichen Erforschung der synpotischen Evangelien, StNT 8 (Gütersloh, 1974), 229-297; ders., Der Historische Jesus, 264; ders., "Synoptische Wuindergeschichten im Licht unseres Sprachverstandnis", Wissenschaft und Praxis in Kirche und Gesellschaft (1967/7); 안병무, 『갈릴래아의 예수. 예수의 민중운동』(천안: 한국신학연구소, 41993), 147-170.

라서 초기 신앙인들은 이런 이적사화를 통해 자신들의 삶의 어려움을 극복하고자 했다.

9. 생태학적 해석의 필요성(Die okologische Wunderinterpretation)

21세기 인간의 삶과 인식은 자연세계와 격리되어 생각될 수 없게 되었다. 이런 시대적 상황 속에서 인간과 자연 세계의 유기적 관계를 재조명 하였다. 그리스도교에서도 예수의 사상과 초기 에클레시아 운동과 사상에서 생태학적인 인식의 중요성을 성서와 그리스도교 역사에서 찾으려고 노력하여왔다.[46]

그리스도교의 창조신학의 원리는 하나님께서 인간과 코스모스를 말씀으로 창조하셨다는 것이며, 그 창조는 사탄의 유혹과 도전에 의해 변질되거나 손실되었지만 하나님은 그 창조를 회복하고 치유하실 뿐만 아니라 궁극적으로 완성시키는 것이다. 이런 창조신앙은 예수와 초기 에클레시아의 신앙을 통해 계승된다. 따라서 인간(헬: anthropos)과 코스모스(헬: kosmos)는 역사적 예수와 교회운동에서 중심이 된다.

신약성서에서 사용되고 있는 자연을 의미하는 코스모스[19]는 그 당시 그레코 로만 세계[20]와 헬라파 유대교에서도 즐겨 사용되는 용

---

18) 이런 생태학적인 성서 연구를 위해 소개될 수 있는 것들은 다음과 같다: O. H. Steck, *Welt und Umwelt* (Kohlhammer-Taschenbuecher; Bd. 1006; Bibl. Konfrontationen) (Stuttgart Berlin Koeln Mainz: Verlag W. Kohlhammer, 1978); C. Westermann, *Die Schöpfungsberischt vom Anfang der Bibel* (Calwer Hefte 30), ⁵1966; R. Albertz, *Weltschoepfung und Menschenschöpfung*, (Calwer Theologischen Monographien A 3) 1974; G. Altner, *Zwischen Natuer und Menschensohngeschichte. Anthropolgische, ethische Perspektiven* für eine neue Schopfungstheolgie, 1975); H. H. Schmid, "Rechteferigung als Schopfungsgeschehen. Notizen zur alttestestamentlichen Vorgeschichte eines neutestamentlichen Themas", in: *Rechtfertigung, Festschrift E. Kaesemann*, 1976; J. Hübner, "Schöpfungsglaube und Theologie der Natur", *EvTh* 37, 1977; Chr. Link, *Die Erfahrung der Schöfpung. Zum Gesprach zwischen Theologie und Naturwissenschaft*, Evangelische Kommentare 8, 1975; H. H. Hegermann, *Die Vorstellunge von Schoepfungsmittler im hellenistischen Gudentums und Urchristentum*, TU 82 , 1961.

어였다. 신약성서에서 우리는 이 단어가 180번 이상 사용되고 있음을 볼 수 있다. 이 가운데서 우리는 요한문헌에서 이 단어가 가장 많이 사용되고 있음을 볼 수 있다. 요한문헌에서는 100번이 사용되고 있다. 그 다음으로 우리는 바울문헌에서 이 단어가 즐겨 사용되고 있음을 알 수 있는데, 바울친서에서 36번, 바울위서에서 11번 총 47번 사용되고 있다. 공관복음에서는 14번이 사용되고 있으며 그 밖의 다른 문헌에서는 19번이 사용되고 있다. 이런 사용빈도를 통해 알 수 있는 것은 이 개념이 지니고 있는 신학적 비중이 암시되고 있음을 알 수 있다. 코스모스 개념은 필연적으로 설명되어야 한다.

따라서 인간과 코스모스의 영성, 그것들의 유기적 관계, 인간과 코스모스의 타락과 손실, 인간과 코스모스의 회복과 완성과 같은 생태학적인 관점에서 이적사화를 해석하는 것은 매우 중요한 일인 것이다. 왜냐하면 이런 해석을 통해 역사적 예수와 초기 에클레시아의 생태신학과 운동을 역사적으로 관찰할 수 있기 때문이다.

IV. 이적사화의 양식사적 분류[21]

이미 양식사적인 해석에서 밝힌 바 있듯이 이적사화는 내용과 기능적 관심에 따라 다양하게 구분된다. 문학적인 기준에 따라 분류되

---

19) 호머 시대 이후부터 이 코스모스는 한 가지 의미로 사용되지 않고 여러 의미를 지니고 있었다: (1) 준비하다, 세우다(예. Hom. od. 8,492 등), (2) 질서체계(예. Hom. Il. 2,214), (3) 인간들이 살아가는 삶의 질서와 국가헌법(예. Plato Leg. VIII, 846d), (4) 장식품(예. Hom. Il. 14,187).

20) 그리스 철학에서 코스모스는 이 세상을 관장하는 세계질서와 세계체계일 뿐만 아니라 공간적 의미에서 자연 세계를 의미하며 더 나아가 온 우주나 땅을 의미하기도 한다. 이 단어는 그리스 철학과 헬레니즘 시대에서도 자주 사용되는 개념으로서 플라톤(참조. Tim. 28ff; H. Sasse, ThWb III, 874)과 아리스토텔레스(참조. Cael. II 2p 285a 32), 스토아 학파와 신플라톤주의 글에서 발견된다. 우리는 영지주의 문헌에서 이 개념의 다양한 진술들을 발견하게 된다. 영지주의에서는 하나님과 코스모스의 구분이 절대적이다. 그리고 코스모스는 신화적인 형상으로, 즉 "하나님의 아들"로 간주된다(참조. Corp. Herm. X,11).

기도 하고, 신학적 관심에 따라 분류되기도 한다. 일반적으로 타이센(G. Theißen)의 구분에 따라 이적사화를 구분하면 다음과 같이 6 가지 양식으로 구분될 수 있다:[22] 1. 구마이적(Exorzismen) (예. 막 1:21-28), 2. 치료요법(Heilungswunder) (예. 막 7:32-37), 3. 현현사건(Epipanien) (예. 막 6:45-51), 4. 구조이적(Rettungswunder) (막 4:35-41), 5. 선물이적(Geschenkwunder) (예. 막 8:,1-10), 6. 규범이적(Normenwunder) (예. 행 5:1-11).

타이센은 이 여섯 가지 이적 가운데서 구마이적(Exorzismen)과 치료요법(Heilungswunder)과 규범이적(Normenwunder)은 역사적 예수의 이적행위로 소급될 수 있는 것으로 보는 반면 다른 세 이적사화, 즉 구조이적(Rettungswunder), 선물이적(Geschenkwunder), 현현사건(Epipanien)은 예수의 십자가와 부활신앙이 전제된 것으로 본다.[23]

그러나 이적사화는 생태신학적 관점에 따라 새롭게 재구성될 수 있다. 생태학적인 관점에서 이적사화는 다음과 같이 4 가지 양식으로 구분된다: 1. 인간(anthropos)을 위한 예수의 이적 1[구마이적(Exorzismen): 영적존재와 맞서는 예수)], 2. 인간(anthrophos)을

---

21) 참고 문헌: K. L. Schmidt, *Der Rahmen der Geschichte Jesu* (Darmstadt, 1964); M. Dibelius, *Die Formgeschichte des Evangeliums* (Tübingen: J. C. B. Mohr, ⁹1971); R. Bultmann, *Die Geschichte der synoptischen Tradition (FRLANT NF 42)* (Göttingen: Vandenhoeck und Ruprecht Verlag, ³1979) (Ergänzungsheft 5. Auflage 1979, bearbeitet von G. Teißen und Ph. Viellhauer); J. Schniewind, "Zur Synoptiker-Exegese", ThR NF 2 (1930) 129-189; G. Bornkamm, "Evangelien, formgeschichtlich", 2. Auflage *RGG* II (1963), 747-753; E. Göttgemanns, *Offene Fragen zur Formgeschichte des Evangeliums* (München: Chr. Kaiser Verlag, 2¹1971); H. Conzelmann, "Literaturbericht zu den Synoptischen Evangelien", ThR 37 (1972) 220-272; 43 (1978) 3-51, 321-327; K. Koch, *Was ist Formgeschichte?*, Neue Wege der Bibelexegese (München: Chr. Kaiser Verlag, ⁵1988).
22) 참조. G. Theißen/A. Merz, *Der Historische Jesus*, 265-270; G. Theißen, *Urchristliche Wundergeschichten, Ein Beitrag zur formgeschichtlichen Erforschung der synpotischen Evangelien*, 1974; M. Wolter, Inschriftliche Heilungsberichte und neutestamentliche Wundererzählungen (Tübingen: J. C. B. Mohr, 1978), 135-175.
23) 참조. G. Theißen/A. Merz, *Der Historische Jesus*, 268-269.

위한 예수의 이적 2[치유이적(Heilungen): 인간의 질고((1) 열병(Fieber)을 치유하심, (2) 문둥병자(Aussatz) 치유하심, (3) 다리 저는 사람(Laehmung)을 치유하심, (4) 혈류병(Blutfluss)을 치유하심, (5) 귀먹은 자(Taubstummheit)를 치유하심, 6) 눈먼 자(Blindheit)를 치유하심][24)]와 직접 맞서 싸우시는 예수]. 3. 인간을 위한 예수의 이적 3[소생이적(Erweckungswunder)], 4. 자연(Kosmos)에 대한 예수의 이적[자연이적(Naturwunder)]. 이런 생태학적인 양식구분은 예수의 이적의 주 관심이 바로 인간과 자연에 대한 그의 적극적인 관심과 사랑임을 알 수 있다.

V. 예수와 초기 공동체의 이적 신앙에 나타난 생태신학

1. 역사적 예수의 이적운동의 생태학적 의미

눈먼 벙어리 귀신 추방이적은 소위 이중 자료로서 Q자료와 마가복음에서 발견되는데, 이것은 Q 자료보다 더 훨씬 이전의 것으로 역사적 예수의 이적운동을 보여줄 수 있는 아주 중요한 본문인데, 그 짧은 내용을 요약하면 다음과 같다. 예수께서 귀신이 들려 눈이 멀고 말을 못하는 한 사람을 고치시고 바리새파 사람들에 의해 바알세불 논쟁에 휘말렸다는 내용이다.

이 이적이야기에서 인간에 대한 예수의 관심과 적극적 사랑을 생각할 수 있다. 그 분은 자신의 뜻과 나라를 이적을 통해 실현해 나가신다. 인간에 대한 그의 관심과 사랑을 엿볼 수 있다. 더 나아가

---

24) 참조. Rudolp Pesch/Reinhard Kratz, *so liest man synoptisch – Anleitung und Kommentar zum Studium der synoptischen Evangelien*, Bd. 2 (Frankfurt am Main: Verlag Josef Knecht, 1976), 15–88.

그는 특별히 고통당하는 사람들을 사랑하신다. 이 이적이야기에서는 눈이 멀고 말을 못하는 나약하고 고통스러운 인간에 대한 예수의 사랑이 치유와 회복을 통해서 이루어진다. 그리고 인간의 이런 질고가 단지 우연적이거나 아니면 인간적 차원에서만 확인될 수 있는 것으로 보지 않으신다. 그것은 인간의 삶(고난)의 한 현상일 뿐이다. 그런 현상 뒤에는 인간을 고통으로 죽음으로 몰입시키고 있는 악한 세력이 있으며, 그것 때문에 하나님의 피조물이 고통당하고 신음하고 있다고 본다. 이 이적 이야기에서 눈멀고 말을 못하는 현상은 귀신에 의한 것이다. 예수의 이적운동은 바로 인간의 질고 뒤에 감추어져있는 귀신과 사탄의 음모를 제거하는 것이다.

예수의 이적운동의 배경에는 이런 창조신학적 인간이해와 이적이해가 전제되어 있다. 전인적인 회복은 현상적인 삶에 만 머무르지 않고 본질적인 것을 회복시키는 것이다. 따라서 인간의 병리적이고 심리적 이해관계를 넘어 영적이고 본질적인 것에 있음을 보여준다.

2. Q 공동체의 이적 신앙의 생태학적 의미

예수운동사에 관한 연구에서 주목할 만 것은 Q의 발견[25]과 Q 공동체의 발견일 것이다. 일반적으로 Q는 예수의 말씀으로 구성되어 있기 때문에 예수의 어록자료로 불리기도 한다. 그리고 이 자료는 초기 갈릴리 예수활동을 전제하고 하고 있다. 그리고 아주 특이하게

---

25) Q는 예수의 어록자료서 공관복음서의 자료 분석을 통해 얻게 되는 내용으로서 이 자료에 대한 일반적 합의 내용은 다음과 같다: 1) Q는 마가복음에서는 발견되지 않으나 마태복음과 누가복음 사이에 중복되는 모든 부분이다. 2) Q는 수난전승을 포함하고 있지 않다. 3) Q는 예수의 하나님 나라선포와 임박한 종말사상이 있다. 4) Q는 인자의 말씀자료들이 많이 포함되어 있다. 5) Q는 초기에 아람어로 기록 수집되다(40년대) 50년대에 헬라어로 번역되었다(50년경). 6) Q의 신학은 단지 수집물이 아니라 신학적인 일관성을 지니고 있다. 7) Q 문서는 그 배후에 Q 공동체 또는 Q의 사람들이 존재한다[참조. 조태연, 『그리스도 기원의 탐구 예수운동』(서울: 대한기독교서회, 1997), 333-335; 소기천, 『예수말씀복음서 Q개론. 잃어버린 지혜문학 장르의 전승자료』, (서울: 대한기독교서회 2004), 24-31.

모든 복음서에 나오는 예루살렘의 수난전승이 나오지 않고 있다. 더 나아가 이 자료는 임박한 종말 및 묵시문학적 사상이 강하다. 그리고 예수의 하나님 나라 선포와 인자 그리스도론이 중심이며 주로 공동체를 위한 권면서로 이야기 할 수 있다.[26]

대부분 말씀 전승으로 구성되어 있는 Q 자료에서 두 가지 이적사화가 등장하고 있음을 볼 수 있다. 그 중 하나는 눈먼 벙어리 귀신 추방이적(마12:22-24/막 3:20-30/눅11:14-15), 다른 하나는 백부장의 종을 치유하는 이적(마 8:5-13/눅 7:1-10)이다. 눈먼 벙어리 귀신 추방이적과는 달리 백부장의 종을 치유한 이적이야기는 Q 자료에 속한다.

백부장이 자신의 종이 중풍으로 몹시 고통을 당하고 있었기 때문에 가버나움에 있는 예수를 찾아가 자신의 종이 병의 고통으로부터 해방되기를 간청하고 있다. 이런 백부장의 간청을 듣고서 예수는 종이 있는 곳으로 가서 치유해주시겠다고 한다. 그러나 이 백부장은 자신의 종이 겪고 있는 병과 그 병마를 그의 권위 있는 말씀으로 다스릴 수 있으신 분임을 믿고 있었기 때문에 예수에게 말씀으로 치유해 달라고 부탁한다. 예수는 이스라엘 사람가운데서 지금까지 이러한 믿음을 보지 못했다는 말씀으로 그의 믿음을 칭찬하시면서 권위있는 말씀으로 치유하시었다.

Q 공동체에서 전승되고 있는 이 두 이적사화는 모두 구마사화에 속한다. 다양한 이적양식들과 달리 유독 구마사화가 등장하는 이유는 무엇일까? 역사적 예수의 이적운동과 Q 공동체의 이적운동(Q)의 연속성을 여기서 볼 수 있다. 인간에 대한 사랑과, 병과 질고로 신음하고 있는 인간에 대한 사랑, 병과 질고로 인간을 서서히 파괴시키고 있는 영적세력, 인간적인 방식을 통한 치유가 아니라 하나님

---

26) 참조. 성종현 엮음, 『공관복음서 대조연구』(서울: 장로회신학대학 출판부, 1992), 452-473.

의 방식으로 권위 있는 악화된 인간을 회복하고, 상실된 인간의 영성을 회복하시는 예수의 모습을 이적사화를 통해 살펴볼 수 있으며, 이런 운동이 역사적 예수와 초기 공동체에서 지속되고 있음을 보게 된다. Q 공동체는 예수의 이적운동이 지속되어야 함을 보여주고 있다. 이것이 바로 창조회복 운동의 일환으로 타락하여 고통과 죽음 가운데 있는 인간들을 치유하여 회복시키려는 운동인 것이다.

3. SM 공동체의 이적 신앙의 생태학적 의미

SM은 마태복음의 특수 자료로서 누가복음과 마가복음에서 발견되지 않은 자료를 의미한다. 그래서 이 자료는 오직 마태복음에서만 나오게 된다. 그렇다고 해서 이것은 마태가 창작한 것으로 볼 수 없으며, 오히려 원시 그리스도교 전통 사에서 전수된 전승 자료임이 명확하다. 이런 전승 자료들에 대한 마태복음의 독특한 관심 때문에 마태복음의 신학을 위해 매우 중요한 자료로 간주된다.

이와 더불어 SM은 기원후 1 세기경의 초기 그리스도교의 에클레시아 운동과 긴밀한 관계를 지니고 있다. 이런 전승 자료의 주제는 예수 그리스도이며, 이런 내용은 그 당시 시대적 조류 속에서 생존해야만 하는 신앙공동체의 실존과 관련이 있다.

마태복음에서 우리는 특수 자료에 속하는 4 편의 이적사화를 발견할 수 있다: 1) 물고기 입의 동전(마 17:24-27), 2) 벙어리 귀신 추방(마 9:32-33), 3) 두 소경을 치유하심(마 9:27-31), 4) 귀먹고 어눌한 자의 치유(마15:29-31).

유형별로 보면 물고기 입의 동전이야기는 자연이적에 속하며, 벙어리 귀신 추방이야기는 구마이적에 속한다. 그리고 두 소경을 치유 사건과 귀먹고 어눌한 자의 치유사건은 치유이적에 속한다. 예수의 이적사상을 위해 구마사화만을 고집하던 Q와는 달리 SM에서는 구마이적 1편과 치유이적 2편 그리고 자연이적 1편으로 확대된다.

SM 공동체의 이적 신앙에서도 예수의 이적운동이 구마사화에 근거한다는 사실을 강조하고 있다. 이를 통해 드러나는 이적 신앙의 연속성은 아주 중요하다. 마태복음 9장 32-33절에서 귀신이 들려 말을 못하는 사람을 예수께서 자신의 권위로 치유하신다. 여기서 예수는 귀신을 축출하는 행위로 잃었던 말을 되찾아 주셨다. 두 편의 치유사화는 예수께서 자신의 손을 두 소경 눈에 대시고 너희 믿음대로 치유될 것을 명령하시자 그렇게 되었다는 이적이야기와 예수께서 갈릴리 바닷가에서 일어서지 못하는 자들과 맹인과 지체 장애자들과 말 못하는 이와 아픈 사람들을 치유하신다. 예수의 이적운동은 지속적인 인간치유운동으로 확대되어 간다.

SM 공동체의 이적 신앙은 자연이적으로까지 확대된다. 가버나움에 이르렀을 때 성전세를 내어야 할 것인지 말아야 할 것인지를 토론한 다음 예수는 베드로를 시켜 성전세를 내게 한다. 그런데 성전세를 구하는 방법으로 낚시를 통해 첫 번째 잡히는 물고기의 입 안에 있는 은돈 한 입으로 성전세를 낸다. 여기서 우리는 자연이 인간에게 적대적인 관계에 있는 것이 아니라 유기적 관계에 있으며, 특히 예수와 초기 에클레시아의 파트너로 서 있음을 강조해야 한다. 자연의 영성이 인정되고 인간과 자연의 유기적 관계가 특히 강조되고 있으며, 예수와 초기 에클레시아와 자연의 파트너 관계를 보여주는 중요한 본문이다.

4. SL 공동체의 이적 신앙의 생태학적 의미

SM과 같이 SL 역시 누가복음의 특수자료로서 마태복음과 마가복음에서는 발견되지 않은 자료를 의미한다. 그래서 이 자료는 오직 누가복음에서만 나오게 된다. 이런 전승 자료들에 대한 누가복음의 독특한 관심 때문에 누가복음의 신학을 위해 매우 중요한 자료로 간주된다. 그리고 SL은 기원후 1 세기경의 초기 그리스도교의 에클레시아 운동과 긴밀한 관계를 지니고 있다.

이와 더불어 SL은 기원후 1 세기경의 초기 그리스도교의 에클레시아 운동과 긴밀한 관계를 지니고 있다. 이런 전승 자료의 주제는 예수 그리스도이며, 이런 내용은 그 당시 시대적 조류 속에서 생존해야만 하는 신앙공동체의 실존과 관련이 있다.

우리는 누가복음의 특수 자료에 속하는 5 편의 이적사화를 발견하게 된다: 1) 첫 번째 고기 잡는 이적(눅 5:1-11), 2) 귀신들린 여인 치유(눅 13:10-17), 3) 나인성 과부 아들의 소생(눅 17:11-15), 4) 수종병자 치유(눅 14:1-6), 5) 열 문둥병자 치유(눅 17:1-6). 이 다섯 편을 유형별로 구분하면 1 편의 구마이적(귀신들린 여인 치유), 2편의 치유이적(수종병자치유, 열 문둥병자 치유), 1편의 소생이적(나인성 과부의 아들의 소생), 1편의 자연이적(첫 번째 고기 잡는 이적).

여기서 우리는 SL 공동체의 이적 신앙을 발견하게 된다. 예수의 이적은 인간의 병와 병마에만 제한되지 않고 죽은 자를 소생시키기까지 하기에 이른다. 그리고 그 이적은 인간을 자연세계에까지 확대된다. 고기를 잡고 있는 어부들을 제자로 부르시기 위해 예수는 자연세계의 도움을 받아 자신의 신성을 드러낸다. 예수는 자신의 공생애에서 끊임없이 자연세계의 영성을 진재하고 있으며, 그 자연은 예수의 말씀과 명령에 순종하는 대상이 된다. 제자들을 부르기 위해 예수는 자연세계를 아주 중요한 파트너로 인정하고 있음을 볼 수 있다.

5. 마가복음의 이적 신앙의 생태학적 의미

이적이야기에 대한 자료들을 집대성은 마가복음에 와서야 이루어진다. Q와 SM 그리고 SL에서와는 달리 총 18 편의 이적이야기들이 마가복음에서 집약을 이루게 된다. 이 이적들을 유형별로 재구성 해 보면 다음과 같다: 1) 구마이적 4편: 더러운 귀신축출(1:21-28); 귀신들린 사람치유(5:1-20); 수로보니게 여인의 믿음: 귀신들린 딸을 회복시킴(7:24-30), 2) 치유이적 8편: 많은 병자를 고치심(1:29-31); 나병환자를 고치심(1:40-45); 중풍병자를 고치심(2:1-12); 손이 오그라든 사람을 고치심(3:1-6); 혈루증 걸린 여자를 고치심(5:24-34); 귀먹고 말더듬는 사람을 고치심(7:31-37); 벳사다의 소경을 고치심(8:22-26); 눈먼 바디매오를 고치심(10:46-52), 3) 소생이적 1편: 야이로의 딸의 소생(5:21-23/35-43), 4) 자연이적 5편: 풍랑을 잠잠케 하심(4:35-41); 오천 명을 먹이심(6:30-44); 바다 위를 거니신 예수(6:45-52); 사천 명을 먹이심(8:1-9); 무화과나무 이적(11:12-14/20-21).

여기서 우리는 마가 공동체의 이적 신앙을 발견하게 된다. 마가는 전통적인 예수의 이적전승을 한 부분만 강조하지 않고 모든 것을 종합하여 자신의 신학적 틀을 통해 새로운 의미를 부여한다. 따라서 예수의 이적은 인간의 병와 병마에만 제한되지 않고 죽은 자를 소생시키기까지 하기에 이른다. 그리고 그 이적은 인간을 자연세계에까지 확대된다. 예수는 이런 자신의 이적사화를 통해 그가 메시야이심을 드러내고 있지만, 인간과 자연세계의 영성과 그것의 가치를 회복하는 것이 자신의 하나님 나라의 운동의 방식임을 이적사화를 통해 보여주고 있다.[27]

6. 마태복음의 이적 신앙의 생태학적 의미

마태복음에서도 역시 이적이 집대성되고 있다. 마태복음의 신학적 구조에 따라 이적전승 자료들은 재구성된다. 마태복음에서 이적 사화는 총 22편이 사용되고 있으며, 그것들은 각각 유형에 따라 다음과 같이 구분된다: 1) 구마이적 5편: 미친 사람을 고치심(8:28-34); 벙어리 귀신 추방(9:32-34); 귀신들린 아이 치유(17:14-18); 눈먼 벙어리 귀신(12:22); 수로보니게 여인의 믿음: 귀신들린 딸을 회복시킴(15:21-28), 2) 치유이적 10편: 나병환자를 고치심(8:1-4); 백부장의 종을 고치심(8:5-13); 시몬의 장모의 병을 고치심(8:14-15); 많은 병자를 고치심(8:16-17); 중풍병자를 고치심(9:1-8); 혈루증 걸린 여인을 고치심(9:21-26); 소경을 고치심(9:27-31); 손 마른 자를 고치심(12:9-13); 귀먹고 어눌한 자의 치유(15:29-31); 소경 바디메오를 고치심(20:29-34), 3) 소생이적 1편: 야이로의 딸의 소생(9:18-20), 4) 자연이적 6편: 풍랑을 잔잔케 하심(8:23-27); 오병이어 사건(14:14-21); 물위를 걸으심(14:24-33); 칠병이어(15:32-39); 물고기 입의 동전(17:24-27).

여기서 우리는 마태 공동체의 이적 신앙을 발견하게 된다. 마태 역시 전통적인 예수의 이적전승을 한 부분만 강조하지 않고 모든 것을 종합하여 자신의 신학적 틀을 통해 새로운 의미를 부여한다. 마태복음에서 사람들은 위대한 스승과 랍비이신 예수의 모습만을 보려한다. 그러나 마태복음 역시 예수를 카리스마를 지니고 인간과 코스모스를 회복하고 치유하시는 분으로 이해하고 있다.[28]

---

27) 참조. 조태연,『그리스도 기원의 탐구 예수운동』, 198-199; 안병무,『갈릴래아의 예수. 예수의 민중운동』, 147-170; O. Bauernfeind, *Die Worte der Dämonen im Markusevangelien* (Stuttgart, 1927).

7. 누가복음의 이적 신앙의 생태학적 의미

누가복음에서도 우리는 많은 이적이야기를 발견할 수 있다. 총 21편의 이적사화가 누가복음에 나오고 있는데, 그것을 유형별로 나누어 구분하면 다음과 같다: 1) 구마이적 6편: 귀신들린 사람을 치유하심(4:31-37); 마귀와 돼지 떼(8:26-39); 악령에게 사로잡힌 아이 치료(9:37-43); 되돌아온 악령(11:24-26); 귀신들린 야인 치유(13:10-17); 눈먼 벙어리 귀신 들린 자 치유(11:14), 2) 치유이적 10편: 많은 사람들을 고치심(4:38-41); 나병환자를 고치심(5:12-16); 중풍병자를 고치심(5:17-26); 손이 오그라든 사람을 고치심(6:6-11); 백부장의 종을 고치심(7:1-10); 혈루증 걸린 여인을 고치심(8:43-48); 수종병자를 고치심(14:1-6); 나병환자들 치료(17:11-19); 여리고의 소경을 고치심 (18:35-43); 말고의 귀를 고치심(22:49-51), 3) 소생이적 2편: 과부의 아들을 살리심(7:11-17); 야이로의 딸의 소생(8:40-43/49-56), 4) 자연이적 3편: 풍랑을 잔잔케 하심(8:22-25); 오천 명을 먹이심(9:10-17); 고기 잡는 이적(5:1-11).

누가 역시 자신의 기독론과 생태신학적 관점에서 예수의 이적전승을 종합하여 자신의 신학적 틀을 통해 새롭게 재구성한다. 누가복음은 죄인의 친구, 가난한 자들의 친구, 병든 자들의 친구, 더 나아가 병들고 소외된 자들을 치유하고 해결하기 위해 예수께서 오셨다고 한다. 누가의 이런 신학적 구조 속에서 예수는 인간과 코스모스를 회복시키신다.[29]

---

28) 참조. Heinz Joachim Held, *Matthew as Interpreter of the Miracle Story*, in: Günter Bornkamm/ Gerhard Barth/ Heinz Joachim Held, *Tradition and Interpretation in Matthew*, tr. by Percy Scott (Pennsylvania: SCM Press Ltd, 1963), 165-299.

VI. 맺음말

우리는 지금까지 공관복음서의 이적사화를 통해 역사적 예수와 다양한 초기 공동체들의 이적 신앙을 살펴볼 수 있었다. 이미 타이쎈이 언급한바와 같이 이적사화, 특히 구마이적과 치유이적 그리고 규범이적은 역사적 예수에게로 소급될 수 있다. 그리고 그 이적사화들, 즉 구조이적, 선물이적, 현현이적은 초기 공동체 신학을 통해 보다 확대되고 강화되고 있음을 보게 된다.

생태신학적인 관점에서 이적사화를 보면 예수 그리스도는 하나님의 창조의 큰 축이었던 인간과 코스모스를 위해 오신 분으로 간주된다. 그 분은 인간과 코스모스의 질병과 고통을 치유하고 해결하시며, 인간과 코스모스의 치유와 회복을 통해 자신의 창조를 회복하고 완성하려 하신다.

그리고 코스모스는 창조주 하나님의 활동과 구원사역의 공간으로서 있다. 그 분은 코스모스를 통해 인간을 보존하고, 풍요롭게 할 뿐만 아니라 인간의 고통을 치유하신다. 그리고 코스모스는 인간의 자기 정체성을 찾는 공간이며, 동시에 신앙인들의 생활공간인 것이다.

예수와 초기 공동체 운동은 인간과 코스모스의 공존과 영적-육적 유기적 관계를 이적사화를 통해 보여주고 있으며, 이런 관계를 회복시키기 위해 방관자로 머물지 않고 적극적인 모습을 보여주면서 역사 속에서 지속되어야 할 생태운동의 본을 보이신다. 이적사화

---

29) 참조. H. Conzelmann, *Die Mitte der Zeit,* 162-173; H. Conzelmann/A. Lindemann, *Arbeitsbuch zum Neuen Testament* (Tübingen: J. C. B. Mohr, [11]1995), 336-358; E. Lohse, *Die Entstehung des Neuen Testaments,* 91-102; ders., *Grundriß der neutestamentlichen Theologie,* 122-126; L. Goppelt, Theologie des Neuen Testaments (Göttingen: Vandenhoeck und Ruprecht, [3]1981), 600-624; H. Conzelmann/A. Lindemann, *Grundriß der Theologie des Neuen Testament* (Tübingen: J. C. B. Mohr, [4]1987), 159-162.

에서 보여준 그의 적극적인 실천의 의미는 먼저 인간과 코스모스를 고통과 파멸로 이끌고 있는 사탄의 통치의 종말을 선언한 것이다. 예수의 이적운동과 초기 공동체들의 이적 운동은 인간과 코스모스의 고통과 신음 뒤에 어두운 영적 세력을 파악하고 고발하고 있는 것이다. 그 다음에는 창조회복을 위한 예수의 의지와 실천을 보여준 것이다. 그것은 인간회복운동, 즉 인간의 육체적, 정신적, 영적 차원의 회복운동일 뿐만 아니라 코스모스회복운동, 즉 코스모스의 영성적 가치를 확인하고, 인간과의 공존과 유기적 관계, 더 나아가 하나님 나라 운동을 위한 파트너 관계를 깨닫는 것이다.

자연영성과 교리

임 홍 빈

이 법 산

차 차 석

권 명 수

자연의 영성과 성령
-성령의 내재와 초월의 종합적 이해

임홍빈(한신대학교)

1. 왜 자연의 영성을 구상하는가?

생태위기의 근원은 자연을 기계라고 보면서 그것의 영성을 부정하고 인간을 위한 재료로만 규정하는 자연관 혹은 세계관이다. 1960년대 말 기독교에 생태위기의 극복이라는 화두를 던졌던 린 화이트 주니어(Lynn White, Jr.)는 생태위기의 근원을 기독교라고 규정하고, 기독교의 세계관과 자연관을 비판했다. 그에 따르면 기독교는 자연의 영성을 제거하고, 자연을 비신성한 존재로 파악했으며, 이를 통해 자연 세계를 인간 임의대로 개발할 수 있는 세계관과 자연관을 제시했다.[1] 그가 비판한 것은 기독교의 복음이 아니라 기독교의 세계관, 자연관과 그에 따른 문화현상이다.

인간사회는 그들이 가진 세계관에 따라 발전했고, 그 세계관이 표출된 것이 인간의 문화이다. 생태계 위기 상태에 있는 오늘의 문화 또한 인간의 세계관이 표출된 현상인데, 그 세계관은 자연을 기계로 보는 인식이 전제되어 있다. 그러므로 우리는 자연관을 새롭게 형성하고, 그에 따른 생태친화적인 세계관을 세워야 한다. 그 생태친화적인 세계관이 실현될 때 인간의 문화는 생태친화적으로 될 것

---

1) Lynn White, Jr., "The Historical Roots of Our Ecologic Crisis", Science 155 (1967), Reprinted in Paul Sheppard and Daniel McKinley, ens., *The Subversive Science: Essays toward an Ecology of man* (Boston: Hutton Mifflin, 1969), 341-351.

이고 그 문화 속에서 인간을 비롯한 생태계 구성원들은 평화를 누리게 될 것이다.

새로운 자연관은 자연의 영성에 근거한 자연관이어야 한다. 자연의 기계적 이해가 자연을 인간 마음대로 취급하게 했고 그로 인해 생태위기가 발생한 이론적 토대이기 때문이다. 자연의 영성을 인정하지 않고 인간이 어떻게 자연을 존중하고 우리의 파트너로 인정할 수 있겠는가? 자연이 영성을 가진 존재라고 한다면, 자연은 인간처럼 가치 있는 존재로 인정되고, 인간이 함께 상호 보완하며 살 파트너로 고려될 수 있을 것이다.

이러한 인식 아래서 신학적으로 자연의 영성을 구상하는 시도들이 발생하고 있다. 과정신학, 자연신학, 자연의 신학, 생명신학, 생태신학 등이 그 시도들이다. 이 신학들은 자연의 영성문제가 생태위기를 해결하는 세계관과 생태친화적인 문화의 형성을 위한 토대가 된다고 보고 자연의 영성 구상에 몰두한다. 그들이 구상하는 자연의 영성은 자연에 영이 있다는 것이고, 그 자연의 영과 하나님의 관계를 해명하는 일이다. 자연과 하나님의 관계는 자연의 영과 삼위일체 하나님의 한 위격인 성령과의 관계인데, 생태위기를 극복하기 위한 신학을 구상하는 대부분의 신학자들은, 특히 몰트만, 판넨베르크, 링크, 대케 등은 자연 속에 있는 영을 성령의 내재라고 본다. 그러므로 자연의 영성을 말하는 것은 결국 성령론과 관련되고 성령의 내재에 대한 구상이다.

그런데 성령의 내재라고 자연의 영성을 규정하는 것은 여러 가지 신학적인 문제들을 가지고 있다. 자연 속에 성령이 내재한다면 하나님과 자연은 동일한지, 신약성서에서 말하는 성령이 오신다는 표현은 어떻게 이해되어야 하는지, 성령의 내재는 왜 그리고 어떻게 논증되는지, 성서에서는 성령의 내재와 초월을 어떻게 제시하는지, 그것은 기독교가 그토록 부인하고자 했던 범신론은 아닌지, 내재와 초월론이 결합될 수는 없는지, 결합된다면 어떻게 가능한지, 하나님과 자연이 동일하지 않다면 어떤 논리로 설명되는지, 그것은 전통적인 자연신학에서 말하는 내재론과 어떻게 다르고 그들의 문제점을 극복하는지? 이런 문제들이 질문된다.

생태신학이 하나님이 내재하는 자연의 영성을 토대로 기독교적인 자연관과 세계관을 전체 교리체계 속에서 고려한다면 이러한 질문에 분명하게 대답해야 할 것이다. 본 논문은 그 대답을 시도하면서 성령과 자연 영성의 관계를 밝히고자 한다.

2. 20세기 초 자연신학과 현대 생태신학에서 자연이해의 특성

성령의 내재를 말한다고 해서 19세기 말-20세기 초의 자연신학으로 회귀하자는 것은 아니다. 자연신학은 자연 속에 하나님이 내재한다는 신학인데, 그것은 이미 고대에 형성되었다. 고대 그리스 철학에서는 하나님의 실재(Realität)가 자연 질서 속에서 인식될 수 있다고 주장했다. 중세에도 당시 가톨릭 신학은 피조물 속에 하나님의 계시가 '객관적으로' 나타났고, 인간은 이성으로 그 계시된 하나님을 인식할 수 있다고 보았다. 당시 신학은 하나님을 알 수 있는 방법이 '은총' 만이 아니라 '자연' 속에서도 볼 수 있다고 '자연과 은총을 통한 하나님 인식'을 주장했다. 그러나 종교개혁 이후에 종교개혁자들은 오로지 은총을 통해서만 하나님의 인식이 가능하다고 강조하면서 자연신학은 그 자리를 상실했다.

이런 가운데 18-19세기에 과학혁명을 거치면서 새로운 과학의 연구결과를 토대로 자연신학적 흐름이 강화되었다. 그 당시에 자연과학자들은 자연을 신의 뜻과 섭리가 실현되는 장소로 인식했다. 이

시기의 대표적인 저작은 『자연신학』, 『브리지워터 논문집』[2] 등 이다. 이 시대의 자연신학적 주장은 자연 속에 있는 질서, 합리성, 일관성 등이 신적인 특성을 가졌다는 것이다. 이러한 흐름이 속에서 하나님의 형상이 인간의 이성 속에 존재한다며 인간이 이성을 통해 도덕적인 유토피아를 건설할 수 있다는 도덕주의적 신학이 발흥했고, 이 흐름은 슐라이어마허를 거쳐 19세기 자유주의 신학에 반영되었다.

자유주의 신학은 자연신학적 주장을 근간으로 하고 있는데, 인간이 하나님의 형상인 이성으로 세계 안에 계신 하나님과 하나님의 뜻을 인식하고, 그것을 실현한다고 주장했다. 그것은 인간의 이성을 철저히 신뢰하면서 인간이성이 세계를 지배하는 한, 이 세상에 하나님의 나라가 이루어질 것이라고 이성에 근거한 낙관론을 펼쳤다. 여기서 그것은 인간의 이성 속에 하나님이 하나님의 형상으로 내재한다고 본 것이다. 하지만 인간들은 이성을 통해 자기의 이익을 추구하고 이를 위해 다른 사람들과 세상을 파괴하는 전쟁을 저지른다. 이때 칼 바르트는 자유주의 신학에 문제를 제기한다.

칼 바르트는 인간의 한계를 지적하며 하나님은 인간 이성과 동일하지도 않고 내재하지도 않는 초월적인 전적타자(das ganz Andere)라고 주장한다. 바르트의 평가에 따르면 자연신학은 하나님의 은혜를 거부하고 "자기 확신과 자기 주장"(Selbstbewahrung und Selbstbehauptung)에 의한 인간의 "자기해석이며 자기 칭의"(Selbstauslegung und Selbstrechtfertigung)[3]이다. 그래서 바르트는 하나님의 초월성에 근거한 계시신학을 전개하며 여기서

---

[2] 신재식, "다윈 진화론의 자연신학 비판과 다윈 이후 진화론적 유신론 연구: 기독교 신학의 신-담론 변화를 중심으로", 『한국기독교신학논총 46집』, 2006, 93.
[3] K. Barth, *Die Kirchliche Dogmatik II/1. Die Lehre von Gott,* Zürich, 1940, 150-151.

그는 하나님의 내재성 혹은 자연의 영성을 철저하게 거부한다.

칼 바르트의 그리스도중심적 '하나님 말씀의 신학' 혹은 '계시의 신학'은 70-80년대 까지 주류를 형성하다가 70-80년대에 생태위기가 인식되면서 다시 성령론에 기초한 생태친화적인 신학의 패러다임이 형성되기 시작한다. 이 과정에서 하나님은 성령의 형태로 피조물 속에 내재한다는 사고가 중심으로 등장하게 된다.[4]

그러면 새롭게 형성된 생태신학적인 내재론이 자유주의 신학이 말하는 자연신학적 내재론과 동일한가? 결론적으로 말하면 그 두 역사적인 경향들은 전혀 새로운 문제제기와 방향 속에서 자신들의 논지를 제시한다고 봐야 할 것이다. 19세기 자유주의 신학 전통 속에 있는 자연신학은 붙여진 이름은 '자연신학'이지만 내용적으로는 '인간이성의 신학'이라고 해야 할 것이다. 왜냐하면 그것은 "자연의 대상을 더 이상 창조된 사물의 세계 속에서 찾으려 하지 않고 오히려 인간이성 본질에서 발견하려 한 것이었"[5]고 '자연'이 아니라 '자연인'(natural man)의 능력 속에서 하나님의 내재를 파악하려고 했기 때문이다.[6] 사실 그 신학의 근간에는 이성과 감성을 구분하고, 이성이 없는 존재를 경시한 이원론적 사고구조와 오직 이성을 통해서만 하나님을 인식할 수 있다는 인간중심적인 구조, 곧 인간의 능력에 대한 강조가 자리잡고 있다. 그런 점에서 본다면 19세기 자유주의 신학은 자연신학이 아니라 인간중심적인 '하나님 인식론'이라고 규정될 수 있을 것이다.

또한 19세기 자유주의 신학 속에는 성령론이 배제된다고 해도 과언이 아니다. 하나님의 내재를 말하지만 그 신학은 성령을 통한 내

---

4) 성령의 내재론이 등장하는 역사적 배경에 대해서는 이 논문 6장을 참조하라.
5) 이정배,『기독교 자연신학』, 대한기독교서회, 2005, 30f.
6) E. Brunner, *Natural Theology. Comprising "Nature and Grace" by Professor Dr. Emil Brunner and the reply "No!" by Dr. Karl Barth*, London, 1946, 22f를 보라.

재가 아니라 하나님의 형상이 인간의 이성 속에 내재하는 것으로 본다. 그리고 그 신학은 성령의 능력도 부정한다. 그들은 성령의 능력은 한갓 비과학적인 것이고, 이성적인 사람들에게는 이해될 수 없는 것이며, 신학은 이성을 통해 이해될 수 있는 것만을 학문적으로 다뤄야 한다고 본다. 성령론을 배제하는 자유주의 신학은 삼위일체론을 부정하는 것이며, 결국에는 기독교적 내재론이 아니라 유신론적 내재론[7]을 기초로 형성된 것이다.

이에 반하여 생태신학은 자연을 구체적으로 다루며, '자연 속에 있는' 하나님의 영을 학문적으로 구상한다. 게다가 그 신학은 피조물을 이분법적으로 이성과 감성으로 나누지도 않고, 피조물 속에서 하나님을 인식해서 하나님을 정의하려고 시도하지 않으며, 자연의 영성을 통해 자연과 인간의 관계성, 하나님과 피조물의 관계성을 고찰하고 이에 비추어 영성적 삶을 서술하려고 한다.

그리고 생태신학의 내재론은 첫째로 유신론적이고 범신론적 내재가 아니라 삼위일체론적이고 범재신론적 내재론이다. 생태신학은 성령의 내재와 성부의 초월성, 성자의 초월과 내재를 연결하는 삶을 구상하여 삼위일체론적으로 내재를 구상하며, 초월과 내재를 동시에 말함으로써 하나님이 자연에 전적으로 반영된 내재론을 부정하고 범재신론(Panentheismus)적 내재를 구상한다. 둘째로 그 신학은 종말론, 그리스도론, 창조론을 종합한 내재론을 지향한다. 그것

---

7) 여기서 유신론적 내재론이란 서양 근대철학이 말한 일신론적인 유신론이 세계 내적 존재로서 신을 구상하는 이론을 지칭한다. 헤겔은 절대정신으로, 칸트는 물 자체로 신을 규정했고 그들에게서 신은 우주를 총합하여 우주를 이끄는 어떤 존재로 상상되었는데, 그 신은 삼위일체론적인 신이 아니었다. 그들에게서 그리스도와 성령은 신으로 간주되지 않는다. 19세기 자유주의 또한 그런 유신론적 전통을 이어받아 성령을 배제하고 그리스도의 신성을 무시한다. 그들에게서 삼위일체론적인 내재론은 발견되지 않는다. 삼위일체론은 오히려 그들의 신학의 주제가 아니었다. 기독교 신학은 분명 삼위일체론적 전통을 가지고 있다. 삼위일체론이 아니면 인간으로 오신 그리스도를 하나님이라고 볼 수 없으며 성령이 왜 하나님인지를 밝힐 수가 없다. 그리하여 이 삼위일체론적으로 내재론을 말하지 않는다면 그것은 기독교적인 내재론이라고 할 수 없을 것이다.

은 그리스도의 구원적 삶을 인간사회 뿐 만이 아니라 자연세계에 적용시키는 그리스도론, 그리스도를 통한 새 창조가 자연의 완성을 향한 과정이라는 종말론, 자연의 완성 과정을 계속적인 창조과정으로 보는 창조론을 포괄한다. 그리하여 성령의 내재는 내재 자체만을 주장하는 근거도 아니고 하나님을 인식하는 인식론도 아니며 전체의 교의학 체계 속에서 반드시 전제해야 할 근본토대로 작용한다.

죌레(D. Sölle)는 이러한 생태신학적이고 범재신론적인 내재론을 반영한 새로운 자연신학의 필요성을 주장한다. 그는 하나님은 초월된 전적 타자로 규정될 수 없다고 본다. 하나님이 초월된 존재라면 자연 세계는 신학적 영역을 떠나 과학자에게 맡겨지고 인간을 위한 재료로, 이용가능한 객체로 전락하게 된다는 것이다. 또한 내재적 이해 없는 초월적 하나님 이해는 인간을 자연과 구별되는 존재로 격상시켜 인간의 자연 지배를 가능케 할 뿐만 아니라 인간을 지구에서 외톨이로 만들어 버린다는 것이다. 결국 하나님의 초월적 이해는 자연을 억압하고 인간을 생태계에서 소외시키는 구조로 몰아가기 때문에 하나님을 세상에 내재적이면서도 초월적인 존재로 이해하는 방식을 구상해야 한다는 것이다.[8]

3. 성서에서 성령

그러면 이제 성서에서는 성령을 어떻게 보는가? 우리는 여기서 성서가 성령의 초월과 내재를 어떻게 이해하는지를 살펴보고자 한다.

---

8) D. Sölle, *Lieben und Arbeiten. Eine Theologie der Schöpfung*, 박재순 역, 『사랑과 노동』, 한국신학연구소, 1987, 30-44.

1) 구약성서에서 "하나님의 영"

구약성서에서 성령은 루아흐(ruach)라고 표현된다.[9] 이 루아흐는 '야훼의', '하나님의'라는 말과 함께 사용되어서 '하나님의 영', '야훼의 영', '나의 영', '당신의 영', '그의 영'이란 형태로 주로 쓰인다. 루아흐란 표현은 본래 '바람', '숨', '호흡'을 뜻하는데, 이 표현을 이용하여 구약성서는 '하나님의 영'을 나타낸다. 루아흐가 사용되는 경우를 구체적으로 살펴보면, 그것은 1) 자연계의 강력한 바람으로서 루아흐,[10] 2) 사람의 생명을 좌우하는 숨,[11] 3) 하나님의 루아흐이다. 성령이라는 의미는 세 번째 하나님의 루아흐로 쓰이는 의미인데, 이는 사용용법에 따라 첫째로 예언자, 사사 등 하나님의 일을 하는 사람들을 몰아경에 이르게 한다.[12] 두 번째로 그것은 하나님의 창조활동을 하는 창조의 영이다.[13] 세 번째로 하나님의 루아흐는 모든 생명의 근원이다. 하나님의 루아흐를 불어넣으면 생명이 되고 그것을 거두면 죽음이다.[14] 네 번째는 능력을 주는 분으로서 하나님의 루아흐가 나타난다.[15] 전쟁의 전술능력, 통치능력, 각종 재능, 경영능력 등은 바로 하나님의 루아흐에 의한 것이다.

구약성서에서 하나님의 영인 루아흐는 태초부터 존재했다. 성서는 이를 "하나님의 신[루아흐 엘로힘]은 수면에 운행하시니라."(창1:2)라고 표현한다. 여기서 '하나님의 신'(하나님의 루아흐)은

---

9) 구약성서에서 성령을 의미하는 "거룩한 영"(루아흐 카도쉬, וֹרַחַ קָשׁוֹר)이란 표현은 시 51:18과 사 63:10-11 두 곳에 나타날 뿐 나머지 대부분은 루아흐(וֹרַחַ), 야훼의 루아흐, 루아흐 엘로힘 등으로 쓰인다. 이에 대해서는 다음의 글을 참조하라. 박동현, "야훼 하나님의 영과 그의 백성", in: 김지철 엮음, 『성령과 교회』,장로회신학대학교 출판부, 1998, 5-10
10) 창 8:1, 출 15:10, 민 11:31, 사 40:7, 아가 2:17 등
11) 렘 10:14, 시 135:17, 욥 12:1 등
12) 삼상 10:10 민 11:25-29 등
13) 창 1:2, 욥 33:4, 시 104:27-31 등
14) 욥 34:14-15, 창 6:3, 6:17, 7:15, 7:22 등
15) 출 31:3, 삿 3:10, 6:24, 사 11:2 42:1-4, 등

'하나님의 영'을 의미하는데, 그는 창세 이전에 존재하고 있었다. 그리고 그는 삼위일체 하나님의 한 위격으로서 세상의 창조 작업에 참여한다. 시편 기자는 이를 "주의 영[루아흐카][16]을 보내어 저희를 창조하사"(시 104:30)라는 노래로 표현했다.

하나님의 영은 성부 하나님에 의하여 창조 때에 인간 안으로 보내진다. "여호와 하나님이 흙으로 사람을 지으시고 생기[루아흐]를 그 코에 불어 넣으시니 사람이 생령이 된지라"(창2:7). 그 하나님의 영이 인간을 떠나면 인간은 생명성이 사라진다. 이를 성서는 표현하기를, "그가 만일 자기만 생각하시고 그 신[루아흐]과 기운을 거두실찐대 모든 혈기있는 자가 일체로 망하고 사람도 진토로 돌아가리라"(욥 34:14-15)라고 했다. 성부 하나님은 인간뿐만 아니라 동물에게도 하나님의 영을 보내신다. 그리하여 동물들도 하나님의 영을 가지고 있다. "무릇 기식[루아흐]있는 육체가 둘씩 노아에게 나아와 방주로 들어갔으니"(창7:15)에서 루아흐는 동물에게도 존재한다고 묘사된다. 시 104:29절에서 "주께서 저희 호흡[루아흐]를 취하신즉 저희가 죽어 본 흙으로 돌아가리라"라고 한다. 여기에서 보면 살아있는 생명 속에는 하나님의 영이 존재한다는 것이다. 즉 생명이 있는 것에는 하나님의 영이 내재하고 있다는 것이다.

그러나 구약성서가 모두 이렇게 하나님의 영이 이미 생명 속에 내재한다고만 표현하는 것은 아니다. 하나님의 영은 특별히 임재하기도 하고 또 떠나기도 한다. 사사기에서는 하나님의 영이 지도자에게 특별하게 임해 이스라엘을 구하는 소임을 다하게 한다고 묘사된다. "여호와의 신[루아흐]이 그에게 임하셨으므로 그가 이스라엘 사사가 되어 나가서 싸울 때에 여호와께서 메소포타미아 왕 구산 리사

---

16) 여기서 카(ךָ)는 2인칭 소유격 "당신의"라는 뜻이다.

다임을 그 손에 붙이시매 옷니엘의 손이 구산 리사다임을 이기니라"(삿 3:10). 이 뿐 아니라 사사기에서는 이와 유사하게 하나님의 영이 생명 가운데 존재하기 보다는 능력을 부여하기 위해 특별하게 임한다고 묘사하고 있다.[17] 그리고 예언서에서 하나님의 영은 바르게 통치하는 능력과 지혜를 주시는 영으로 신실한 사람에게 임재하는 존재로 묘사되고 있다(사 11:1-3, 겔36: 24-28, 욜 2:28-29 등). 그럼에도 불구하고 구약에서 하나님의 영은 생명 가운데 내재한다는 생명성을 전제하고 있고, 특별한 능력이라는 차원에서만 이미 생명을 가진 존재에게 임재한다고 나타난다. 그리하여 구약성서에서 하나님의 영은 '존재'와 '능력'의 두 차원에서 서술될 수 있는데, 존재적인 차원에서는 하나님의 영이 모든 피조물에게 존재하고, 능력적인 측면에서는 필요한 경우 특별하게 임재한다.

하나님의 영은 창조 이전에는 창조의 영으로 활동하며, 창조 후에는 피조물 속에 내재하고, 내재해서는 피조물 안에서 계속적인 창조(creatio continue)의 영으로 활동한다.[18] 그는 인간 개인과 역사를 계속적으로 창조한다. 피조물들은 그를 통해 끊임없이 새롭게 되고 점점 완성에 도달한다. 하나님의 영은 이스라엘을 갱신하며(사 32:15, 겔 11:19), 마른 땅에 시내가 흐르는 것처럼 흘러 세상을 변화시킨다(사 44:3). 그는 인간과 인간의 역사뿐만 아니라 자연에게도 새 세계, 새로운 날을 시작하게 한다(사11:2, 겔 39:29, 욜 2:28).[19] 자연 피조물도 하나님의 영의 계속적인 창조를 통해 완성에 이른다. 계속적인 창조 과정에서 하나님의 영은 피조물에게 능력과 은사를 주신다. 이렇게 아버지를 도와 태초에 창조하고 또한 계

---

17) 삿 6:34, 11:29, 13:25, 14:6, 15:14 등
18)' 황승룡, 『성령론-신학의 새 패러다임』, 한국장로교출판사, 1999, 56.
19) 황승룡, ibid., 60

속적으로 창조하는 영은 아버지의 일을 실현시키는 '아버지의 영'
이다. 그리하여 정리하면 구약에서 성령은 하나님의 '루아흐'로 표
현되고, '아버지의 영'이며 '내재하는 영', '창조의 영', '능력의
영'으로 묘사되고 있다.

2) 신약성서에서 "성령"

신약성서에서 성령은 프뉴마(πνεύμα)로 표현된다. 프뉴마는 '불
다'는 의미의 프네포(πνέφω)에서 온 말로 루아흐와 동일한 의미를
가지고 있다. 그래서 70인역 성서에서는 루아흐가 프뉴마로 번역되
었다. 그리스어에서 프뉴마는 문자적으로 '공기의 움직임', '숨',
'바람' 등을 의미한다. 이 의미를 따라 스토아학파는 프뉴마를 인간
에게 영혼을 부여하는 것, 동물에게 영혼을 주는 것, 식물을 성장하
게 하는 그 무엇, 돌, 흙 등 비유기체적(非有機體的)인 존재들에게는
개별적인 모양을 부여하는 것이라고 파악했고, 우주적으로는 만물
안에서 만물을 생성하는 제일의 원인자를 가리킨다고 정의했다.[20]
판넨베르크는 이를 정리하여 말하길, 프뉴마는 "미세한 공기의 입
자들이고 사물을 관통하는 힘이었고 사물들의 운동과 장력 tention
을 통해 전체 우주를 하나로 묶는 응집성"[21]이다.

이러한 언어적 개념의 프뉴마를 성서에서는 다른 명사나 고유명
사 혹은 형용사 등과 결합하여 사용되는데 '하나님의 성령', '주의
영', '아버지의 성령', '살아계신 하나님의 영', '그리스도의 영',
'예수의 영', '그리스도의 성령', '주의 영', '그 아들의 영', '진리
의 영', '믿음의 영', '은혜의 영', '생명의 성령', '영광의 영', '보

---

20) 김희성, 『부활신앙으로 본 신약의 성령론』, 대한기독교서회, 2000, 22-23.
21) 판넨베르크, 『현대 문화 속에서의 신학』, 아카넷, 2000, 173.
22) 황승룔, op.cit., 70.

혜사' 등으로 표현되고 있다.[22]

그러면 복음서에서는 구체적으로 성령이 어떻게 묘사되는가? 사실 복음서의 성령이해는 부활신앙에 의하여 추후에 각색된 것이 대부분이기 때문에 부활신앙 이전의 사실적인 복음서의 성령이해를 고찰하는 것은 불가능하다.[23] 따라서 이 논문에서는 부활신앙 이후에 각색된 것이냐는 여부를 떠나 복음서에 제시된 성령을 파악하고자 한다.

복음서에서 성령은 예수 그리스도를 태어나게 하는 영이다. 그리스도는 성령에 의하여 잉태되고, 세례를 받을 때에 성령의 임재를 체험한다. 성령은 예수 그리스도가 사역할 때, 그를 준비하게 하고, 그를 지도하셨으며, 그에게 권능을 주고, 설교, 축귀, 치유 등을 행하게 하시고, 하나님의 나라를 도래케 하는 하나님의 능력으로 작용한다. 성령은 그가 십자가에 못 박히시는 것도 주도했다. 그리하여 성령은 그리스도의 구원사역을 견인하는 능력으로서 예수 그리스도의 생애동안 철저히 함께 했다. 그리고 예수 그리스도는 승천하면서 성령을 보내주시겠다고 약속한다(요 15:26, 16:7). 사도행전은 "하나님이 오른손으로 예수를 높이시매 그가 약속하신 성령을 아버지께 받아서 너희 보고 듣는 이것을 부어주셨느니라"(행 2:33)라고 그 약속이 이루어졌음을 보도하고 있다.

초대교회는 성령을 그리스도의 영이라고 부른다.[24] 성령은 예수 그리스도를 살리셔서 영의 영역으로 인도하시고는 그분의 영이 되셨다는 것이다. 그는 하나님의 영으로 창조사역을 하셨으나 이제는 예수 그리스도의 영으로서 구원사역을 이루어 가신다. "성령은 우

---

23) 김희성, op.cit., 77.
24) 초대교회에서는 성령을 주(그리스도)의 영(참조 고후 3:17-18, 롬 8:9), 그 아들의 영(갈4:6), 예수의 영(행 16:7) 혹은 예수 그리스도의 성령(빌 1:19)이라고 지칭한다.

리에게 예수 그리스도를 현존하게 하시고 내주하게 하시며 그분의 형상을 이루게 하시며 그분처럼 우리를 하나님의 아들들로 만드는 영이다."[25]

복음서와 초대교회에서 성령은 이미 보편적으로 피조물 속에 내재하시는 분이 아니라 특수한 경우에 임재하시는 초월적인 분으로 묘사되고 있다. 그 분은 피조물 속에 내재하는 '아버지의 영'이 아니라 '그리스도의 영' 혹은 '아들의 영'이라 불려진다. 그는 그리스도의 사역을 이끈 영이고, 그리스도의 승천 후에 그리스도의 사역을 계승하여 실행하는 영이고, 우리 안에 현존하는 그리스도를 인식하게 하고, 그의 유일회적 구원사역을 깨닫게 하는 그리스도의 영이다. 프뉴마라는 근본적인 의미가 피조물 속에 내재된 생성하는 힘, 우주적인 영의 성격을 가지고 있지만, 신약성서에서 하나님의 영은 그리스도와 연결되어 그리스도의 영으로서 임재하는 영이다. 그는 이미 피조물 속에 내재하는 영이 아니라 특별하게 임재하고 또 떠날 수 있는 영이다. 그 영이 떠난다고 해서 피조물의 생명성이 소멸되는 것도 아니다.

그러므로 성서에서 성령은 두 가지 측면으로 묘사되고 있다. 한편에서 성령은 하나님의 영이다. 그는 우주적으로 보편적인 영이고 내재하는 영이고 창조하는 영이다. 다른 한편에서 성령은 그리스도의 영이다. 그는 초월적인 영이고 임재하는 영이며 언제든지 떠날 수 있는 영이고 구원의 영이며 능력의 영이다. 성서에는 이 두 측면이 제시되고 있기 때문에 어느 한 측면만을 전체라고 볼 수 없으며, 이 두 측면을 우리는 종합적으로 이해해야 할 것이다. 몰트만도 성령의 두 측면을 고려하여 성령의 활동을 창조의 영과 구원의 영으로

---

25) 김희성, op.cit., 120.
26) 전현식, "생명(창조)에 대한 몰트만의 삼위일체적 성령론적 이해의 동학–생태여성학적 재해석 및 비전", 한국조직신학회, 『생명의 영성』(조직신학논총 11집), 2004, 221.

구분하여 설명한다.[26]

4. 우주적인 영으로서 하나님의 영의 창조 활동

구약에서 루아흐는 우주적인 영이다. 천지의 창조자이신 하나님은 피조물을 창조하시고는 영의 형태로 피조물 안으로 들어간다. 그리하여 세계 속에는 하나님의 영이 편재해 있고 세계는 하나님이 거하시는 집(Haus Gottes)이 된다. 판넨베르크는 각각의 사물 속에서 사물을 주도하는 힘을 하나님의 영이라고 본다.[27] 그는 루아흐나 프뉴마는 '팽팽한 형태로 가득 차 있는 공기'를 의미한다고 보는데,[28] 이것은 우주 속에 편재하는 하나님의 영을 말하고 그 영은 우주적인 영이라고 증거한다. 몰트만 또한 하나님의 영을 우주적 영(Geist des Universums)이라고 보는데,[29] 그 영은 창조적인 에너지로서 피조물에 내재한다는 것이다.[30] 이런 주장의 뒷받침 속에서 구약성서에서 하나님의 영인 루아흐는 우주와 개별 사물 속에 에너지로서 내재하는 우주적인 영이라고 규정될 수 있다.

유대의 카발라 전통은 이러한 하나님의 영의 우주적 '쉐키나'(Schechina) 이론으로 설명한다. 쉐키나란 "세계 내 하나님의 거주"를 뜻하는 것으로, 쉐키나 이론에 따르면 하나님은 자기로부터 나누어져서, 영의 형태로 피조물을 향해 자기를 낮추시어, 피조물 속에 거하신다. 그리고 영은 피조물과 함께 고난을 당하며 기쁨을 함께 누린다.[31] 이러한 하나님은 인간 뿐 아니라 자연 속에도 거한

---

27) 임홍빈, "기독교 생태신학에서 자연의 영성", 국중광, 박설호 편, 『생태위기와 독일생태공동체』, 2004, 79-80
28) 판넨베르크, op.cit., 174.
29) J. Moltmann, Gott in der Schöpfung. ökologische Schöpfungslehre, München, 1993, 28.
30) J. Moltmann, ibid., 213.
31) J. Moltmann, ibid., 29.

다. 그리하여 어떤 존재도 생명의 원천인 하나님의 영의 현존으로부터 벗어날 수 없다. 이 하나님의 영은 우주의 발전과 진화를 일으키고,[32] 출애굽과 같은 하나님의 역사를 창조한다.[33] 쉐키나 개념 아래서 하나님은 생명의 영으로서 세계 안에서 활동한다고 설명된다. 이는 하나님의 내재적 현존으로 영의 케노시스kenosis(자기비하)를 의미한다. 이 우주적인 영의 개념은 자연에 대한 부정적, 소극적 이해를 철폐할 수 있는 유효한 신학적 원리로 작용할 수 있다.[34]

우주적 영으로서 내재하는 하나님의 영은 성부 하나님과 피조물을 교통하게 한다. 이것을 우리는 영의 수직적 활동이라고 할 수 있다. 하나님의 영은 성부의 뜻을 피조물에게 전달하고 피조물이 하나님의 뜻을 따르도록 견인한다. 그래서 피조물이 자기 자신의 모습에 안주하거나 더 이상 발전하지 않으려는 의지를 깨트린다. 그리고 하나님의 영을 통해 수용한 성부의 뜻을 실현하면서 피조물은 종말론적 완성을 향해 나아간다. 여기서 하나님의 영은 내재와 초월을 잇는 가교가 되며 그의 이러한 수직적 활동을 통해 피조물은 초월적인 존재로 발전해간다. 그런 의미에서 몰트만은 하나님의 영을 "내재적인 초월"(die immanente Transzendenz)[35]이라고 부른다.

하나님의 영은 또한 피조물 간에 상호적으로 교통하게 한다. 이것을 우리는 영의 수평적인 교류라고 할 수 있다. 하나님의 영은 창조 세계 안에 있는 만물을 역동적으로 일치시킨다. 즉 그 영은 창조 세계 안에 내재하여 피조물이 통전적으로 교류하게 하며 이 교류를 통해 그는 피조물들을 일치시킨다. 이에 따라 피조물들은 서로 조화

---

32) J. Moltmann, ibid., 30.
33) 이정배, op.cit., 54.
34) 이정배, ibid., 62.
35) J. Moltmann, *Gerechtigkeit schafft Zukunft. Friedenspolitik und Schopfungsethik in einer bedrohten Welt,* München und Mainz, 1989, 78.

로운 관계를 형성하며 상호 영향 가운데 발전하며 피조물의 세계공동체를 창조한다. 세계공동체 안에서는 영의 통전적 교류를 통해 덜 발전된 피조물은 더 발전된 피조물 속에서 자신의 미래를 발견하고 그 교류를 통해 완성을 향한다. 그래서 하나님의 영은 우주적으로 내재하여 수평적인 교류를 통해서도 창조활동을 하는 영이다.[36]

5. 초월적인 영으로서 그리스도의 영의 구원 활동

신약성서에서 말하는 성령은 우주적 영의 성격을 지닌 창조하는 영이 아니라 구원하는 영, 그리스도의 영으로 나타난다. 그리스도의 영은 그리스도가 행한 사랑의 화해를 통해 인간들이 죄로부터 구원을 얻고 서로 사랑의 화해를 함으로써 하나님의 나라를 만들어 가는 것이다. 이 구원에 도달하려면 사람들은 그리스도를 만나야 한다. 성령은 그리스도를 만나게 하는데, 사람들은 이미 유일회적으로 오셨던 그리스도를 직접적으로 만날 수 없기 때문에 성령을 통해 영이신 그리스도를 만난다. 성령은 그리스도를 인간 안에 현재화시키며 그리스도는 영의 형태로 피조물 안에 임재한다.[37]

그리스도의 영은 그리스도의 구원사건을 피조물들이 깨닫게 하는 구원의 영일 뿐 아니라 이후의 삶에서 성화를 추구하게 이끄는 성화의 영이다. 즉 그리스도의 영은 인간을 죄의 권세와 죽음에서 해방시키고 영원한 생명으로 인도할 뿐 아니라 동시에 그리스도인들을 하나님의 뜻에 따라 열매를 맺도록 요구하며(갈5:17) 이를 실현시킨다. 이 성화의 과정에서 피조물들이 하나님의 뜻을 따르는 것

---

36) 전현식, op.cit., 227.
37) 이에 대한 성서적 근거는 다음과 같다. 롬 8:1, 9, 10, 고전 1:9, 30, 고후 13:13, 엡 2:21, 23, 5:18, 골 2:10, 빌 1:27, 4:1

은 그리스도의 영인 성령의 능력을 통해서 이루어진다.

구원과 성화를 이루는 그리스도의 영은 사람들에게 그리스도의 삶을 살게 하고 그리스도의 형태(Gestalt)를 지니게 한다. 즉 그리스도의 영은 사람들을 다른 사람들과의 사귐 속에서 그리스도, 곧 새로운 사람의 형태가 되게 한다(빌 2:6). 그러므로 성령은 신자들로 하여금 많은 형제들 가운데에 처음 태어난 자인 그리스도와 같은 형태를 가지게 함으로써(롬 8:29) 사람의 모든 형태를 새롭게 형성한다. 그는 비천한 몸을 영광스런 몸으로 만든다.[38] 이 새롭게 되는 과정에서 성령은 우리에게 은사를 주고 능력을 준다.

칼 바르트는 성령을 철저히 '그리스도의 영'으로 규정한다. 그에 따르면 성령은 '예수는 주이다'라는 것을 사람들이 알게 하는 일을 한다.[39] 그래서 그는 성령은 "아들 안에서의 아버지의 계시의 주어짐에 부가되어야 한다"[40]고 말한다. 칼 바르트에게서 성령은 사람들이 그리스도가 "육체가 된 하나님 말씀 자체"라는 것을 받아들이고 믿게 하는 능력이다. 그래서 성령은 그리스도를 통해 보여주신 하나님 행위를 알게 하고, 그를 믿도록 능력을 주며, 하나님의 말씀에 긍정하게 한다. 어떤 피조물도 성령 안에서가 아니고서는 예수 그리스도가 우리의 주이신 것을 알 수 없다는 것이다.[41] 성령은 또한 인간에게 그리스도를 만나게 한다. 인간은 성령의 능력에 의하여 하나님의 자녀가 되고 하나님의 자녀로 성장, 성화한다.[42] 자신을 성화시키면서 사회 속에서 사람들은 그리스도의 사역을 계승하게 된

---

38) J. Moltmann, *Gott in der Schöpfung. ökologische Schöpfungslehre*, 266-267.
39) K. Barth, *Die Kirche Dogmatik I/1. Die Lehre vom Wort Gottes*, Zurich, 1989, 박순경 역, 『교회교의학』, 2003, 574.
40) K. Barth, ibid., 576.
41) K. Barth, ibid., 576과 580.
42) K. Barth, ibid., 588.
43) K. Barth, ibid., 579.

다.[43]

이 그리스도 중심적 성령이해에서 성령은 초월된 전적인 타자로 규정된다.[44] 그리스도는 피조물 속에 현존해야 한다. 그래야만 피조물 안에서 피조물이 하나님의 자녀로 성화하고 성장하는 사역을 그리스도가 할 수 있기 때문이다. 이 사역을 위해 유일회적으로 오신 그리스도가 영적인 형태로 피조물 안에 임재한다. 여기서 그리스도 혹은 그리스도의 영인 성령은 내재하는 것이 아니라 전적 타자로서 임재할 뿐이다. 임재라는 개념은 피조물 안에 자리를 잡고 거한다는 개념이기 보다는 언제든 떠나며 피조물 위에 덮여있다는 의미라고 할 수 있다.

특별히 바르트는 성령이 아버지의 영이냐 아들의 영이냐 하는 구분에는 별로 관심이 없는데, 그것은 그 두 개념은 동일한 것이라고 보는 양태론적 사고가 반영되어 있기 때문이다. 양태론이란 동일한 한 존재가 세 번 다르게 양태를 바꾸어 나타난다는 이론으로 아버지, 아들, 영은 동일한 존재이고 양태만 다른 존재이다. 그리하여 바르트에게 있어서 아버지는 곧 아들이고, 아버지의 영이 아들의 영이 된다. 성령은 아버지의 영이면서 아들의 영이라는 서방교회 전통을 바르트는 견지하면서 아버지가 새로운 양태인 아들로 나타났기 때문에 아버지의 영으로서의 성격은 필요없다고 보고 아들의 영의 특성이 곧 아버지의 영을 포괄한다고 본다.[45]

또한 바르트의 성령론은 서방교회의 성령론적 전통을 반영하고 있다. 동방교회는 성령을 그리스도의 영이 아닌 아버지의 영이라고 규정한다. 서방교회가 성령을 성부와 성자에게서 발출했고 그래서 성령은 아버시의 영이요, 아들의 영이라고 한다면, 동방교회는 성령

---

44) K. Barth, ibid., 582.
45) 이에 대해서는 다음을 보라. K. Barth, ibid., 605.

이 아들로부터의 발출했다는 것을 부정하고 오직 아버지로부터 발출했을 뿐이라고 주장했다. 그래서 동방교회는 "아버지 그리고 아들로부터 발출했다"라는 니케아-콘스탄티노플 신조에서 "그리고 아들로부터"(filioque) 라는 표현을 삭제하자고 했다. 그것이 그 유명한 필리오케(filioque)논쟁이었다. 그러나 서방교회는 그것을 받아들이지 않았고 동방교회는 그것을 수용했다. 그 결과 1054년 동방교회와 서방교회는 분열했다. 그리스도의 영으로 보는 바르트의 성령론은 분명 서방교회 전통을 따르고 있지만, 양태론적 사유아래서 아버지의 영의 부분은 약화되어 있고 아들의 영 부분이 강화되어 있다.

　이러한 이해 속에서 아버지의 창조 작업보다는 아들의 구원활동이 더욱 중시된다고 할 수 있다. 여기서 범신론적 토대는 완전히 사라지고 그리스도의 활동을 중심으로 신앙을 이해하고 사람들을 그리스도의 삶으로 이끄는 것은 이러한 이해의 장점이라고 할 수 있다. 그러나 이러한 이해는 그리스도의 활동을 중심으로 인간 사회의 문제에 대해서는 대답할 수 있지만 생태계의 구원을 다루는 데 있어서는 그 한계가 있다고 평가할 수 있다. 오늘날은 분명 구원의 강조보다는 생태계 전체를 포괄하는 창조가 강조되어야 할 것이다.

6. 창조의 영과 구원의 영의 연결

　20세기에 하나님의 영의 내재성과 창조적 활동성이 약화된 것은 분명한 이유가 있다. 19세기말 20세기 초의 자유주의 신학은 하나님의 형상이 인간의 이성 속에 내재했다고 보면서, 인간 이성의 무한한 가능성을 인정했고, 이성을 통하여 인간이 유토피아 세계를 건설할 수 있다고 생각했다. 그러나 제1차 세계대전의 파괴성 앞에서 사람들은 인간 이성에 의한 유토피아 건설에 회의하게 되었고, 이성 속에 하나님의 형상이 내재한다는 것은 근본적으로 부정되기 시작했다. 이때 바르트는 인간의 이성을 신뢰하는 이데올로기에 대립하여 인간의 근본적인 타락성을 논증했으며, 하나님과 인간의 전적인 차별성, 하나님의 전적인 초월성을 주장했다.

이후 인간세계는 강대국과 약소국의 대립, 독재자와 피억압자의 갈등, 종족주의 문제, 여성의 억압적 상황, 가난한 자를 위한 분배의 문제 등 정의와 평등, 평화의 문제를 유발했다. 이러한 세계 속에서 예수 그리스도는 정의와 평등, 평화의 삶을 산 모범자였으며, 가난한 자를 위한 해방자라고 규정되었고, 그에 따라 그의 삶을 인간들이 따라 살고 그가 말한 윤리를 실천하는 것이 신학의 주제이자 신앙의 핵심으로 떠올랐다. 그리하여 세속화신학, 신죽음의 신학, 해방신학, 민중신학, 정치신학 등이 그때에 발생했다. 이때에 강조되었던 그리스도의 삶은 인간사회의 정의, 평화, 평등을 위한 것이었다. 다시 말하면 인간사회의 구원을 위해 그리스도는 강조되었고, 그리스도 중심적 신학이 형성되었고, 하나님의 영이 아니라 그리스도의 영으로서 성령의 성격이 부각되었다.

그러나 1980년대에 들어서 신학계에서는 '생태위기' 문제가 신학적으로 고찰되기 시작했다.[45] 그때부터 신학에서는 인간중심적인 자연이해를 반성하고, 자연의 유기체적 이해를 신학적으로 수용하기 시작했다. 그리고 인간 사회의 영역만을 하나님의 활동했고, 생태계를 하나님의 활동장소와 하나님의 구원대상으로 구상하게 되었다. 그 결과 인간사회의 구원을 말하는 그리스도론, 즉 성령을 그리스도의 영으로 규정하는 것 내신에, 생태계 전체를 새롭게 창조하시

---

46) 그 단초는 과정신학이라고 할 수 있고 생태적인 신학이 관심되면서 세계교회협의회(WCC)는 1988년 서울에서 '정의, 평화 창조질서 보존을 위한 대회'를 개최한다.

며 종말론적 완성에 이르도록 계속적으로 창조하시는 성령론, 즉 성령을 하나님의 영으로 규정하는 부분을 강조하는 신학이 그 시대의 패러다임으로 등장하게 되었다. 이 패러다임 아래서 구원자 성령보다는 창조자 성령이 주로 논의되게 되었다.

이러한 패러다임의 전환과정을 보면서 우리는 성령의 '그리스도의 영'의 측면과 '하나님의 영'의 측면 중에 하나를 취사선택하여 신학을 전개할 것이 아니라 두 측면을 연결하여 하나의 완결구조를 가진 성령론을 전개해야 할 것이다. 하나님의 영과 그리스도의 영은 다른 영이 아니고 나눠진 영이 아니다. 다만 그것은 성령의 두 성격을 표현한 것이다. 그래서 우리는 그들 중의 어느 하나만을 성령이라고 규정할 수 없다. 성령의 두 성격은 연결되어야 하고 총체적으로 하나로 이해되어야 한다.

성령의 두 차원을 연결하기 위해서는 하나님의 영의 차원에서 그리스도의 영을 이해하는 방법이 있다. 즉 그리스도를 통한 '구원'은 하나님의 '창조'의 지평에서 파악되어야 한다. 하나님은 세계를 창조하셨고 계속적으로 창조하신다. 그 과정 중에 그리스도를 보내 인간들을 구원하신다. 그러나 그 구원은 창조와 다른 것이 아니라 창조의 한 형태이고, 하나님은 인간사회를 새롭게 하여 생태계를 구원하시게 하신다. 이렇게 구원을 이해하면 구원은 우주적인 사건이 된다. 그리스도의 영이 이루는 구원은 우주적인 창조로 이해될 수 있으며 그런 의미에서 구원을 하나님의 새 창조활동으로 이해할 수 있다. 그래서 몰트만은 하나님의 영을 "창조의 영"으로 그리스도의 영을 "새 창조의 영"으로 규정하고, "새 창조의 영"을 피조물의 완성을 성취시키는 종말론의 지평에서 이해한다.[47] 즉 구원의 영인 그리스도의 영은 인간들을 새롭게 하여 인간을 통해 생태계의 모든 피조

---

47) J. Moltmann, *The Trinity and the Kingdom*, 89와 124.

물을 완성으로 이끄는 새 창조를 행한다는 것이다. 여기서 우리는 구원을 하나님의 화해적 사랑에 근거한 인간사회만의 구원이 아니라 생태계 전체를 새롭게 하는 구원으로 이해할 수 있고, 그리스도의 영의 구원활동을 새 창조의 활동으로 해석할 수 있게 된다. 이제 성령 안에서 그리스도를 믿는 자들은 자연의 구원과 생태계의 완성을 종말론적 희망으로 삼고 그 약속을 믿으며 하나님의 부르심에 응답할 수 있게 된다.

7. 내재적인 영과 초월적인 영의 연결

하나님의 영은 존재적 차원을 가진다. 구약에서 표현된 하나님의 영은 모든 피조물에 내재되어 그 피조물이 생명이 되게 하고 유지, 발전시키는 우주적인 영이다. 그 내재된 영은 모든 피조물 안에서 하나님과 수직적인 관계를 하여 더 높은 것으로 발전하며 다른 피조물과의 수평적 교류를 통해 삶을 향유하고 조화롭게 자기를 유지시킨다. 그래서 우리는 꽃의 아름다움을 보며 향유하고 거대하고 멋있는 산을 보면서 지금 살고 있는 자신을 즐긴다. 모든 피조물은 영적 교류를 통해 상호 조화 속에 있을 때 향유를 느낀다.

그러나 그 하나님의 영은 경험되어야 한다. 일반적으로 이 경험은 그리스도 공동체 안에서 성령의 에너지로 경험되는데, 이를 통해 인간은 자기의 구원을 경험하고 다른 피조물을 위한 삶으로 나아간다. 이러한 성령의 경험은 보편적으로 내재하는 하나님의 영이 아니라 구체적인 상을 가진 그리스도의 영의 경험이라고 할 수 있다. 이 경험을 통해 사람들은 그리스도를 가슴 속에 모시게 되고, 그의 구체적인 말씀과 삶을 따르게 되고, 그리스도의 형태(Gestalt)를 가진 존재로 변모한다. 이 과정은 피조물이 새 창조되는 과정이며 능력을 획득하는 과정이다. 이 능력 아래서 사람들은 그리스도와 같이 겸손한 존재가 되고 그리스도의 사역을 계승하여 다른 피조물의 구원을 위해 일하게 된다.

그리하여 성령은 존재적으로는 내재적이면서도 경험적으로는 초월적이다. 그는 우주적인 영으로 내재해 있다가 그리스도를 따르는 그리스도의 영으로 피조물에게 경험되고 능력을 나타낸다. 이 과정에서 모든 피조물들은 완성을 향해 나아가게 된다. 물론 그 완성은 피조물이 나아가는 것이 아니라 성령이 이끌어가는 것이다. 하나님의 영이 모든 피조물에 내재하기에 그들은 가치를 지닌 존재들이고 구원을 받을 존재들이다. 만약 하나님의 영의 내재를 말하지 못하고 그리스도의 영의 임재만을 말한다면 인간 외의 피조물에 대해서는 가치를 인정하지 않게 되고 인간사회의 정의와 평화를 위해 일한 그리스도의 사건만이 강조될 것이다. 모든 피조물에 하나님이 내재한다는 것은 자연의 내재적인 가치를 인정하고, 구원의 범위를 생태계로 확장시키며, 인간중심적이고 인간의 이기적인 주장이 반영된 구원론을 폐기시킨다. 그리고 인간 안에 현존하는 그리스도의 영의 경험은 하나님의 형상을 지닌 인간을 하나님의 거대한 구원사역에 참여하게 하고, 전체 생태계의 틀 속에서 인간의 구원과 사역을 고찰하게 한다. 이 과정에서 성령의 내재와 초월, 성령의 존재와 능력은 결합된다.

8. 인간 안에서 하나님의 영과 피조물의 영혼의 비동일성

그러면 인간의 영이 곧 하나님의 영인가? 하나님의 영의 내재론을 통해 하나님과 피조물의 동일성이 형성되는 것은 아닌가? 이것은 기독교 신학의 오랜 고민이다. 이 문제의 해결을 위해 우리는 먼저 범재신론적으로 성령을 이해해야 할 것이다. 하나님은 전적으로 피조물 안에 내재하지 않는다. 성부로서 하나님은 초월되어 있고 다만 삼위의 한 위격인 성령만이 내재한다. 그리하여 하나님과 피조물은 동일하지 않다. 물론 이렇게 삼위일체론적으로 이해하는데 있어서 양태론적인 사고를 가진 사람은 범재신론은 하나님과 피조물을 일치시키는 것이라고 단정할 수 있다. 왜냐하면 양태론에서 성부 하나님은 양태만 달리하여 성자로, 성령으로 그 전부가 전환된다고 보기 때문이다. 그러나 여기서 우리가 삼위일체론적으로 본다는 것은 세 위격이 나눠지지는 않지만, 구분되고 독립성을 지니며 함께 상호침투적으로 페리코레시스를 형성한다는 카파도키안의 세 신학자의 삼위일체론 전통[48]을 수용한다는 것이다. 카파도키아 신학자들이 주장하는 페리코레시스적 일치는 셋이 무대위에서 어깨동무를 하며 하나의 원을 만들고 빙빙 돌아 셋이 하나를 표현하는 일치를 말한다. 이 일치에서 세 위격은 각각 독립적인 존재로서 서로 하나의 형상을 나타내기 때문에, 성령의 내재를 말하지만 삼위일체이신 하나님과 피조물의 동일성은 부정된다.

둘째로 우리는 피조물 안에서 하나님의 영과 피조물의 영혼을 구별하여 이해할 수 있다. 이를 통해 우리는 피조물의 영 자체가 곧 하나님이라고 정의하는 우를 피할 수가 있다. 희랍철학에서는 인간을 이분법적으로 규정하여 영혼과 육체로만 규정했지만, 인간이 지닌 영은 하나님의 영과 자신의 영, 즉 우주적 영과 개별적인 이성적 혼의 두 특성을 가지고 있다. 우리는 이 두 특성을 영과 혼으로 즉 Geist와 Seele로 구분할 수 있다. 이에 대해서는 몰트만도 암시하는 바,[49] 그렇게 되면 인간은 2분법이 아니라 3분법으로 규정되는

---

48) 이에 대해서는 다음을 참조하라. 임홍빈, 『현대의 삼위일체론』, 생명의 씨앗, 2006, 56-76.
49) 이에 대해서는 다음을 참조하라. J. Moltmann, *Gott in der Schöpfung*, 266.

것이다. 그러나 물론 우리는 인간을 통전적으로 이해해야 한다. 그것은 나눠질 수 없고 다만 전체로서 '인간'이라고 불려져야 한다.

그러나 성령의 내재를 설명하기 위해 인간을 삼분법으로 규정한다면, 인간은 영으로 내재하시는 하나님의 영을 소유하고, 땅으로부터 발생한 자신의 영인 혼과 육으로 구분할 수 있다. 인간 안에 내재한 하나님의 영은 창조적인 영이고 우주적인 영이다.[50] 그는 모든 존재 속에 내재한 보편적인 하나님의 영이다. 그는 피조물을 발전하게 하고 자기를 넘어서 새로운 존재로 초월하게 한다.

그러나 인간은 자신의 혼을 가지고 있다. 혼은 땅으로부터 발생하여 피조물 자체마다 고유하게 작용한다. 이 혼은 하나님의 영의 활동을 방해한다. 영이 인간 속에서 자신의 개방성을 실현하여 종말론적 완성에 도달하고자 노력한다면, 자신의 혼은 발전이 아니라 현재에 안주하게 하고 다른 피조물과 영적 교류를 방해하고 자신의 이기적인 욕심을 실현하게 한다. 그런 의미에서 사도 바울은 육신의 영과 하나님의 영을 구분하여 말한 것이다.

영과 혼, 육으로 구성된 인간이 그리스도의 영을 체험하면, 그리스도의 삶이 구원을 위한 길인 것을 인정하고 그를 따르는 삶을 산다. 즉 그 안에서 하여 그리스도가 실현된다. 이 과정에서 인간은 그 하나님의 내재적 영의 본성과 충동과 인도를 따르게 된다.[51] 혼의 영향 가운데 있는 인간은 타락한 존재이고 하나님과 다른 존재라는 것을 보여준다. 이러한 영과 혼의 구분법은 인간뿐만 아니라 모든 피조물에 적용되어야 하고, 그러면 그 어떤 피조물도 하나님과의 관계성, 내재성은 유지하면서 하나님과의 비동일성 또한 표현된다고 할 수 있다.

---

50) J. Moltmann, ibid., 266.
51) 이것이 성령의 내적증거가 보여주는 바이다. J. Moltmann, ibid., 267.

9. 나가는 말

자연의 영성은 신학적으로 구상되어야 한다. 그 구상을 통해 자연은 한 편에서 하나님의 영을 지닌 신성한 존재로 내재적인 가치가 있고 다른 한편에서 피조물로서 비신격적인 존재로 하나님과의 관계 속에서 구원될 존재로 묘사될 수 있다.

자연의 영성에 대한 신학적 구상은 전통적인 교의학과 성령론의 틀과 무리없이 조화롭게 되어야 한다. 그렇지 않다면 신학적인 체계에 편입될 수 없고 일회적인 주장에 머물게 될 것이다. 전통적인 신학체계와 조화롭게 이해하기 위해서는 하나님의 내재론과 초월론, 하나님의 영과 그리스도의 영으로서의 성령, 창조의 영과 구원의 영으로서의 성격이 종합적으로 이해되어 하는데, 창조의 빛에서 구원을 해석하고, 하나님의 영의 빛에서 그리스도의 영을 해석해야 한다. 그러면 우리는 자연의 영성에 대한 구상을 전통적인 신학과 연결시키면서 오늘 자연의 가치를 드러내고 자연과 인간이 파트너로 상호 보완해가는 관계성, 공존과 평화를 위한 신학적 토대를 굳건하게 형성할 수 있을 것이다.

〈참고문헌〉

김희성, 『부활신앙으로 본 신약의 성령론』, 대한기독교서회, 2000,

박동현, "야훼 하나님의 영과 그의 백성", : 김지철 엮음, 『성령과 교회』, 장로회신학대학교 출판부, 1998,

신재식, "다윈 진화론의 자연신학 비판과 디윈 이후 진화론적 유신론 연구: 기독교 신학의 신-담론 변화를 중심으로", 『한국기독교신학논총 46집』, 2006,

이정배,『기독교 자연신학』, 대한기독교서회, 2005
임홍빈,『현대의 삼위일체론』, 생명의 씨앗, 2006
_____, "기독교 생태신학에서 자연의 영성", 국중광, 박설호 편,『생태위기와 독일생태공동체』, 2004
전현식, "생명(창조)에 대한 몰트만의 삼위일체적 성령론적 이해의 동학-생태여성학적 재해석 및 비전", 한국조직신학회편,『생명의 영성』(조직신학논총 11집), 2004
판넨베르크,『현대문화 속에서의 신학』, 아카넷, 2000
황승룡,『성령론-신학의 새 패러다임』, 한국장로교출판사, 1999

Barth, Karl, Die Kirche Dogmatik I/1. Die Lehre vom Wort Gottes, Zürich, 1989, 박순경 역,『교회교의학』, 2003 Die Kirchliche Dogmatik II/1. Die Lehre von Gott, Zürich, 1989
Brunner, Emil, Natural Theology. Comprising "Nature and Grace" by Professor Dr. Emil Brunner and the reply "No!" by Dr. Karl Barth, London, 1946
Moltmann, Jürgen, Gerechtigkeit schafft Zukunft. Friedenspolitik und Schöpfungsethik in einer bedrohten Welt, München und Mainz, 1989
Gott in der Schöpfung, ökologische Schöpfungslehre, München, 1993

The Trinity and the Kingdom
Pannenberg, Wolfhart, Systematische Theologie Bd. 1, Göttingen, 1988.
Sölle, Dorothe, Lieben und Arbeiten. Eine Theologie der Schöpfung, 박재순 역,『사랑과 노동』, 한국신학연구소, 1987
White, Jr. Lynn,, "The Historical Roots of Our Ecologic Crisis", Science 155 (1967), Reprinted in Paul Sheppard and Daniel McKinley,

ens., The Subversive Science: Essays toward an Ecology of man (Boston: Hutton Mifflin, 1969)

馬祖의 '道' 관념과 생태학적 구조

이 법 산 (동국대학교)

I. 들어가는 말

　禪은 깨달음으로 가는 수행이며, 자연의 생태는 일체 생명의 자성적 현상이다. 선 수행을 통하여 증득하고자 하는 것은 청정한 자성이 객진으로 오염되어 있는 중생심에서 오염된 무명을 제거하고 본연인 자성을 회복하기 위한 수행이다.
　道란 자연생태의 현상이다. 자연에는 미움도 사랑도 시기도 투쟁도 없다. 세상의 진리를 깨달은 사람을 성자 혹은 도인이라고 하며, 자연생태의 본연을 실증적으로 통달한 사람이라고 할 수 있다. 선 수행은 도를 통하기 위함이다. 도를 통한다는 것은 자연의 원리를 깨닫는다는 의미로서 모든 걸림에서 완전히 벗어난다는 의미에서 해탈이며, 또는 열반이라고 한다. 佛道는 깨달음의 도를 통달한다는 의미이다.
　이 세상의 모든 자연생태는 천진난만한 순수성을 유지하고 있지만 사람은 삼독에 물들어 오욕의 즐거움에 탐닉하고, 본래 청정한 순수성을 잃고 살기 때문에 고통과 두려움에 시달리며 만행을 자행하고 있다. 인간은 만물의 영장이라는 자만심으로 과학의 발전을 통하여 자연을 정복하고 변용시키고 있으며, 끝없는 향락 속에서 만족할.줄 모르고 천진무구한 자연현상을 개발이라는 미명으로 무차별 오염시키고 파괴를 일삼고 있다.
　근래 생태학이란 학문이 크게 대두되는 것은 인간이 아무리 고차원적 과학을 발전시키더라도 지구 자연의 생태를 파괴하고 살 수 없다는 종말론적 반성에서 출발하여 새로운 상생의 학문적체계로 탄생되었다고 본다. 비록 인간이 개발한 과학적 힘으로 지구를 벗어나 달이나 별나라에 가서 삶의 터전을 갖고자 하는 욕망도 있겠지만 이는 과대한 욕망에 의한 지구 에너지의 낭비일 뿐만 아니라 우주를 쓰레기장으로 오염시켜 우주생태마저 파괴시키고 말 것이다.

따라서, 작금에는 생태학 분야도 여러 가지로 분류되고 있다. 환경생태학을 비롯하여 동물·식물·개태·군집·해양·사회 내지는 건강 식품생태학까지 다양한 생태이론이 속출하고 있다. 이것은 생태학이 동물과 생물 그리고 비생물적인 우주적 세계와의 다양한 관계를 연구하여 공존의 진실을 규명하고, 친화적 불가분의 상관관계를 이해함으로써 자연생태의 환경보존에 큰 역할을 할 것이라 전망하기 때문이다.

그러므로 인간이 대자연에 대한 비윤리적 만용을 각성하고 응용생태학의 다양한 연구와 방법론을 실현한다면 자연친화적 인간의 미래는 더욱 푸르게 회복되고 보존되어 갈 것으로 기대된다.

한편, 객관 대상에 대한 다양성과 경이로움 속에서 인간은 자기 정체성에 대해 끊임없이 회의하게 된다. 인간이란 무엇인가? 어떠한 존재인가? 어떻게 살아야 하는가? 자연의 일부가 인간인가 아니면 인간은 자연을 지배하는 자인가? 수많은 인간과 자연의 인과관계 속에서도 환경이란 문제에 직면하면 인간과 자연의 관계를 정립하는 것은 쉬운 일이 아니다.

인간의 존재 자체가 자연에 의지하지 않을 수 없으며, 반면 자연환경과의 대립과 극복 속에서 존재할 수밖에 없는 것이 인간의 한계이기 때문이다. 단순한 환경이 아닌 생태란 차원으로 나아가면 이러한 문제는 더욱 첨예한 현실로 다가오지 않을 수 없다. 인간 역시 거대한 생태계 내지 자연이란 존재 구조 속의 일부분을 차지하고 있기 때문이다.

이러한 점에서 동양 내지 불교적 가치관 속에서 중요하게 생각되는 '道'라는 개념, 내지 관념은 생태학적 구조 속에서 어떠한 입장을 지니고 있는가에 대한 생각을 해 본다. 그것은 馬祖가 줄기차게 주장한 '평상심이 도'라는 말이나 『老子』25장에 나오는 다음과 같은 구절 때문이기도 하다.

> 사물이 있어 뒤섞이되 천지보다 먼저 생겼다. 적막하고 적막함이여. 홀로 서서 고치지 않으며, 두루 다니되 지치지 않는다. 세상의 어머니라 할 수 있다. 나는 그 이름을 알지 못한다. 구태어 이름하자면 道라 할 수 있으며, 크다고 말할 수 있다. 크면 가고, 가면 멀고, 멀면 돌아온다. 그러므로 도는 크고, 하늘도 크고, 땅도 크며, 왕도 크다. 영역 중에 네 가지의 커다란 것이 있으되 왕이 그 하나에 들어 있다. 사람은 땅을 본받고, 땅은 하늘을 본받으며, 하늘은 도를 본받고, 도는 자연을 본받는다.[1]

이상의 구절은 도의 개념이 무엇인지를 구체적으로 설명하고 있는 문장이다. 우주생성 이전의 상태부터 있었던 근본적인 원리이며, 세상을 현재와 같은 상태로 만들어 놓은 근본적인 母性이다. 나아가 존재의 세계에서 가장 중요한 것으로 근본 원리인 道와 天地, 그리고 王을 등장시킨다. 여기서 왕은 사람 중에서 가장 존귀한 존재란 의미를 지니고 있으며, 그런 점에서 인간의 존엄성을 상징하는 단어로 해석하기도 한다.[2] 그렇게 본다면 세계를 구성하는 네 가지 요소

---

1) 有物混成, 先天地生. 寂漠. 獨立不改, 周行不殆, 可以爲天下母. 吾不知其名, 字之曰道, 吾强爲之名曰大. 大曰逝, 逝曰遠, 遠曰返. 道大, 天大, 地大, 王大. 域中有四大, 而王處一. 人法地, 地法天, 天法道, 道法自然.
2) 『노자교석』(북경. 중화서국, 1996), pp.102~103

를 말한다고 해석할 수 있다. 생태학적 구조의 틀 속에서 말하자면 자연과 인간의 존엄성, 그리고 이들 요소를 관통하는 공통의 지배적인 원리 내지 요소로서 도가 등장한다. 도라는 입장에서 자연과 인간은 평등한 관계를 형성하는 것이다.

또한, 이 문장의 끝에 나오는 '사람은 땅을 본받고, 땅은 하늘을 본받으며, 하늘은 도를 본받고, 도는 자연을 본받는다'는 말의 도법자연(道法自然)이란 말은 동양문화권에서 가장 중요한 가치로 인식되는 도가 자연을 본받는 것이란 점에서 새로운 관심을 지니지 않을 수 없다. 물론 여기서 자연이란 '저절로 그렇게 되어 있는 것'이며, 그런 차원에서 과학적 대상인 자연으로 정의할 수 있는가에 대한 논의를 잠시 접어두더라도 일상 생각하는 자연이란 개념과 동일하지 않다는 점은 부인할 수 없다. 그럼에도 불구하고 생각할 수 있는 것은 서양에서 발전해 온 인간 위주의 존재론적 구조와는 다른 차원의 존재론적 구조를 발견할 수 있다는 점이다.

필자는 『노자』 25장에서 말하는 자연이 현대적인 의미의 객관적 대상인 자연과 그 의미상 동일하지 않다고 하더라도 그 속에 천지와 인간이 내포되어 있는 개념이란 점에서 현재 주목받고 있는 생태계적 존재구조와 상통할 여지가 충분하다고 관찰하고 있다. 그리고 이러한 도의 관념은 비단 노장사상에 한정된 것이 아니라 불교사상, 특히 선불교 사상 속에서도 찾을 수 있는 것이란 점에 주목하고자 하는 것이다.

선불교 속에서도 남종선의 초석을 다진 사상가 중의 한명인 마조도일의 선사상 속에 나타나고 있는 도의 관념과 그 개념 속에 용해되어 있는 생태론적 존재구조의 틀을 분석해 보자면, 마조는 '平常心이 바로 道'라는 선언으로 유명한 선사이다. 그가 말하는 도와 노장사상에서 말하는 도가 동일한 개념은 아닐지라도 '도'라는 단어로 자신의 사상을 압축하고 있는 것만은 사실이다.

특히, 그가 사용하고 있는 도라는 용어는 격의적인 의미를 지니고 있으며, 일정 정도 중국 전통사상의 영향을 받았다는 사상사적인 문제를 인정한다고 하더라도 '평상시의 마음이 바로 도'라는 문장 속에서 '도법자연'의 사상을 연상하지 않을 수 없는 것이다. 더구나 도법자연이 생태론적 존재론의 구조를 지니고 있다는 점에서 착안하여 마조선사상에 나타난 생태론적 존재론의 구조는 어떠한가에 대한 관심을 증폭시키는 것이다.

그렇지만 노장적 도의 개념과 불교적 도의 개념이 동일할 수는 없다. 또한, 본고는 노장 입장에서 도와 자연의 관계를 관찰하고자 하는 것이 아니라 불교적 입장에서 도와 자연, 내지 존재계 일반과의 관계를 살펴보고자 하는 것이다.

따라서, 본고에선 노장사상에서 일반적으로 말하는 도와 자연의 관계 내지 그것들이 지니는 생태론적 존재론의 구조를 개설적으로 살펴본 다음, 마조선사상이 지니는 생태론적 구조의 틀을 분석해 보고자 한다. 왜냐하면 도라는 용어는 중국 전통사상에서 常用되던 단어이며, 그 개념은 불교와 다르기 때문이다. 동시에 도와 자연의 관계에 대한 중국 전통의 사상이 중국화된 불교사상에 영향을 미친다고 본다면 본론에 해당하는 마조의 '평상심이 도'라는 사유체계를 이해하는데 도움이 될 수 있을 것이라 판단하기 때문이다.

Ⅱ. 老莊思想에서 보는 도와 자연의 관계

노장사상에서 보는 도와 자연의 관계를 압축적으로 설명하는 것은 전술한 道法自然이란 단어다. 남북조시대 이래 현재까지 노장 철학의 조종으로 평가받고 있는 王弼의 경우 道는 無의 다른 명칭으로 정의하고 있다. 왕필이 보기에 자연은 무엇이라 이름할 수 없는 것이기에 칭호가 없다는 의미의 無稱으로 보아야 한다고 말한다. 현상의 세계는 그 어떠한 것도 자기 자신을 초월하는 것의 이유가 될 수 없다. 따라서 현상을 표현하는 언어인 名號는 진리와 거리가 먼 언어일 수밖에 없다.

명칭이란 비록 본질의 세계에 대한 표현이기에 진리를 나타낸다고 말할 수도 있지만 본질의 어느 일부분, 즉 어떤 부분적인 특성을 나타내는 것에 불과하기 때문에 窮極이 될 수 없다.

이것을 왕필은 다음과 같이 말하고 있다.

> 자연이란 無稱의 언어이고, 궁극의 단어이다.[3]

> 무릇 사물에 칭위가 있거나 명호가 있는 것은 궁극이 아니다. 도라 말한다면 '말미암는 것'이란 의미가 있고, '말미암는 것'이란 의미가 있어야만 도라 칭위할 수 있다. 그렇다면 도는 칭위 중에서 큰 것이니 무칭의 큰 것만 같지 않다.[4]

이상에서 도와 자연의 관계에 대한 왕필의 입장을 살펴보았거니와 이것에 대한 해석은 다양하게 전개된다. 왜냐하면 이것은 왕필의 철학에서 가장 미묘한 문제이지만 아직 이렇다 할 정설이 없다는 점 때문이다. 왜냐하면 무어라고 이름 지어 말할 수 없는 궁극적인 것이기도 하지만 그렇다고 아무것도 없는 것이라고 할 수도 없기 때문이다.

---

3) 『노자』25장 注文中, 自然者 無稱之言 窮極之辭也
4) 상동, 凡物有稱有名, 則非其極也. 言道則有所由, 有所由然後謂之爲道. 然則道是稱中之大也, 不若無稱之大也.

道와 自然과의 관계는 왕필의 철학에서 뿐만이 아니라 노자철학 일반에서도 아직 정론이 없기 때문에 노자의 사상을 연구하는 연구가들은 『老子』에 대한 각자의 이해를 바탕으로 선택하고 있다. 그러나 道와 自然의 관계는 단순한 선택의 문제가 아니라 노자철학의 구조, 그리고 노자철학 연구가들의 철학 체계를 구성하는 중요한 문제이다.[5]

이 문제는 비록 노자의 온전한 철학체계와 관계를 가지고 있지만, 구체적으로는 『老子』25장의 마지막 구절인 '道法自然'[6]을 어떠한 방식으로 해설하는가의 문제이다.[7] 우선 『老子』25장의 "道法自然"의 해석을 중심으로 노자철학 연구가들의 견해를 살펴보면, 크게 두 가지의 입장으로 대별하여 볼 수가 있다.

첫째, 道와 自然을 同位概念으로 파악하고, 自然은 道를 形容하는 狀態語로 해석하는 방법이다. 이 방법을 이미 河上公으로부터 시작하여 吳澄, 陣鼓應 등이 채택하는 학설이자 노자철학 연구가들의 일반론적 견해이다. 이 주장의 대표자인 河上公과 吳澄의 말을 들어보면 다음과 같다.

河上公 : 道는 自然을 性으로 하니 본받을 것이 없다.[8]

吳澄 : 道가 大가 되는 이유는 그 自然 때문이다. 그러므로 "自然을 본

---

5) 嚴靈峰 선생은 『老子達解』(華正書局, 민국81년) 589쪽에서 다음과 같이 말하고 있다.
"從來硏究老子哲學的人, 都是以老子書中的道爲第一性. 我們各種角度探索, 根據老子的有生於無和道法自然兩個觀念加以理解, 似乎老子全書, 是以道這一槪念爲中心, 而是以無和自然爲最高領域, 這見解也許不易爲一般學者所接受, 但作者還是把這個問題提出了."
嚴靈峰 선생은 비록 표현은 조심스럽게 하고 있으나 道와 自然의 관계에 대한 설정을 어떻게 하느냐에 따라 一般學者들에게 받아들여지기 어려울 정도로 다른 체계가 됨을 말하고 있다.
6) 원문은 "人法地, 地法天, 天法道, 道法自然."이다.
7) 앞의 주의 인용문 참조.
8) 『老子道德經河上公章句』p.103. 道性自然, 無所法也.

받는다."라고 한 것이니, 道 이외에 따로 自然이 있는 것이 아니다. 自然은 無有, 無名이 이것이다.[9]

河上公과 吳澄은 自然을 道의 上位概念으로 설정하지 않고 道의 性質, 혹은 道의 形容으로 간주하고 있다. 이 견해는 노자의 최고개념을 道로 파악하는 구도 속에서 自然을 이해하는 방식이다. 이 구도를 陳鼓應 선생은 다음과 같이 정리하고 있다.

> 이른바 "道는 자연을 본받는다."는 것은 바로 道는 自然으로 귀결을 삼으니 道의 본성이 바로 自然이라는 의미이다.[10]

> "道가 자연을 본받는다."라는 것은 바로 실존하는 道가 드러내는 自然의 規律을 본받는다는 의미이다.[11]

道를 노자철학의 최고개념으로 삼고 自然을 道의 形容이나 狀態語로 이해하는 방식은 역대의 연구가와 현재의 연구가들이 지니는 일반적인 견해이다. 이상의 두 인용문을 통해 다음과 같은 추론을 가능하게 한다. 우선은 도의 본성이 자연이라는 점에서 역설적으로 말하면 자연을 떠나 도가 존재할 수 없다는 논리이다.
생태론적 구조에 입각해 해석하자면 생태계의 본질은 도이며, 도의 본질은 생태계 자체를 떠나 존재할 수 없다. 도의 편재성이란 차원에서 말하자면 靈性의 편재성 내지 佛性의 보편성을 상기시키는 대목이 아닐 수 없다. 나아가 도가 자연의 규율을 본받는다는 차원에서 말하자면 인위적으로 창출된 윤리도덕은 인간위주의 존재론적

---

9) 『道德眞經註』道之所以大, 以其自然. 故曰法自然. 非道之外, 別有自然也. 自然者, 無有, 無名是也.
10) 『老子註釋及評介』(陳鼓應, 中華書局, 1990) p.170.
11) 『老子註釋及評介』p.19.

구조 속에서 등장한 것이며, 그런 점이라면 생태론적 존재론의 구조와 어긋날 수 밖에 없는 한계를 지니고 있다는 점이다.

따라서, 인간위주의 존재론적 구조를 타파하고 생태론적 존재론을 확립하여 그에 따른 규칙을 만드는 것이 필요하다는 점이다.

두 번째는 自然을 道의 上位槪念으로 인정하는 견해로서 그 대표적인 연구가들로는 蘇子由, 憨山, 嚴靈峰 등이 있다. 이들 중 우선 蘇子由와 憨山의 말을 들어보자.

> 蘇子由 : 사람은 땅만 못하고, 땅은 사람만 못하고, 하늘은 道만 못하고, 道는 自然만 못하다.[12]

> 憨山 : 세상 사람들은 다만 天地가 크다는 것만을 알고 천지가 道로부터 생겨나 도에서 모범을 취하였다는 점을 알지 못하니, 이것은 도가 또한 천지보다 큰 것이다. 비록 도가 참으로 크지만 오히려 稱謂와 名字가 있으니, 名字를 끊어 버린 것 같은 경지에 이르러야만 至妙함이 되어서 自然에 합치된다. 그러므로 "道는 자연을 본받는다."라고 한다.[13]

蘇子由와 憨山은 人, 地, 天, 道, 自然을 上位槪念과 下位槪念의 차례로 보고, 道와 自然의 관계도 예외가 아니라고 여기고 있다.[14] 이 구도를 嚴靈峰 선생은 노자철학을 전체적으로 조망하면서 다음과 같이 말하고 있다.

> 아마도 『老子全書』는 道라는 개념을 중심을 삼고, 無와 自然으로

---

12) 『老子翼』(漢文大系本) 卷之二 p.16. 人不若地, 地不若天, 天不若道, 道不若自然
13) 『老子道德經憨山解』(감산, 신문풍, 민국74년) p.82. 世人但知天地大, 而不知天地自然中生, 取法於道. 此則道又大於天地也. 雖然, 道固爲大, 而猶有 稱謂名字. 至若離名絶字, 方爲至妙, 合乎自然. 故曰道法自然.
14) 道와 自然을 同位槪念으로 보는 연구가들도 人, 地, 天, 道는 層次가 있는 개념들로 파악하고 있다.

最高領域을 삼는 것 같다.[15]

  이러한 주장은 개념의 상하 구분을 떠나 있는 그대로의 모습 속에서 존재의 궁극적 원리인 도를 규명하지 않으면 안 된다는 점을 말하는 것이기도 하다. 따라서 진정한 가치, 궁극의 원리는 인간들에 의해 개념화되고, 약속된 것에서 찾을 수 있는 것이 아니라 거대한 존재의 세계, 다시 말하면 생태론적 존재의 구조 속에서 찾아야 한다는 것을 의미하는 것이 아닌가라고 해석할 수 있는 것이다. 그렇지만 이러한 주장에 동조하는 학자들은 소수에 불과하기 때문에 학계의 일반론은 아니다.

  문제는 자연이란 개념이 명확하지 않는 것만큼이나 도라는 용어의 개념 역시 간단하지 않다는 점이다. 적어도 지금까지 관련 학자들의 연구 보고에 의하면 도라는 용어가 다의적임을 알 수 있다. 이들의 개념을 정리하면 다음과 같다.[16]

  『老子』제25장에서 "物이 있어 混成하여 天地보다 먼저 생겼다. 寂寥함이여, 홀로 서서 고치지 않으며, 두루 다니되 지치지 않는다. 천하의 어머니라 할 수 있으나 나는 그 이름을 알지 못한다. 그것에 글자를 붙여 道라 말한다"[17]라는 문장을 통해 道의 根源性을 말한다.

  또한, 『노자』제1장에서는 "道를 道라 하는 것은 떳떳한 도가 아니요, 名을 명이라 하는 것은 떳떳한 명이 아니다. 無名은 天地의 처음이며, 有名은 만물의 어머니다. 그러므로 항상 無欲으로 그 妙를

---

15) 『老子達解』(嚴靈峰, 華正書局, 민국81년) p.589. 似乎老子全書, 是以道這一槪念爲中心, 而是以無和自然 爲最高領域. 嚴靈峰 선생은 無와 自然을 같은 의미로 보고 있다.
16) 김항배, 『노자철학의 연구』(사사연, 1985)를 참고하여 서술한 것임.
17) 朱謙之 撰, 『老子校釋』(中華書局, 1996), pp.100~101. "有物混成 先天地生 寂兮寥兮 獨立而不改 周行而不殆 可以爲天下母 吾不知其名 字之曰道"

보고, 항상 有欲으로 그 儌를 본다. 이 둘은 같이 나와 이름을 달리하니, 함께 玄이라 말한다. 玄하고 玄한 것이 衆妙의 門이다[18]"란 문장을 통해 원리적 統一者로서의 道를 말하고 있다. 그리고 여기서 말하는 道는 개념적 인식으로 파악될 수 없으며, 이름 할 수 있는 것이나 이름 할 수 없는 것 모두는 道에서 나왔다는 것이며, 有名과 無名은 질적으로 서로 다른 것이 아니라 같은 근원을 지닌 것이라 본다.[19]

『노자』 제42장에선 "道가 하나를 낳고, 하나가 둘을 낳고, 둘이 셋을 낳았으며, 셋이 만물을 낳았다"고 하여 道의 創造性을 말하고 있다. 道란 만물의 産生者인 것이다.

이상에서도 알 수 있듯이 노자가 말하는 道의 개념은 크게 세 가지로 구분할 수 있다. 다의적인 개념을 지니고 있는 것이 도라는 용어이다. 근원성, 만물의 통일자, 만물의 창생자라는 의미가 內含되어 있는 것이다. 그런데 도는 자연을 본받는다는 점을 전제한다면 자연 역시 도의 개념이 지니는 세 가지 의미를 지니게 된다고 말할 수 있다.

자연이란 도와 마찬가지로 만물의 근원성이며, 일체 존재의 통일자이자 만물을 創生하는 母性이라 置換할 수 있는 것이다. 그리고 이러한 사유체계는 불교의 연기론과 융합하여 불교사상에 영향을 미치게 되며, 일심이나 불성 등의 개념 속에 스며들게 된다.

---

[18] 朱謙之, 상게서, pp.3~8. "道可道非常道, 名可名非常名. 無名天地始, 有名萬物母. 常無欲觀其妙, 常有欲觀其?. 此兩者同出而異名, 同謂之玄, 玄之又玄, 衆妙之門"
[19] 김항배, 『노자철학의 연구』(思社硏, 1985), p.65.

Ⅲ. 馬祖의 '平常心是道'와 생태학적 구조

平常心是道는 道의 정의에 대한 마조의 입장을 정리한 것이며, 그가 구축한 선사상의 핵심이다. 그렇다면 平常心是道의 구체적인 내용과 의미는 무엇인가를 살펴보기로 한다.

『경덕전등록』제28 강서도일장에 다음과 같은 기록이 있다.

"도는 수행을 필요로 하지 않는다. 다만 오염되지 않도록 하라. 무엇이 오염인가? 다만 생사의 마음을 내어 조작하고 (어디론가 마음이) 쏠리는 것은 모두가 오염이다. 만일 곧바로 그 道를 알려고 한다면 平常心이 道이다. 平常心이란 조작이 없고, 시비가 없으며, 取捨가 없고, 斷常이 없으며, 凡聖이 없는 것이다. 경에서 말하길 '범부의 行도 아니요 성인의 行도 아닌 것이 바로 보살행' 이라 하셨다. 단지 지금의 行住坐臥처럼 근기에 따라 사물을 받아들이는 것이 모두 도이다. 도는 바로 법계이며, 간지스강의 모래와 같이 많은 妙用을 부리더라도 이 법계를 벗어나지 않는다"[20]

인용문에서 밝히고 있듯이 平常心은 造作, 分別, 是非, 取捨, 斷常, 凡聖이 없는 것을 말한다. 일체의 자아적인 분별이 없어야 한다. 분별심이 없다는 것은 무욕의 상태를 의미한다. 조금이라도 我에 집착하면 내 것이라는 탐욕이 분별심을 일으키기 때문에 어떤 의미에서라도 상대적 개념을 가지지 않는다. 조금도 어떤 한편에 치우친 생각이 없고 무엇이 되겠다는 생각도 없이 일상생활에 진실 그대로 충실한 모습을 지니는 것이며, 인간 누구나가 그렇게 사는 특별

---

20) 大正藏 권51, 440a. 道不用修但莫汚染° 何爲汚染° 但有生死心造作趣向皆是汚染° 若欲直會其道平常心是道° 謂平常心無造作無是非無取捨無斷常無凡無聖° 經云° 非凡夫行非賢聖行是菩薩行° 只如今行住坐臥應機接物盡是道° 道卽是法界° 乃至河沙妙用不出法界.

하지 않고 아주 평범하며 소박한 일상의 마음을 지칭한다. 그것은 대상의 근기에 따라 사물을 있는 그대로 받아들이는 것이라 말한다. 뿐만 아니라 일체 법계현상을 있는 그대로 판단하는 것이다.

마조의 제자 南泉은 평상심이 무엇이냐는 어떤 스님의 물음에 "졸리면 자고, 앉고 싶으면 앉는 것이며, 더우면 시원한 것을 먹고, 추우면 불을 쪼인다."[21)]고 대답한다. 너무나 일상적인 것이 평상심이라 규정하고 있다. 이런 점에서 마조는 다음과 같이 말하였다.

> "어떤 견해를 지녀야 도를 깨칠 수 있습니까? 마조가 답하되 '자성은 본래 구족되어 있는 것이다. 다만 선악의 事象에 머무르지 않는다면 修道人이라 할 수 있다. 善을 취하고 惡을 버리며, 空을 관하여 禪定에 드는 것이 바로 조작에 속하는 것이다. 더구나 밖에서 도를 구하려 한다면 갈수록 멀어질 뿐이다. 다만 삼계의 마음으로 헤아리는 것을 없애버려라. 一念의 妄想이 三界에 나고 죽는 근본이 된다. 다만 일념이 없으면 생사의 근본을 제거하고 진리의 王인 無上의 보배를 얻을 수 있다"[22)]

매우 일상적인 것을 道라고 말하는 마조의 平常心이 道라는 주장은 자성청정심을 의미하며 일체의 오염을 떠난 본래심의 현현에서 『열반경』의 불성사상이나 대승불교 경전과 『대승기신론』 등에서 빈번하게 언급되는 '자성청정심' 내지 '심지법문'을 이론적 근거로 삼고 있다.[23)] 이것은 인간의 本心이 완전무결한 自性에서 출발한 것

---

21) 大正藏 권51, 275c. 僧問 "如何是平常心" 師云 "要眠卽眠要坐卽坐" 僧云 "學人不會" 師云 "熱卽取?寒卽向火"
22) 『古尊宿語錄』(北京 中華書局, 1994)上, p.3. 作何見解 卽得達道. 云自性本來具足, 但於善惡事上不滯, 喚作修道人. 取善捨惡 觀空入定 卽屬造作. 更若向外馳求 轉疏轉遠. 但盡三界心量. 一念妄想卽是三界生死根本. 但無一念卽除生死根本. 卽得法王無上珍寶.
23) 정성본, 『중국선종의 성립사 연구』(민족사, 1991), pp.845~846. 참조

이며, 그것을 자각하는 것에서 인간의 주체성을 확립할 수 있다는 현실 절대긍정의 입장을 나타내고 있다.

사실 본래청정한 자성이 인연 따라 다양한 모습을 드러내더라도 본성의 입장에서는 평등한 것이요 그 자체로 소중한 것이 아닐 수 없다. 그런 점에서 인용문에서 밑줄 친 부분처럼 도는 법계이며, 이 법계를 벗어나지 않는다고 말하게 된다. 이런 점에서 본다면 마조가 말하는 평상심은 佛性을 말하는 것이며, 모든 존재에 불성이 내재되어 있다는 것을 독자적인 표현으로 설명하고 있는 것이라 말할 수 있다. 이러한 마조의 사상적 근원은 거슬러 올라가면 혜능의 '自心歸依自性' 속에서 찾을 수 있다.

마조가 말하는 평상심이 바로 도라는 관념의 특징은 수행을 필요로 하지 않는다 점에서 不修不證이다. 이미 불성이 내면에 갖추어져 있기 때문에 부처가 되기 위한 별도의 수행이 필요치 않다는 점이기도 하지만 동시에 만물의 통일적이고 평등한 요소로서의 자성, 즉 불성이란 개념을 활용하여 현실적으로 실현할 수 있다는 절대긍정적인 사실을 확인시켜 주는 것이기도 하다.

불성이 만물에 내재한다고 해서 그것이 실재론적으로 실재하는 그 무엇은 아니다. 존재의 相에 집착하는 오류에 빠지기 때문이다. 다만 가치론적 차원에서 만물의 평등성을 의미하는 것이며, 그런 점에서 우주에 편만한 것이 불성이라 말한다. 혹자는 불성에 대해 "모든 존재는 깨달을 수 있고, 성불할 수 있다는 가능성"을 말하는 것이며, 그렇기 때문에 이것에 대해 은유적으로 이해하는 것이 필요하다고 말한다.[24]

따라서, 청정한 자연적 현상이 깨달음의 경지를 상징한다는 차원

---

24) 스튜어트 맥팔레인, 「자연과 불성」(『돈황경재고』) 중에서 저자는 다양한 시각에서 불성을 조명하고 있다.

에서 그 자체로 환경적 가치를 구성한다고 할 수 있다. 이러한 주장에 근접해 보며, 더 나아가 이러한 이론은 현대의 생태론자들이 주장하는 생태론적 존재론의 구조와 상통하고 있다는 점을 상기시키고자 한다.

이러한 점을 유의하면서 논의를 좀 더 진행시켜보기로 하자. 도는 수행을 필요로 하지 않는다는 점에서 마조는 『경덕전등록』권28에서 의하면 다음과 같이 말하였다.

> 도는 수행을 필요로 하지 않는다. 다만 汚染되지 않도록 하라. 무엇이 오염인가? 다만 生死의 마음을 내고, 造作하여 趣向하려고 하는 것은 모두 오염이다.[25]

여기서 마조는 자성청정의 평상심인 도는 본래 청정하여 닦을 것이 없는 것인데 대상을 잘못 인식하고 오염되어 그 청정성이 감추어져 있을 뿐이다. 청정심에 대한 확신을 갖고 물든 마음을 떨쳐 버리고 더 이상 물들지 않게 해야 한다는 것이다. 청정한 자성을 조작하는 마음, 분별심, 생사심에 물들지 않도록 해야 한다. 道를 어떠한 相으로 인식하고 그것을 수행을 통하여 얻으려고 한다면 잘 못된 것이라는 말이다. 그렇다면 그 이유는 무엇인가? 이에 대해 마조는 다음과 같이 말하였다.

> 마음과 경계를 요달하면 망상은 일어나지 않는다. 망상이 이미 일어나지 않으면 이것이 無生法忍이다. 본래 있었으며, 지금도 있기 때문에 修道와 坐禪에 의지하지 않는다. 不修, 不坐가 바로 如來淸淨禪이다.[26]

---

25) 大正藏 권51, 440a. 道不用修但莫汚染° 何爲汚染° 但有生死心造作趣向皆是汚染°
26) 大正藏 권51, 440b. 了心及境界° 妄想卽不生° 妄想旣不生° 卽是無生法忍° 本有今有不假修道坐禪° 不修不坐卽是如來淸淨禪°

여기서 주목되는 道는 본래부터 있었던 것이며, 지금도 있다는 것이다. 물론 마조가 말하는 道는 超言絶象의 진여, 法性, 佛性 내지는 선종에서 중시하게 되는 自性, 心性을 표현하는 용어이다. 『대승기신론』에서는 一心二門의 설법이 있는데 거기서 心眞如를 설명하는 대목과 유사하다. 즉,

심진여란 바로 一法界大總相法門의 體이다. 이른바 心性이 不生不滅하는 것을 말한다. 일체의 諸法은 妄念에 의지하여 차별이 있다. 그러므로 만일 妄念을 여의면 일체 경계의 모습이 없다....言說相을 여의며, 名字相을 여의며, 心緣相을 여의면 마침내 평등하여 變異가 없고, 破壞할 수 없다. 오직 一心뿐이기 때문에 진여라 이름한다[27]

여기서 확인할 수 있듯이 一心, 眞如는 차별상을 여의고 본래부터 존재하는 것이다. 법계전체, 즉 생태계 전반의 모습을 압축한 표현이다. 왜냐하면 생멸을 초월하여 일체의 존재 속에 그 모습을 간직하고 있는 보편성이기 때문이다. 이것은 마조가 말하고 있는 道의 개념 내지 생태학적 존재론의 구조와 유사하다는 점을 알려준다.

도란 時空을 초월하여 無所不在하기 때문에 형식이나 좌선에 얽매일 필요가 없다. 그것과 관계없이 존재하기에 그것의 가치를 인식할 수 있으면 되는 것이다. 그런데 중요한 것은 道가 특별한 장소나 특별한 사람에 의해서만 얻어질 수 있는 관념이나 물건이 아니라는 점이다. 인간이 사는 곳만이 아니라 자연이 존재하는 곳에는 어디에

---

[27] 大正藏 권32, 576a. 心眞如者° 卽是一法界大總相法門體° 所謂心性不生不滅° 一切諸法唯依妄念而有差別° 若離妄念則無一切境界之相° 是故一切法從本已來° 離言說相離名字相離心緣相° 畢竟平等無有變異不可破壞° 唯是一心故名眞如

나 道가 있다고 본다. 일심진여의 당체가 도이며 그것을 펼쳐 놓은 것이 대총상법문이며, 법계·자연의 진상이다.

그러므로 마조는 다음과 같이 말하였다.

> 만일 교문 중에서 隨時로 자재할 수 있어서 法界를 건립하면 모든 것이 법계다. 만일 眞如를 세우면 모든 것이 바로 진여다. 만일 理致를 세우면 일체법이 모두 이치요, 만일 事象을 세우면 일체법이 다 사상이다. 하나를 들어 千가지에 따르니, 理事가 다르지 않다. 모두가 바로 妙用이며, 별다른 도리가 없이 모두가 마음의 回轉에 의지하는 것이다. 가지가지가 성립하는 것은 모두 一心에 의한 것이다. 건립해도 얻으며, 소탕해도 얻으니 모두가 바로 미묘한 작용이며, 미묘한 작용은 모두 자기 자신의 것이다. 眞을 떠나 立處가 있는 것이 아니다. 立處가 바로 眞이며, 이것이 자신의 當體인 것이다. 만일 그렇지 않다면 다시 어떤 사람이 있으리오. 일체의 존재들은 모두 佛法이며, 諸法은 모두 해탈이다. 해탈하면 바로 진여이니 제법은 진여를 벗어나지 않는다. 行·住·坐·臥는 모두 用을 생각하지 않고 시절을 기다리지 않는다.[28]

말하자면 평상심이 곧 진여이며 이 진여의 묘용은 법계에 두루 활용하여도 理事에 걸림이 없으니 어디서 무슨 일을 하더라도 진여를 여의고 하는 일이 없다는 것이다. 그러므로 현존하는 그 자리는 진여를 여의지 않은 자리며, 지금 현재 내가 서 있는 곳, 앉아 있는 곳, 움직이고 있는 곳이 바로 진여이며, 우리 자신의 당체라는 의미

---

28) 대정장 권51, 440a. 若於教門中得隨時自在°建立法界盡是法界°若立眞如盡是眞如°若立理一切法盡是理°若立事一切法盡是事°舉一千從理事無別°盡是妙用更無別理°皆由心之迴轉°譬如月影有若干眞月無若干°諸源水有若干水性無若干°森羅萬象有若干虛空無若干°說道理有若干無礙慧無若干種種成立皆由一心也°建立亦得°掃蕩亦得°盡是妙用°妙用盡是自家°非離眞而有立處°立處即眞盡是自家體°若不然者更是何人°一切法皆是佛法°諸法即解脫°解脫者即眞如°諸法不出於眞如°行住坐臥悉是不思議用不待時節°

다. 이 말은 생태학적 존재론을 구축하는 의미로 볼 수 있으며, 인식론적으로 접근하더라도 모든 생태의 본성을 인식하고 생명의 존재가치를 확인할 수 있는 이론체계이기도 하다.

일체의 존재를 부처와 동일한 존재로 인식하고 존중하는 일이나 일체의 존재가 진여를 벗어나 있는 것이 아니라고 말할 수 있는 근거가 거기에 있다. 그러나 아무리 환경의식을 강조하더라도 받아들이는 당사자들이 그러한 가치나 의미를 인식하지 못한다면 소용없는 일이다. 따라서, 인식을 제고시키기 위한 부단한 노력이 필요한 것이기도 하다.

진일보하여 道는 수행을 필요로 하지 않는다는 인식의 구체적인 실천행이 바로 平常心이 도라고 인식하는 것이다. 일상의 마음, 일상의 생활이 바로 道心이요, 진여의 묘용 그 자체이기 때문에 도의 구체적인 실현이어야 한다는 강조의 이면에는 모든 존재를 불성의 현현이라는 사실을 직각하고 생활해야 한다는 것이다. 이것을 생태학적으로 해석해 보면 일상생활 속에서의 도는 인간중심주의가 아닌 생태계 차원의 인식과 행동의 필요성을 주문하는 것이라 말할 수도 있다.

이런 점에서 마조는 도를 깨달을 수 있는 견해에 대하여 다음과 같이 말하였다.

> 자성은 본래 구족되어 있는 것이다. 다만 선악의 事象에 머무르지 않는다면 修道人이라 할 수 있다. 선을 취하고 악을 버리며, 공을 관하여 선정에 드는 것이 바로 조작에 속하는 것이다. 더구나 밖에서 도를 구하려 힌다면 갈수록 멀어질 뿐이다. 다만 삼계의 마음으로 헤아리는 것을 없애버려라. 一念의 妄想이 삼계 생사의 근본이 된다. 다만 일념이 없으면 생사의 근본을 제거하고 法王의

위없는 보배를 얻을 수 있다[29]

　　이러한 마조의 주장은 『열반경』의 불성사상이나 대승불교 경전, 기타 『육조단경』과 『보살계경』, 『대승기신론』 등의 경론에 의지하고 있다.[30] 道不用修의 사유구조와 비슷한 내용은 『대승기신론』에도 나오고 있다.[31] 이것은 인간의 本心이 완전무결한 自性에서 출발한 것이며, 그것을 자각하는 것에서 인간의 주체성을 확립할 수 있다는 현실의 절대 긍정적 입장에서 출발하고 있으며, 인간위주가 아닌 모든 존재의 세계 전체를 포괄하는 존재론을 구축하고 있는 점이다. 사실 본래청정한 자성이 인연 따라 다양한 모습을 드러냈다면 본성의 입장에서는 평등한 것이요 그 자체로 소중한 것이 아닐 수 없는 것이다.

　　마조계인 임제는 이러한 선풍을 계승하여 "도류여, 제방에서는 수행해야할 도가 있으며, 증득해야할 법이 있다고 설한다. 그대는 어떤 법을 깨닫고, 어떤 법을 닦는다고 말하는가? 그대들은 활용처에서 어떤 것이 문제가 있으며, 어떤 곳을 보수하려 하는가?"[32]라 말하고 있다. 존재의 세계는 불성의 현현 아닌 것이 없으므로 그러한 사실을 직시하는 것이 필요하다는 가르침이다.

　　이러한 마조계의 입장에 대하여 규봉종밀은 다음과 같이 표현하고 있다.

---

29) 『古尊宿語錄』(北京 中華書局, 1994)上, p.3. 自性本來具足, 但於善惡事上不滯, 喚作修道人. 取善捨惡 觀空入定 卽屬造作. 更若向外馳求 轉疏轉遠. 但盡三界心量. 一念妄想卽是三界生死根本. 但無一念卽除生死根本. 卽得法王無上珍寶.
30) 정성본, 앞의책, pp.845~846 참조.
31) 是故 修多羅中 依於此眞如義故說. 一切衆生 本來常住入涅槃 菩提之法 非可修相, 非可作相, 畢竟無得
32) 大正藏 47, p.499b. "祖師云" 爾若住心看靜 擧心外照 攝心內澄 凝心入定 如是之流皆是造作"
　　상동, p.499c. "道流" 諸方說有道可修 有法可證 爾說證何法修何道 爾今用處欠少什麼物 修補何處"

"... '觸類是道而任心者'가 있다... 사문 도일은...크게 이 법을 홍포했다. 마음을 일으키고 생각을 움직이는 것, 손가락을 튕기고 기침을 하며 눈썹을 껌벅이는 것 등 作爲하는 것은 모두 佛性 全體의 작용이며, 다른 것은 없다. 밀가루로 여러 가지의 음식을 만들더라도 하나하나는 모두 밀가루인 것과 같다. 불성 역시 그렇다. 전체의 탐·진·치, 선악을 만들고 고락을 느끼는 하나하나가 모두 불성이다....다시 '눈썹을 껌뻑이고 눈알을 움직이며, 웃으며 기침하거나 동요하는 것 등은 모두 佛事'라 말한다. 그러므로 '觸類是道也'라 말한다. '任心'에 대해 말하자면...마음을 일으켜 악을 만들고, 선을 닦지 않는 것을 말한다. 도를 닦지 않는 것이다. 道가 바로 이 마음인데 마음을 가지고 다시 마음을 닦을 수는 없다. 惡도 역시 이 마음이므로 마음으로 마음을 끊을 수는 없다....그러므로 '다만 마음에 맡기면 바로 닦는 것이다'라 말한다."[33]

이상의 인용문에서 '作爲하는 것은 모두 佛性 自體의 작용이며, 다른 것은 없다. 밀가루로 여러 가지의 음식을 만들더라도 하나하나는 모두 밀가루인 것과 같다. 불성 역시 그렇다.'고 말하듯이 우리들이 몸담고 있는 이 세계 역시 마찬가지라 말할 수 있다.

마조의 평상심이 도라는 진리의 표현은 달마의 '觀心一法 總攝諸行'에서 四祖道信의 '一行三昧', 五祖弘忍의 '守本眞心', 六祖慧能의 '定慧等持와 一行三昧', 南嶽懷讓의 '卽心是佛 非心非佛'로 계승되어 마조의 '平常心是道'라는 체계가 형성된 것이다.

眞如니 佛性이니 하는 道의 당체는 이름이 다를 뿐이지 진리 자

---

[33] 宗密, 『圓覺經大疎鈔』권3 하(『卍續藏經』권14, p.557상~하).
"有觸類是道 而任心者 ...沙門道一 ...大弘此法. 起心動念 彈指磬咳揚眉 所作所爲 皆是佛性全體之用 更無第二主宰. 如麵作多般飮食 ──皆麵. 佛性亦爾 全體貪瞋痴 造善惡 受苦樂 ──皆性. ...又云 ...揚眉動睛 笑語磬咳 或動搖 皆是佛事. 故云 觸類是道也. 言任心者 ...謂不起心造惡修善 亦不修道. 道卽是心 不可將心還修於心. 惡亦是心 不可以心斷心 ...故云 但任心卽爲修也"

체는 변함이 없는 것이다. 다만 그 진리의 당체를 깨닫고 보면 모든 생명의 근원이 둘이 아닌 사실을 확신하게 되는 것이다. 그 자리는 중생과 부처, 범부와 성인, 자신과 남(자연환경)이 둘이 아닌 본성자리이기 때문에 일체 차별의식이나 분별심이 다 끊어진 호상원융인 무애의 경계이다.

그러므로 이 자리는 老莊의 도와도 상통한다고 할 수 있다. 다만 천지간에 인간이 그 주체적인 이성을 가지고 있으므로 인간의 기준에서, 혹은 인간의 편의에 따라 가치의 판단기준을 정할 뿐이지 기실 어떤 존재이든 그 자체의 입장에선 소중한 것이며, 그렇기 때문에 불성의 현현이라 말할 수밖에 없는 것이다.

구체적으로 우리 주변에서 흔하게 볼 수 있는 나무, 풀, 돌, 사람, 물고기, 짐승, 공기 내지 기타 등등은 모두 불성의 드러남이란 점이다. 왜냐하면 우주적인 입장에서 이들 모두는 각각 연기적인 사회적 기능을 지니고 있기 때문이다. 따라서, 마조의 평상심의 도라는 의미와 생태학과의 관련연구도 자연생태를 통한 진여자성을 깨달아 현실세계를 재인식하고 심성개발과 생태보존에 큰 도움이 될 것으로 사료된다. 우리들이 자연현상을 통해 깨달음을 성취할 수 있고, 인식의 지평을 넓힐 수 있는 이유 역시 이러한 점에 있다. 나아가 이러한 논리를 지구상에 한정하지 않고, 우주적으로 확산한다고 하더라도 역시 마찬가지라 말할 수 있다.

Ⅳ. 맺는 말

이상에서 노자와 마조를 매개로한 道의 견지에서 생태학과의 접근을 시도해보았다. 禪수행은 자연을 소재로 하고 선을 통한 깨달음은 道, 즉 자연의 세계로 상통하는 것을 확신할 수 있다.

자연의 생태계에 온갖 생명과 함께 더불어 사는 인간이 이제 자연의 생존권을 인식하고 표출하는 생태주의적 환경론은 종래의 인간중심주의에서 이제 인간만이 아닌 모든 생태계의 생존권을 주장한다는 점에서 종합적 과학이라고 할 수 있으며, 이는 불교적 사고와 일치하다고 본다.

불교학이 생명의 원리를 추구한다는 점에서는 생태학적이라고 할 수 있지만, 불교의 무아사상이나 일체중생의 실유불성적 차원에서 본다면 생태학의 근원은 불교에서 비롯된다고 할 수 있다. 불교의 생태학적 관점은 일체 생명이 동일한 佛性이란 관점에서 착안되어 있다. 이는 百草是佛母라든가 草木成佛論 혹은 無精說法論 등으로도 전개된다.

생태학이라는 말은 원래 자연계의 질서와 조직에 관한 학문적 관찰이라고 할 수 있다. 자연적 생태는 누가 조작하거나 조작될 수도 없는 신성한 원리적 현상이라고 볼 때 불교의 수행을 통하여 체득할 수 있는 제법실상의 세계관과 같은 맥락이라고 할 수 있다.

원시불교의 무아사상은 생태학적 합일성을 의미하며, 『열반경』의 一切衆生悉有佛性은 일체생명의 자비평등을 의미하며, 『법화경』의 諸法實相은 생태계의 실상에 합치되는 사상이다. 또한 『금강경』에서 四相을 버리고 九類의 중생을 滅度하게하고도 멸도하게 했다는 생각마저도 버려야한다고 하는데 이것 역시 무아사상을 수용하여 일체의 카테고리를 해체한 상태에서 전개되는 현실 긍정적인 평등의식의 발로인 것이다.

뿐만 아니라『유마경』에서 말하는 直心是道場은 인간위주의 범주화된 의식을 탈피하여 물은 물이고 산은 산이라는 자연생태계의 현상을 가식 없이 그대로 인식해야 한다는 것을 의미한다.

생명의 실상을 깨닫기 위한 선수행의 소재는 모두가 자연생태에 있다. 자연생태를 떠나서 선수행을 한다는 것은 토끼의 뿔을 찾는 것과 같아서 전혀 있을 수 없는 일이다. 이른바 평상심이 도라는 선사의 화두는 일상생활이 곧 진리의 현상이라는 의미이다. 일상생활 자체가 생명의 생태현상이라고 볼 때 선 수행을 통하여 생태의 진실을 터득할 수 있다고 본다.

『육조단경』에서 "불법은 세간에 있으니 세간을 떠나서 깨달음이 없다. 세간을 떠나서 깨달음을 찾는다면 마치 토끼 뿔을 찾는 것과 같다."고 하였듯이 선 수행 역시 결코 세간을 떠나야만 할 수 있는 것은 아니다.

선을 참구함에 있어서 공안이란 모두 생활 현장에서 제기되는 화두이다. 現成公案이나 狗子無佛性, 乾屎橛, 麻三斤, 庭前柏樹子, 一口吸盡江西水 등의 모든 공안이 일상생활 속의 평상심에서 제기되었다는 점은 선의 實叅實求가 자연생태의 실상을 여실지견하는 것에서 찾아질 수 있다는 점에서 볼 때 선 수행은 생태적 실천관행이라 해도 과언이 아니다. 그런 점에서 불교의 생태학적 실현은 선 수행을 통한 깨달음에 있다. 생명의 실상을 확신하고 모든 생명이 평등성으로 공존한다는 깨달음이 없이는 이 사회는 평화로워질 수 없다.

자연은 보존되어야 한다. 인간이 자연과 분리된 것이 아니라 자연 속에 인간이 존재하는 것이다. 인간은 자연에서 태어나 자연의 혜택으로 살고 있으면서도 인간의 욕망으로 자연을 정복하고 파괴하고 오염하고 있다. 자연이 훼손되고 오염되면 인간도 자연히 오염되어 병들고 소멸될 것이라는 긴박감을 가져야 하는데도 인간의 오만은 자연을 마구잡이로 파괴하는 파멸의 길로 내달리고 있다.

자연을 정복하는 것이 마치 인간의 자연에 대한 승리로 생각하고 자연에 도전하고 있지만 인간의 오만과 무모함은 결국 인간의 패망을 앞당기고 있는 어리석음을 자행하고 있는 것일 뿐이다.

오늘 날 물질의 수용은 풍요롭지만 자연환경의 파괴와 정신문화의 빈곤으로 인간과 자연의 생태계 등은 전반적 위기에 봉착해 있다. 가중되는 인간의 인격적 불평등과 물질적 분배의 차별은 극심한 양극화를 초래하여 자칫 인류 스스로 자멸할 수 있는 위기를 초래할 수 있다는 점에 눈 떠야 하는 것이다.

근래 생태학의 유행은 인간을 자연의 참모습에 근접하게 하여 지구의 푸른 미래를 기대할 수 있다는 점에서 참으로 좋은 학문이라고 보며, 이에 부합하여 선사상을 통한 인간양심인 본래 자성을 개발하는 실천적 수행을 일반에 답습할 수 있는 방안을 제시한다면 선사상과 생태학의 상생으로 생태계의 활력을 더욱 푸르게 할 수 있으리라고 본다. 그러한 모델을 바로 마조의 선사상에서 찾을 수 있는 것이다.

참고 문헌

『景悳傳燈錄』권28(大正藏 권51)
『金剛經』
『老子達解』(嚴靈峰, 華正書局, 民國81년)
『老子道德經 河上公章句』(中華書局, 1997)
『老子道德經憨山解』(憨山, 新文豊, 民國74년)
『老子註釋及評介』(陳鼓應, 中華書局, 1990)
『大乘起信論』(大正藏 권32)
『王弼評傳』(南京大學出版部, 1995)
『六祖壇經』

圭峰 宗密,『圓覺經大疎杪』권3(卍字續藏經 권14)
김항배,『노자철학의 연구』(사사연, 1985)
賴鏞海,『中國佛性論』(中國靑年出版社, 1999)
楊惠南,『禪史와 禪師』(東大圖書公社, 民國84)
嚴靈峰『老子達解』(華正書局, 民國81년)
정성본,『중국선종의 성립사 연구』(민족사,1991)
周謙之,『老子敎釋』(中華書局, 1996)
八木雄二,『生態界存在論의 構築』(일본, 知泉書館, 2004)
八木雄二,『生態界存在論의 序說』(日本, 知泉書館, 2004)
하국전,『中國禪學思想硏究』(文津出版社, 民國76)
胡適,『禪學案』(東京, 中文出版社, 1981)

천태불성론의 생태학적 탐색
- 특히 일념삼천설을 중심으로 -

차 차 석(금강대학교)

Ⅰ. 서론

천태지의(538-597)는 남북조말기에 태어나 수나라시대에 활약한 당대를 대표하는 불교사상가이다. 그는 남북조의 사상을 종합하여 자신의 독자적인 사상체계를 수립했을 뿐만 아니라 이후 전개되는 천태종과 남종선의 발전에 사상적 영향을 미치는 것으로 평가한다.

중국불교사상은 당나라 시대에 들어와 찬란한 꽃을 피우지만 천태지의는 이전의 불교사상을 종합하고 재편하여 이후 전개되는 당나라시대의 불교, 그 중에서도 천태종과 선종의 전개와 발전에 막대한 영향을 미친다고 말할 수 있다. 또한 남북조시대에 전개되는 불교의 토착화 과정과 그 과정 속에서 수립된 불교사상, 즉 도안, 혜원, 도생, 승조 등에 의해 수립된 불교사상이 당나라 시대의 불교에서 꽃 필 수 있는 가교 역할을 했다고 평가할 수 있다. 여기서 그의 불성론을 통해 그의 생태의식과 특징을 살펴보고자 한다. 나아가 그를 중심으로 한 전후시대의 생태의식의 일단을 살펴볼 수 있을 것이라 생각한다. 그렇지만 그의 사상 영역은 매우 방대하므로 소논문을 통해 전사상에 걸친 생태의식을 살펴볼 수는 없을 것이다. 따라서 불성론을 중심으로 그의 생태의식을 살펴보고자 한다.

천태지의는 일념삼천설과 삼인불성론, 원융삼제론에 입각하여 중도실상론을 전개하고 있다. 그의 중도실상론은 연기론과 해체론에 입각해 존재의 세계를 분석하고 있으며, 존재라는 커다란 범주 속에서 인간 역시 그 일부분임을 가르치고 있다. 그의 사상에 따른다면 인간은 다른 존재와 본질적인 차원에서 평등한 관계를 지니고 있기 때문에 지배와 피지배, 종속과 피종속의 이분법적 시각으로 파악해선 안 된다고 가르치고 있다. 상호보완적인 관계 속에서 존재의 세계가 전개되고 있기 때문에 어느 한 존재를 배제한 다른 존재를 상정할 수 없다고 말한다. 이런 논리적 과정에 따른다면 인간은 단독으로 존재할 수 없는 존재이며, 다른 수많은 존재들과의 유기적인 관계 속에서 존재한다. 이것은 자연주의의 입장에서 환경을 보호해야 한다는 주장이나 혹은 인간위주의 개발을 중시하는 개발론자들의 사상과 그 입장을 달리한다. 즉 자연과 인간을 주객으로 분리하지 않고 상호보완적인 관계로 파악하는 것이다.

유기적 관계 속에서 존재하는 인간은 그의 존재의 당위성을 제공하는 다른 존재와의 관계 속에서 그의 본질적인 가치를 지니게 된다고 말한다. 따라서 인간이 존귀하다면 다른 존재 역시 존귀할 수밖에 없다. 이런 점에서 천태는 "一香一色이 모두 中道實相"이라 말한다. 중도실상이란 천태지의가 말하는 불성과 동일한 개념이기 때문에 어느 것 하나 불성의 표현 아닌 것이 없으므로 존귀하다는 의미로 파악할 수 있다. 여기서 생태학적 접근의 가능성이 열리는 것이다.

새로운 환경윤리의 개발을 연구하고 있는 현대의 문명흐름에 재생과 순환, 공생과 융합의 관점에서 일체의 존재를 파악하려는 천태의 사상은 중국 전통의 사상인 자연이나 도의 관념을 불교에 응용하고 있으며, 침투와 융합이라는 원융론은 음양사상의 영향이 아닌가 싶을 정도로 중국전통의 사상과 유사성을 보이고 있다. 그렇지만 사상적 연원을 떠나 새로운 환경윤리를 정립하기 위해서는 첫째 가치관의 전환이 필요하다고 본다. 즉 경제지상주의에서 환경우선주의로 전환하는 것이 필요한 것이다. 대량소비와 대량폐기는 생태계의 균형을 파괴하고 있으며, 그러한 것들은 모두 그 결과가 인간에게 되돌아올 수밖에 없다는 현실을 인식하지 않으면 안된다는 점을 인정해야 하는 것이다. 둘째 기술혁신을 통해 에너지와 자원을 절약하는 것이 필요하며, 풍력, 지열, 수소에너지 등 청정하고 재생가능한 에너지원을 개발할 수 있도록 노력하는 것이다. 셋째 제도나 씨스템의 전환을 통해 환경을 보호할 수 있도록 재정비하는 것이다[1]. 그렇지만 환경문제를 해결하는 열쇄는 인간이 잡고 있다는 점을 감안한다면 환경이나 생태계를 바라보는 인간의 의식전환이 그 무엇 보다 선결되어야 한다고 본다. 그리고 이러한 전제를 인정한다면 천태의 사상은 일체 존재의 재생과 순환, 공생과 융합을 사상적 근저에 깔고 있다는 점에서 주목할 가치가 있다고 생각한다. 또한 천태의 사상 속에는 인간을 위한 인간 위주의 환경윤리학의 새로운 모델을 제공하는 것이 아니라 존재는 그 어느 것이나 마땅히 존재할 가치를 지닌 것이기 때문에 그 질서를 깨뜨리지 않은 범위 안에서 어떠한 편견도 지니지 않은 채 순응해야 한다는 존재론적 생태론을 발견할 수 있다. 따라서 본고는 이상과 같은 천태의 사상 속에서도 그의 대표적인 불성사상을 나타내고 있는 일념삼천설과 삼인불성설의 논리적 구조를 통해 그가 말하고자 하는 존재론적 생태학의 논리체계를 분석해 보고자 한다.

---

1) 後藤康男,『동양과 새로운 세기』(일본, 有斐閣,1999),pp.306-307참조.

Ⅱ. 천태불성론과 생태학의 상관성

천태의 불성관을 읽을 수 있는 것은 일념삼천설과 삼인불성설이다. 따라서 이 두 사상을 중심으로 생태학적 관점을 탐색해 보려고 한다.

1. 일념삼천설과 생태학적 논리구조

천태사상의 정화로 꼽히는 일념삼천설은 한 생각에 삼천대천의 세계가 구비되어 있다는 것을 논리화시킨 천태 특유의 사상이다. 『마하지관』에는 이에 대해 다음과 같이 말하고 있다. "대저 일심(一心)은 열 가지의 법계[2]를 구비한다. 하나의 법계는 또한 열 가지의 법계를 구비한다. 백가지 법계이다. 하나의 법계는 삼십 가지의 세간을 구비한다. 이 삼천 가지의 세간은 일념의 마음에 있다. 만일 무심하다고 하더라도 터럭만큼의 마음이 있으면 삼천세간을 구비한다. 일심이 앞에 있으며 일체법이 뒤에 있다고 말하지 말라. 일체법이 앞에 있으며 일심이 뒤에 있다고도 말하지 말라. 예컨대 여덟 가지의 모습이 사물을 변화시키는 것과 같다. 사물은 모습[相]의 앞에 있어서 사물은 천류(遷流)되지 않는다. 모습은 사물의 앞에 있어서 역시 천류되지 않는다. 앞이라 해도 맞지 않고 뒤라 해도 맞지 않다. 다만 사물은 모습이 천류한다고 말할 뿐이고 모습이 천류함은 사물을 논할 뿐이다. 지금의 마음도 마찬가지다. 만일 일심에서 일

---

2) 法界란 존재의 세계를 가리키는 단어이다. 형상을 가진 것이나 가지지 않은 것이나 혹은 물질적인 것이나 빗물질적인 것이나 모두 법계의 개념에 포함된다. 따라서 자연과 인간, 나아가 인간들의 생각까지 모두 법계에 포함된다. 인간들이 눈, 귀, 코, 혀, 몸, 의식을 통해 인식할 수 있는 일체의 대상들은 모두 법계에 포함된다. 그리고 열 가지의 법계에서 특별하게 열[十]이란 숫자를 명기한 것은 열이란 숫자가 전체를 나타내는 숫자이기 때문이다. 따라서 열 가지의 법계란 일체의 법계, 존재의 세계 전체를 지칭하는 말이다.

체법이 생긴다면 이것은 세로[縱]이다. 만일 마음이 일시에 일체법을 함유한다고 한다면 이것은 바로 가로[橫]이다. 세로라 해도 맞지 않고 가로라 해도 맞지 않는다. 단지 마음이 일체법이며 일체법이 마음일 뿐이다. 그러므로 세로도 아니고 가로도 아니며 동일한 것도 아니고 다른 것도 아니다. 지극히 현묘하여 생각의 길이 끊어졌으니 분별력으로 인식할 수 있는 것이 아니며 언어로 말할 수 있는 것이 아니다. 그러므로 불가사의한 경계(境界:인식의 대상)라 부른다. 뜻이 여기에 있다. 운운"[3]이다.

인용문에서 말하듯 한 마음이 일체의 존재이자 일체의 존재가 한 마음이라 주장하고 있는 그의 사상은 한 마음을 일체 존재의 공통분모로 삼아 절대평등하다고 생각하는 존재론을 구상하고 있다고 말할 수 있다. 동시에 중국전통의 자연관과 불교사상을 절묘하게 융합하고 있는 것으로 파악된다. 특히 도생 이래 구상된 진리의 현현이 바로 자연이라는 사상[4]을 새롭게 해석한 것이라 볼 수 있다.

여하튼 이상은 천태의 일념삼천설에 대한 핵심을 밝히고 있는 구절이다. 이상의 인용문을 중심으로 그의 사상을 살펴보기로 한다. 사상의 핵심은 두 가지로 구분하여 설명할 수 있다. 첫째는 일념의 개념이다. 둘째는 삼천세간의 구체적 내용이다. 따라서 크게 두 가지로 구분하여 살펴본다면 이 사상이 지니고 있는 핵심을 파악할 수

---

[3] 『마하지관』(대정장46, 54,a) 夫一心具十法界°一法界又具十法界百法界°一界具三十種世間°百法界卽具三千種世間° 此三千在一念心°若無心而已°介爾有心卽具三千°亦不言一心在前一切法在後°亦不言一切法在前一心在後°例如八相遷物°物在相前物不被遷°相在物前亦不被遷°前亦不可後亦不可° 秖物論相遷秖相遷論物°今心亦如是°若從一心生一切法者°此則是縱°若心一時含一切法者°此卽是橫°縱亦不可橫亦不可° 秖心是一切法°一切法是心故°非縱非橫非一非異玄妙深絶°非識所識°非言所言°所以稱爲不可思議境意在於此(云云)°

[4] 도생은 중국의 전통 자연관과 불교사상을 융합하여 진리가 자연이며, 자연은 진리의 표현으로 설명하고 있다. 도생의 『열반경해』권1의 "眞理自然"과 동54의 "夫體法者 冥合自然 一切諸佛 莫不皆然 所以法爲佛也" 여기서 말하는 진리는 법신을 말하며, 중국 전통의 도의 개념과 융합시키려 하고 있다. 이에 관한 논문으로는 서대원의 〈자연과 연기〉(철학논총34집, 새한철학회, 2003) 참조 요망.

있다. 그리고 전체적인 측면에서 생태학적 시각에서 해석을 시도하고자 한다.

(1) 일념의 개념

이상에서 인용한 『마하지관』에 의하면 일념은 바로 일념심(一念心)을 가리킨다. 그런데 이 일념의 마음은 다름 아닌 색, 수, 상, 행, 식의 오음에서 말하는 식음(識陰)이라 본다. 식음이란 분별하는 작용을 말하는 것으로서 지식이나 경험을 바탕으로 사물을 분석하는 작용이다. 식음에 의해 인식되는 대상을 불교적인 용어로 法이라 말하며, 이때의 법은 인식의 대상인 존재일반이다. 그러나 존재 일반이라도 물질적인 것과 동시에 비물질적인 것까지 포함하고 있다. 따라서 일념 내지 일념심, 혹은 일심을 중시한다. 『마하지관』에선 이에 대해 다음과 같이 설명하고 있다.

그리고 세계 안팎의 일체 음입(陰入)[5]은 모두 마음에 의지하여 일어난다. 부처님께서 비구에게 말씀하셨다. '하나의 존재가 일체의 존재를 섭수(攝受)하는데 마음이 바로 이것이다'. 『논』[6]에서 말하길 '일체의 세간 속에는 단지 명(名:마음 즉 수상행식)과 색(色: 물질 즉 4대로 만들어 진 것)이 있을 뿐이다. 만일 있는 그대로 관찰하고 싶다면 마땅히 명과 색을 관찰해야만 한다. 마음은 미혹의 근본이니 그 의미는 이와 같다. 만일 (마음을)관찰하여 그 뿌리를 잘라버리고 싶다면 병을 다스리기 위해 혈(穴)을 찾듯이 지금은 마땅히 장(丈: 긴 자. 즉 10척)을 버리고 척(尺: 짧은 자. 1척)을 취해야 하며, 척을 버리고 촌(寸)을 취하

---

5) 오온과 12입을 지칭한다.
6) 『대지도론』을 지칭
7) 대정장 46, 52ab. 然界內外一切陰入皆由心起. 佛告比丘. 一法攝一切法 所謂心是. 論云. 一切世間中但有名與色°若欲如實觀°但當觀名色°心是惑本其義如是°若欲觀察須伐其根°如灸病得穴°今當去丈就尺去尺就寸°置色等四陰但觀識陰°識陰者心是也°

듯이 다만 색 등의 4음을 내버려 두고 식음만을 관찰해야 한다. 식음이란 바로 마음이다.[7]

인용문에 의하면 첫째 세계는 오음, 12처에 의해 설명되는데 그것은 모두 마음에 의해 발생한 것이라 정의한다. 오음은 마음(정신)과 물질로 구분할 수 있으며, 12처는 주관과 객관으로 치환하여 설명할 수 있다. 그렇지만 이러한 것들은 모두 인식의 주체인 개개인의 마음이 어떠한가에 따라 다르게 파악되므로 마음에 의지하여 발생한다고 정의한 것이다. 둘째 하나의 존재가 일체의 존재를 포섭하는데 그 하나의 존재를 마음으로 파악하고 있다는 점이다. 그러면서 존재의 세계는 마음과 물질로 대별할 수 있으며, 모든 번뇌의 근본이 마음에 있으므로 마음을 관찰하여 번뇌의 근본 원인을 제거하는 것이 필요하다고 본다. 그런 점에서 마음의 최대 기능인 식별작용을 관찰의 대상으로 파악하고 있다는 점이다. 이것은 연기론에 입각하여 마음과 물질을 이분법적으로 구분하고 있지 않는다는 전제 위에서 전개되는 논리이다. 상호 유기적인 관계성 속에서 존재의 의의가 가능해지기 때문에 어느 하나를 배제한 전체는 구성이 불가능하게 된다. 따라서 설명을 위해 하나와 전체라는 논리체계로 설명하더라도 그것은 하나의 수단일 뿐 기실은 하나와 전체가 별도로 존재할 수 없다. 그것이 연기론의 특징이며, 연기론에 입각해 무한대로 전개되는 해체론의 특징이다. 따라서 하나의 존재는 그대로 하나의 마음이자 생각이 된다. 따라서 인용문에선 하나의 존재[一法]와 하나의 생각 혹은 한 생각의 마음을 동일한 개념으로 설명할 수 있는 것이다.

이상과 같은 천태의 논리에 의지한다면 주체적 마음의 반영이 자연이며, 자연의 반영이 주체적인 마음이라 해석할 수 있다. 동시에 주체적 마음과 자연이 타자로 구분되어서는 안 되며, 구분될 수도 없다고 말해야 한다. 따라서 하나의 마음속에 일체의 존재를 섭수할 수 있으며, 하나의 물질적 존재 속에도 기타의 다른 존재가 섭수되어 있는 것이다. 따라서 다른 존재의 파괴나 배제는 바로 나 자신의 파괴나 배제와 직결된다고 말할 수 있다. 생태계란 이런 점에서 존재의 세계를 총칭하는 단어로 해석할 수 있다고 본다. 그렇지만 그 생태계, 즉 존재의 세계는 인간을 제외한 기타 존재들의 종합적인 체계가 아니라 인간까지 포함된 존재의 세계 일반을 지칭하는 것으로 해석해야 마땅한 것이다.

동일한 맥락에서 천태의 다른 저서인 『법화현의』에선 다음과 같이 말하고 있다.

> 널리 심법(心法:마음이라는 존재)을 해석하자면 앞에서 밝힌 존재[8]와 어찌 다른 마음이겠는가? 단지 중생이란 존재의 영역[衆生法]이 너무 넓고, 부처란 존재의 영역[佛法]이 너무 높아서 처음 배우는 사람들에겐 어려울 뿐이다. 그리고 마음과 부처와 중생의 세 가지에 차별이 없다고 하는 것은 자신이 자기의 마음을 관찰하면 (이해하기) 쉽기 때문이다[9]

이상의 인용문은 천태의 수행론이다. 마음을 관찰하는 것으로 수행의 요체를 삼고 있으며, 그러한 수행을 통해 나와 다른 존재들이 결코 다른 차원의 존재가 아닌 평등한 관계를 형성하고 있다는 사실을 인식하게 만드는 것이다. 나아가 식음으로 표현되는 마음, 일반적으로 무명(無明:범부의식)이라 부르는 마음이 바로 깨달음의 마음

---

8) 여기서 말하는 존재는 중생법, 불법으로서 중생이란 존재 내지 부처라는 존재를 지칭한다.
9) 대정장33. 696a. 三廣釋心法者° 前所明法豈得異心° 但衆生法太廣佛法太高° 於初學爲難° 然心佛及衆生是三無差別者° 但自觀己心則爲易°

이자 존재의 본질[法性], 혹은 불성이라 정의하는데 주저하지 않는다. 바로 마음과 부처, 그리고 중생의 세 가지는 차별이 없다는 주장이 그것이다.

한 생각의 마음이 일어나 공, 가, 중에 相卽한다면 그것이 뿌리든 티끌이든[10] 모두 법계(法界)[11]이고, 필경공이며, 여래장이자 중도이다. 어떻게 공과 상즉하는가? 인연따라 생기는 것이기 때문이다. 인연 따라 생긴다는 것[緣生]은 主體가 없는 것이며, 주체가 없다는 것은 공과 상즉하는 것이다. 어떻게 가(假)와 상즉하는가? 주체가 없이 생기기 때문에 바로 가이다. 어떻게 중(中)과 상즉하는가? 법성을 벗어나지 않으므로 모두 중에 상즉하는 것이다. 마땅히 한 생각이 공, 가, 중에 상즉하는 것이며, 필경공이며, 여래장이며, 실상(實相:참다운 모습)이니, 셋이 아니면서도 성립하며, 셋이면서도 셋이 아니다. ....이 한 생각의 마음은 세로도 아니고 가로도 아니므로 불가사의하다. 자기 스스로 그러할 뿐만 아니라 부처와 중생 역시 그러하다.『화엄경』에서 말하길 '마음과 부처와 중생의 세 가지는 차별이 없다'고 했는데 자기 자신의 마음에 일체의 불법이 구비되어 있음을 알아야만 한다.

뿌리와 티끌인 한 생각의 마음이 일어나면 뿌리는 8만4천의 법장(法藏:법문, 혹은 법의 창고)과 상즉한다. 티끌 역시 그렇다. 한 생각의 마음이 일어나면 8만4천의 법장이 일어난다. ...하나 하나의 티끌에 8만4천의 진로(塵勞:번뇌와 미혹)의 문이 있으며, 하나 하나의 마음 역시 마찬가지이다. 탐욕, 성냄, 어리석음이 바로 깨달음이며, 번뇌가 바로

---

10) 이것은 根과 塵을 번역한 구절인데 근과 진은 미혹과 번뇌를 의미하는 용어들이다.
11) 존재의 세계. 불교에서 존재 일반을 가리키는 단어인 法은 물질적인 것과 비물질적인 요소를 동시에 포괄하고 있는 개념이다.
12) 대정장 46, 8c-9a, 一念心起卽空卽假卽中者° 若根若塵 並是法界° 並是畢竟空° 並是如來藏° 並是中道° 云何卽空° 並從緣生° 緣生卽無主° 無主卽空° 云何卽假° 無主而生卽是假° 云何卽中° 不出法性 並皆卽中° 當知一念卽空卽假卽中° 並畢竟空° 並如來藏° 並實相° 非三而三三而不三°...此一念心不縱不橫不可思議° 非但己爾° 佛及衆生亦復如是° 華嚴云° 心佛及衆生是三無差別° 當知己心具一切佛法矣°...又言° 一微塵中有大千經卷° 心中具一切佛法如地種如香丸者° 此擧有爲言端° 有卽不有亦卽非有非不有° 又言° 一色一香無非中道° 此擧中道爲言端°...根塵一念心起° 根卽八萬四千法藏° 塵亦爾° 一念心起° 亦八萬四千法藏° 佛法界對法界起法界無非佛法° 生死卽涅槃是名苦諦° 一塵有三塵° 一心有三心° 一一塵有八萬四千塵勞門° 一一心亦如是° 貪瞋癡亦卽是菩提° 煩惱亦卽是菩提

깨달음이다[12]

이상의 인용문에서 밝히고 있는 한 생각의 마음은 번뇌의 마음과 깨달음의 마음을 차별하지 않는 마음이다. 일반적으로 무분별심이라 말할 수 있는데 탐욕과 성냄, 그리고 어리석음이 깨달음의 마음과 전혀 구별되지도 차별되지도 않는 마음이다. 그렇기 때문에 성스러움과 범속함을 동시에 지니되 가치의 우열을 차별하지 않으며, 일체의 모든 존재를 포용하되 호오를 구분하지 않는다. 존재한다는 것은 이미 인연에 따라 생긴 것이기 때문에 우리들의 판단을 떠나 그 자체로 존재의 의의를 지니고 있으며, 존재의 세계에 내재하는 질서에 편승하고 있다고 말하는 것이다. 생태계 일반에 대한 편견을 벗어난 인식론적 접근을 요구하고 있다고 해석할 수 있다.

그러면서도 천태지의가 말하는 마음은 일상 우리들이 생각하는 통속적인 마음의 개념과 다른 불가사의한 속성도 지니고 있다. 일체 모든 것을 포용하는 한 생각이나 마음이 아니라 일체를 창조한다고 말한다. 그의 대표적인 저술인 『마하지관』과 『법화현의』에서 그러한 용례를 찾을 수 있는데 적시하면 다음과 같다.

(A) 『석론』에서 말하길 '삼계에는 특별한 존재가 없다. 오직 하나의 마음이 만든 것일 뿐이다' 마음은 지옥도 될 수 있고, 천당도 만들 수 있다. 범부도 될 수 있고 성현도 될 수 있다'.[13]

(B) 『화엄경』에서 말하길 '마음은 화가와 같아서 각종의 오음을 만든다. 일체의 세계 속에서 마음 따라 만들어지지 않는 것은 없다'.[14]

---

13) 『법화현의』권1상(대정장33, 685c)
釋論云° 三界無別法唯是一心° 作心能地獄心能天堂° 心能凡夫心能賢聖°
14) 『마하지관』(대정장46, 52c) 華嚴云° 心如工畵師造種種五陰° 一切世間中莫不從心造°

(C)『비바사론』에서 말하길 '마음은 일체의 존재를 위해 명자(名字)를 만들 수 있다. 만일 마음이 없으면 명자를 만들 수 없다. 세간과 출세간의 명자는 모두 마음 따라 생긴 것임을 알아야 한다'. [15]

이상의 인용문에서 살펴보았듯이 마음이 일체의 모든 존재를 창조하는 창조성을 지닌 것으로 말하고 있다. 그러나 여기서 말하는 창조성은 마음이 지니는 주관적인 자유의지의 가치를 말한 것이지 유일신교에서 말하는 조물주를 말한 것은 아니다. 왜냐하면 천태는 한 생각이나 한 마음을 실체적으로 파악하는 것을 거부하고 있기 때문이다.

마음이 고정적 실체를 지니지 않는다는 것은 그의 유명한 일심삼관론에서 엿볼 수 있다. 일심삼관이란 마음을 세 가지 측면에서 관찰해야 한다는 입장을 논리적으로 밝힌 천태의 독특한 사상 중의 하나를 말한다. 즉 현상적인 측면을 대긍정하는 입장에서 관찰하는 것을 가관(假觀)이라 한다. 또한 현상의 이면인 본질적인 차원에서 관찰하는 것을 공관(空觀)이라 한다. 가관과 공관의 어느 쪽에도 치우침이 없이 평등하게 관찰하는 것을 중도관(中道觀) 혹은 중관(中觀)이라 한다. 어느 한 측면에 치우치면 전체의 진실한 모습을 관찰할 수 없다는 점에서 적극적 대긍정, 소극적 부정, 그리고 종합의 논리를 형성하고 있다. 존재의 세계를 바라보는 가장 바람직한 방법이라 본 것이다. 이런 차원에서 그는 인간위주의 존재인식을 거부하며, 자연위주의 존재인식도 부정한다. 자연과 인간이 불가피한 관계를 형성하고 있다는 사실을 직시하고 평등한 존재론적 입장에서 관찰하는 것이 바람직하다고 말하는 것이다.

---

15) 상동, 31b. 毘婆沙云° 心能爲一切法作名字° 若無心則無一切名字° 當知世出世名字° 悉從心起°

다만 마음으로 표현되는 우리들의 생각이나 분별의식은 대상에 의미를 부여하고 자기 편리한대로 얼마든지 새롭게 각색하거나 인식하려고 한다. 그런 차원에서 나아가 각종의 대상에 대해 나름대로 정의하고 개념을 부여한다. 인용문 C에서 언급하고 있는 명자가 바로 그것이다. 즉 개념화나 의미부여, 이것을 인용문에서는 명자(名字)로 표현하고 있다. 마음이란 일체의 존재에 대해 존재의 상태를 알게 하는 작용을 지니고 있으며,[16] 인식의 대상에 대해 지각하여 알 수 있게 하기 때문에 목석과 달리 마음이라 부른다[17]고 말하는 이유가 여기에 있다.

이상에서 천태지의는 한 생각이나 한 마음 혹은 한 생각의 마음을 대략 세 가지로 활용하고 있다. 첫째는 오음의 하나인 식음이다. 두 번째는 법성이나 실상으로 파악하고 있다. 그러나 그가 말하는 법성이나 실상은 범부의식인 무명심(無明心)과 다른 것이 아니다. 무명심이 바로 깨달은 마음이며, 법성이요, 실상이라 말한다. 따라서 일체의 모든 존재들은 공통으로 법성이나 실상을 지니고 있으며, 실상이나 법성을 공유하고 있기 때문에 가치론적으로 평등하다고 말할 수 있는 것이다. 세 번째는 일체 모든 것을 만들어 내는 마음이다. 유식사상에서 주장하는 유식무경(唯識無境)의 새로운 응용이라 말할 수 있는데 일체의 존재는 마음에 의해 만들어진 것이기 때문에 그 자체의 고정적 실체성을 지니고 있지 않다고 말한다. 동시에 일체의 존재를 만들어 내는 마음 역시 실체성을 지니지 않기 때문에 본질적인 차원에서 대상과 마음, 주체와 객체의 차별은 존재할 수 없다.

(2) 삼천세간의 구성

---

16) 『법계차제초문』(대정장46, 666a19) 心對一切法° 卽有能知法之用° 名之爲意° 意者卽心王也.
17) 『마하지관』(대정장46, 14c) 對境覺知 異乎木石名爲心°

삼천세간이란 천태지의의 세계관을 나타내는 사상이다. 세계의 다양한 속성을 함축적으로 표현하고 있는 단어가 삼천세간이라 말할 수 있다. 존재계 자체를 생태계라 정의할 수 있다면 삼천세간은 바로 천태가 보는 생태계의 구성이 어떠한가를 말하는 것이라 본다. 그렇다면 어떻게 해서 이 세계를 삼천이란 숫자로 포괄할 수 있는가? 이에 대해 천태는 다음과 같이 말하고 있다.

> 세(世)는 격별(隔別:차별)이다. 바로 열 가지 존재 세계의 世이다. 또한 열 가지의 오음, 열 가지의 가명(假名), 열 가지의 의보(依報:주위환경)가 차이가 있어 다르기 때문에 세라고 이름한다. 간(間)은 사이의 차이를 말한다. 삼십 가지 세계 사이의 차별이 있으되 서로 간에 잘 못되거나 어지럽게 하지 않으므로 간이라 부른다. 각각 원인을 지니고 그에 따른 결과를 지닌다. 그러므로 존재[法]라 부른다. 각각 범주[界畔]와 차이를 지니고 있기에 계(界)라 부른다.[18]

　이상의 인용문에서 각각의 존재들이 각각의 특징과 차이를 지니고 있으면서도 서로의 존재에 대해 어지럽히지 않는다는 표현은 생태계적 질서를 의미하는 것으로 해석할 수 있다. 또한 그러한 존재들은 다양성과 차별성을 통해 각각 존재의 가치를 극대화하고 있다고 말하며 그러한 존재들의 총합을 존재의 세계 즉 법계란 단어로 함축한다. 따라서 존재의 세계(법계)는 주관자인 나를 중심으로 볼 때 환경 내지 자연에 해당하기 때문에 오음, 가명, 의보라는 단어로 표현한다. 그렇게 본다면 천태는 다양한 생태계의 현실 내지 질서를 있는 그대로 인정해 주는 입장을 취하고 있으며, 나아가 인간 역시

---

18) 『관음현의』(대정장34, 884a) 世是隔別卽十法界之世亦是十種五陰° 十種假名° 十種依報° 隔別不同故名爲世也° 間是間差° 三十種世間差別不相謬亂° 故名爲間° 各各有因各各有果° 故名爲法° 各各有界畔分齊° 故名爲界°

그러한 우주 질서의 한 부분이라는 점에서 나와 자연, 자연과 자연의 절대평등을 주장하게 된다.

천태의 자연관 내지 세계관을 보다 세밀하게 관찰하기 위해 삼천세간론의 내용을 보다 세밀하게 살펴보기로 하자. 개략적으로 삼천세간론은 십계호구설에 입각한 백계설, 십여시설, 삼종세간론 등으로 구분할 수 있다.

십계호구란 십계가 각각 십계를 포용하고 있다는 이론이다. 주지하다시피 십계는 열 가지의 세계란 의미이며, 육도와 사성으로 구분된다. 육도는 지옥, 아귀, 축생, 인간, 하늘, 아수라이며, 사성이란 성문, 연각, 보살, 부처이다. 이들을 성격에 따라 악, 선, 이승, 보살, 부처로 구분하기도 한다.[19] 여하튼 이들은 각각 다른 성향의 성질을 내포한다. 부처는 부처의 성품만 있는 것이 아니라 나머지 아홉 세계의 속성을 모두 지닌다는 의미이다. 지옥도 지옥의 속성만 있는 것이 아니라 나머지 9계의 속성을 동시에 지니고 있다는 의미이다. 그래서 백 가지의 세계, 즉 백계(百界)가 된다. 서로 포용하고 수용되면서도 각각의 특성을 유지하는 것을 공, 가, 중의 논리로 설명하여 각 존재의 고정화를 예방한다.[20] 따라서 십계가 각각 다른 모습을 지니고 존재한다는 차원에서 바라보는 것을 즉가(卽假:현상에 융합하는 것)의 세계라 말하며, 열 가지의 세계는 모두 존재의 세

---

[19] 『법화현의』(대정장33, 693c) 今明權實者°以十如是約十法界°謂六道四聖也°皆稱法界者°其意有三°十數皆依法界°法界外更無復法°能所合稱故言十法界也°二此十種法°分齊不同°因果隔別凡聖有異故加之以界也°三此十皆卽法界攝一切法°一切法趣地獄°是趣不過當體卽理°更無所依故名法界°乃至佛法界亦復如是°若十數依法界者°能依從所依卽入空界也°十界界隔者°卽假界也°十數皆法界者°卽中界也°欲令易解如此分別°得意爲言空卽假中°無一二三如前(云云)°此一法界具十如是°十法界具百如是°又一法界具九法界°則有百法界千如是°束爲五差°一惡二善三二乘四菩薩五佛°判爲二法°前四是權法後一是實法°細論各具權實°且依兩義°然此權實不可思議"

[20] 예컨대 지수화풍이 인연에 따라 다양하게 표현되는 것과 같다. 물을 보자면 구름, 얼음, 눈 등으로 불리지만 그 원천은 물이며, 물 역시 분해하면 H2O가 되어 그 실체가 없는 것과 같다. 미시적으로 해체하면 모든 것은 동일하게 설명할 수 있다.

계에 속하기 때문에 차별이 없다고 보는 것을 즉중(卽中)의 세계라 한다. 또한 이러한 구분을 이해하기 쉽도록 해서 궁극적인 의미를 파악한다면 그것을 즉공(卽空)이라 말하며, 가와 중에 상즉하는 것이자 하나, 둘, 셋의 구분이 없게 된다고 말한다.

이상의 해석은 매우 정형화된 고전적 해석이다. 그렇지만 필자는 십계호구설을 통해 보살사상의 극치인 이류중행(異類中行)의 편린을 엿볼 수 있다. 이류중행이란 수행을 통해 깨달은 부처가 각양각색의 중생들을 구제하기 위해 다양한 중생의 모습으로 변모하여 그들의 세계에 들어가 해당 중생을 구제한다는 것이다.『이부종륜론』이나『대지도론』등에서 그러한 사상을 살펴볼 수 있는데 천태지의가『대지도론』의 영향을 강하게 받았다는 점을 감안하여『대지도론』에 나오는 해당 문구를 소개하기로 한다. 즉

> 선정의 힘 때문에 지혜의 약을 마시고, 신통력을 얻어 중생에게 돌아간다. 혹은 부모나 처자가 되며, 혹은 스승이나 제자 내지 어른이 되며, 혹은 하늘이나 사람이 되고, 아래로는 축생이 된다. 각종의 언어와 방편으로 인도한다.[21]

이상의 인용문을 통해서 알 수 있듯이 부처님은 각종의 중생들을 구제하기 위해 그들의 부류 속으로 들어간다. 여기서 천태가 생각하는 중생의 범주는 인간을 넘어서고 있으며, 그들을 구제하기 의해 그들의 모습을 지닌다고 말한다. 그런 차원에서 우리들 존재의 세계에 있는 일체의 것들은 부처나 보살의 화현일 수 있다. 축생이나 다른 중생이 인간을 화도하기 위해 부처나 보살이 화현한 것이란 논리도 가능하다고 말할 수 있다.

---

21) 대정장25, p.180b. 以禪定力故服智慧藥°得神通力還在衆生°或作父母妻子°或作師徒宗長°或天或人下至畜生°種種語言方便開導°

십여시란 『법화경』 방편품에 나오는 십여시를 천태지의가 새롭게 해석한 것이다. 일체의 사물이 지니는 현상이나 성질, 실체, 공능, 활동, 1차원인, 2차원인, 직접적인 결과, 간접적인 결과, 궁극적인 평등 등을 활용하여 일체 모든 존재의 현실을 설명하려고 하는 것이다. 그렇지만 천태지의가 의도하는 것은 십여시를 통해 다양성의 통일을 설명하려는 것이며, 차별과 대립을 말하려는 것은 아니다.

여기서 십여시(十如是)를 개괄적으로 설명하면 여시상(如是相:현상), 성(性:성질), 체(體:실체), 력(力:공능), 작(作:활동), 인(因:1차원인), 연(緣:2차원인), 과(果:직접적인 결과), 보(報:간접적인 결과), 본말구경등(本末究竟궁극적인 평등)이다. 『마하지관』[22]에 의거해 좀더 구체적으로 이들에 대해 살펴보면 상이란 현상이며, 차별성을 말한다. 현상은 표면적으로 다양한 차별성들의 조합이다. 나무는 나무대로 돌은 돌대로 각각의 모습을 달리하기 때문에 모습을 보고 판별할 수 있다. 상이란 단어가 지시하는 것은 그러한 차별성을 말

---

22) 대정장46, pp53a-54b. 夫相以據外覽而可別°釋論云°易知故名爲相°如水火相異則易可知°如人面色具諸休否°...如是性者°性以據內°總有三義一不改名性°無行經稱不動性°性卽不改義也°又性名性分°種類之義分分不同°各各不可改°又性是實性°實性卽理性°極實無過°卽佛性異名耳°...如是體者主質故名體°此十法界陰俱用色心爲體質也°如是力者°堪任力用也°如王力士千萬技能病故謂無病altitude有用°心亦如是具有諸力°煩惱病故不能運動°如實觀之具一切力°如是作者°運爲建立名作°若離心者更無所作°故知心具一切作也°如是因者°招果爲因亦名爲業°十法界業起自於心°但使有心諸業具足°故名如是因也°如是緣者°緣名緣由助業皆是緣義°無明愛等能潤於業°卽心爲緣也°如是果者°剋獲爲果°習因習讀於前°習果剋獲於後°故言如是果也°如是報者°酬因曰報°習因果通名爲報奉受世報°此報酬於因也°如是本末究竟等者°相爲本報爲末°本末悉從緣生°緣生故空°本末皆空°此就空爲等也°又相但有字報亦但有字°悉假施設°此就假名爲等°又本末互相表幟°覽初相表後報°睹後報知本相°如見施知富見富知施°初後相在°此就假論等也°又相無相無相而相°非相非無相°報無報而報非報非無報一一皆入如實之際°此就中論等也°二類解者°束十法爲四類三途以表苦爲相°定惡聚爲性°摧折色心爲體°登刀入鑊爲力°起不善爲作°有漏惡業爲因°愛取等爲緣°惡習果爲果°三惡趣爲報°本末皆癡相等也°三善表樂爲相°定善聚爲性°升出色心爲體°樂受爲力°起五戒十善爲作°白業爲因°善愛取爲緣°善習果爲果°人天有爲報°應就假名初後相在爲等也°二乘表涅槃爲相°解脫爲性°五分爲體°無繫爲力°道品爲作°無漏慧行爲因°行行爲緣°四果爲果°後有田中不生故無報(云云)°菩薩佛類者°緣因爲相了因爲性°正因爲體°四弘爲力°六度萬行爲作°智慧莊嚴爲因°福德莊嚴爲緣°三菩提爲果°大涅槃爲報°...

23) 여기서 실성은 理性 내지 佛性과 동의어로 설명된다.

한다. 성이란 세 가지의 의미로 파악하고 있다. 개변(改變)할 수 없는 것, 종류라는 의미, 실성(實性=불성)²³)이란 의미가 있다. 체란 체질(體質)을 말하는데 육도중생은 물질과 정신으로 체질을 삼고, 이승은 오분법신으로 체질을 삼으며, 보살과 부처는 정인불성으로 체질을 삼는다고 본다. 인이란 1차원인을 말하는데 이것을 구체적으로 말하면 각자의 의지의 결과 표출되는 업(=행위)으로 해석한다. 연이란 2차원인을 말하며 행위를 도와주는 일체의 보조적인 것이다. 인과 연은 그런 차원에서 불가분리의 관계를 형성하고 있으며, 인이 주관이라면 연은 객관세계 전체라 말할 수 있다. 본말구경등은 현상을 근본으로 삼고, 간접적인 결과인 보를 지말로 삼는다. 그런데 본말은 인연따라 (일체의 존재를) 발생하며 인연 따라 생기는 것이기에 공이고, 본말이 모두 공이기에 공의 입장에서 일체가 평등하다고 보는 것이다. 그러나 현상적으로 본말이 얽히고 설혀 모습과 과보를 만들어 내므로 그것은 가의 입장에서 평등하다고 본다. 가의 입장에서 존재하는 것은 법칙을 지니고 있으며, 그것이 바로 생태계의 질서가 된다. 그러나 그러한 것들은 본질적인 시각에서 본다면 인연따라 생긴 것이기에 고정적인 실체를 지니고 있지 않으며, 그렇기 일체 모든 것이 상보적인 관계 속에서 불성에 들어가기 때문에 중도의 입장에서 평등하다고 말한다.

    삼종세간(三種世間)이란 세 가지의 세계를 말한다. 중생세간, 국토세간, 오음세간이다. 첫째 중생세간은 오음(물질과 정신)이 화합해서 구성된 일체의 중생을 말하며 천태의 전문적인 용어로는 이 세상에 주체적으로 거주하는 존재란 의미에서 정보(正報)라 부른다. 오음에는 각각 선악, 유루와 무루 등의 성질을 구비하고 있기 때문에 서로 다른 성질의 오음이 화합하여 열 가지 존재의 세계(六道四聖)인 유정이란 개체를 구성하게 된다. 따라서 중생세간은 다른 표현으로 유정세간이라 부르며, 이 범주에는 인간뿐만 아니라 일체의 생명체들이 포함된다. 둘째 국토세간은 각 종류의 유정(有情=생명체)들이 의지하게 되는 환경, 즉 국토를 말한다. 지옥계의 중생은 붉은 쇳덩어리에 의지해 거주하며, 사람들은 땅에 의지해 거주한다. 때문에 중생들이 거주하게 되는 곳이란 의미에서 의보(依報=자연환경)라 부르고, 기세간이라 부르기도 한다. 셋째 오음세간은 유정과 무정물의 구성요소인 색수상행식을 말한다. 색은 물질을 총칭하는 말이며, 수상행식은 정신을 세분한 것이다. 수상행식은 心 혹은 名이라 부르기도 한다. 오음은 일체 모든 존재의 근본이며, 주객의 총화(總和)라 말할 수 있다. 유정과 무정이 모두 이것에 의지하지 않을 수 없다. 천태는 『마하지관』에서 삼종세간에 대해 다음과 같이 말하고 있다.

열 가지의 음계가 다르기 때문에 오음세간이라 부른다. 오음을 잡으면 일반적으로 중생이라 부른다. 중생은 동일하지 않은데 삼도음을 잡으면 죄고(罪苦)중생이며, 인천음을 잡으면 수락중생이고, 무루음을 잡으면 진성(眞聖)중생, 자비음을 잡으면 대사(大士)중생, 상주음을 잡으면 존극(尊極)중생이다. ……열 가지 세계의 중생이 어찌 다르지 않을 것인가? 그러므로 중생세간이라 부른다. 열 가지가 거주하게 되는 것을 일반적으로 국토세간이라 부른다면 지옥은 붉은 쇠에 의지하여 거주하며, 축생은 흙, 물, 공기에 의지에 거주하며, 수라는 바닷가와 바다 밑에 의지해 거주하며, 사람은 땅에 의지해 거주하며, 하늘은 궁전에 의지해 거주한다. 육바라밀을 실천하는 보살은 사람과 마찬가지로 땅에 의지해 거주하며, 통교의 보살은 아직 미혹이 다 사라지지 않았기 때문에 사람이나 하늘과 같이 거주하며, 미혹이 모두 없어지면 방편토에 거주한다. 별교나 원교의 보살 중에서 미혹이 아직 끊어지지 않은 자는 사람이나 하늘, 미혹이 없어진 통교보살처럼 거주하고, 미혹이 완전히 끊어진 자는 실보토에 거주한다. 여래는 상적광토에 거주한다. .....국토마다 다르기 때문에 국토세간이라 부른다.[24]

인용문에 의하면 다양한 존재들은 과보에 따라 각각 다른 환경에서 살 수 밖에 없다. 그런 점은 매우 종교적인 윤리를 기반으로 하고 있지만 과보는 중생들의 의지와 행위에 의해 초래되는 것이라 본다면 환경 역시 우리들의 의지와 행위에 따라 가변적인 상황에 놓일 수 있는 것이다. 동일한 차원에서 생태계 역시 마찬가지다. 결국 현재 우리들이 직면하고 있는 생태계의 현실은 우리들의 의지와 행위에 따라 결정되며, 그러한 환경이 우리들의 의식과 삶에 영향을 미치게 되는 것이다. 이러한 것은 최근 제기되고 있는 에코-카르마(eco-karma)의 개념과 상통한다고 말할 수 있다.[25]

(3) 일념과 삼천세간의 통일

한 생각과 삼천의 세간은 통일이 가능하다고 보는 것이 천태의 견해라면 그러한 주장이 가능한 이유는 무엇일까? 그것은 바로 한 생각 혹은 한 마음 때문이다. 전술했듯이 천태가 말하는 한 생각이란 대략 세 가지의 개념을 지니고 있다고 말했다. 그것은 주관이란 말과 상통하는 식음(識陰), 법성이나 실상, 일체를 만들어 내는 작용을 지닌 당체 등의 개념을 지니고 있다. 이들 중에서 천태가 말하는

---

24) 대정장46, 52c. 以十種陰界不同故°故名五陰世間也°攬五陰通稱衆生°衆生不同°攬三途陰罪苦衆生°攬人天陰受樂衆生°攬無漏陰眞聖衆生°攬慈悲陰大士衆生°攬常住陰尊極衆生°...況十界衆生寧得不異°故名衆生世間也°十種所居通稱國土世間者°地獄依赤鐵住°畜生依地水空住°修羅依海畔海底住°人依地住°天依宮殿住°六度菩薩同人依地住°通敎菩薩惑未盡同人天依住°斷惑盡者依方便土住°別圓菩薩惑未盡者°同人天方便等住°斷惑盡者依實報土住°如來依常寂光土住°...土土不同故名國土世間也°

25) 『불교와 생태학』(동국대학교 출판부, 2005),pp.421-425 참조. 에코 카르마(eco-karma)란 환경에 영향을 미치는 행위를 윤리적으로 설명하기 위해 제안된 용어이다. 전통적으로 카르마란 인간의 행위와 그에 수반하는 과보의 필연성을 설명하기 위해 중요한 개념으로 인식되고 있다. 에코 카르마란 불교의 핵심 용어인 카르마에 대한 일종의 변형이며, 시대적 상황에 따라 등장한 신조어이다. 그런 점에서 전통적인 해석을 벗어나 있는 것은 분명하지만 이 시대의 화두인 환경윤리나 생태학과 결부되어 등장했다는 점에서 신선하다고 말할 수 있다.

실상이나 법성은 범부들이 지니는 범부의식 혹은 무명심(無明心)을 융합하고 있는 것이기에 범부와 성인을 구분할 수 없으며, 생명체와 무생명체를 구분하지 않는다. 그런 점에서 한 생각의 본질은 범부의식과 존재가 공유하는 본질적 가치를 공유하고 있기 때문에 그것이 일체의 존재들이 절대 평등할 수 있는 공통요소로 작용하게 된다. 이 한 생각을 흔히 마음이라 지칭한다. 따라서 이 마음에는 삼천세간의 일체 존재가 구비되어 있다. 다만 범부의식인 무명심 때문에 삼천세간의 존재들이 각각의 차별성을 드러내게 되며, 법성이나 실성 때문에 삼천세간의 존재들을 융합하여 통합할 수 있다.

천태는 본체론적인 입장에서 세계의 발생이나 발전에 대해 언급하지 않는다. 그가 강조하고 싶었던 것은 마음과 만물의 관계가 생성과 포함에 있는 것이 아니라 각각 서로를 본래부터 구비하고 있으며, 서로가 서로에게 수용되고 융합하는 상즉(相卽)의 관계임을 밝히고자 하는데 있었다. 따라서 천태는 "만일 마음에서 일체의 존재가 생긴다면 이것은 세로이다. 만일 마음이 일시에 일체의 존재를 포함한다면 이것은 가로이다. 세로도 틀렸고, 가로 역시 틀렸다. 다만 마음이 일체의 존재이고, 일체의 존재가 마음이기 때문이다[26]"고 말하거나 "한 마음이 일체의 마음이며, 일체의 마음이 하나의 마음"[27], 혹은 "하나의 모습이 일체의 모습이며, 일체의 모습이 하나의 모습"[28]이라 반복해서 강조한다. 이것은 연기론의 입장에서 한 마음과 삼천세간의 완전한 통일, 나아가 삼천 세간에 존재하는 것들 사이의 평등무차별을 강조하는 것이다.

천태가 생각한 이상적인 세계는 만물의 차별과 대립 속에서는 불

---

26) 대정장46, 54a. 若從一心生一切法者 此則是縱 若心一時含一切法者 此卽是橫 縱亦不可橫亦不可 祇心是一切法 一切法是心故
27) 상동, 55b. 若解一心一切心 一切心一心
28) 상동, 一相一切相 一切相一相 非一非一切 乃至一究竟一切究竟 一切究竟一究竟 非一非一切

가능하다고 생각한 것이라 볼 수 있다. 그렇기 때문에 그는 인간위주의 존재론에서 벗어나 인간이 포함된 범우주론적 존재론을 전개하는 것이다. 그러한 자신의 존재론적 세계관을 피력하기 위해 주체와 객체의 대립, 정신과 물질의 충돌과 모순을 초월하여 일념 속에서 용해시키려 한다. 일념 속에 일체를 포용하면서도 상호 침투를 강조하여 주객의 대립 내지 정신과 물질의 모순을 극복하고자 하는 것이라 생각된다. 이런 그의 사상은 물론 『화엄경』이나 『대품반야경』, 『대지도론』 등의 사상적 영향을 받았다고 분석하고 있다. 그렇지만 상호침투와 포용이라는 사상적 특징은 중국 전통의 음양론도 응용되고 있다고 느껴지며, 중국 전통의 순환론적 자연관이 강하게 표출되고 있다.

2. 천태의 삼인불성론과 생태학적 해석

천태는 세 가지의 불성을 주장한다. 정인(正因)불성, 요인(了因)불성, 연인(緣因)불성이다. 정인불성은 본연의 이치나 이법을 말하며, 요인불성은 진여의 이치를 깨우치게 만들어 주는 지혜이며, 연인불성은 지혜를 도와 정인불성을 깨닫게 만드는 수행을 지칭한다. 천태의 세계관에선 존재하는 모든 것에 불성이 존재하며, 실상 아닌 것이 없으므로 현실 대긍정의 차원에서 불성도 세 가지 기능적인 차원에서 분석하고 있다고 말할 수 있다. 그렇지만 그의 불성론은 이미 일념삼천설 중에서 십여시에 그 내용이 포함되어 있다. 여기서는 세 가지 불성의 내용과 의의를 탐색하고, 생태학적 의미를 살펴보고자 한다.

천태는 그의 저서인 『금광명현의』에서 삼인불성에 대해 다음과 같이 말하고 있다.

무엇이 세 가지의 불성(佛性)인가? 불(佛:부처)이란 깨달음을 말한다. 성(性)이란 바꿀 수 없는 것[不改]을 말한다. 바꿀 수 없다는 것은 항상 하는 것도 아니며, 항상 하지 않는 것도 아니다. 땅 속에 금이 들어 있는 것과 같아서 천마나 외도도 파괴할 수 없다. 이것을 정인불성이라 말한다. 요인불성이란 깨달음의 지혜는 항상 하는 것도 아니며 항상 하지 않는 것도 아니지만 지혜와 이법이 서로 부응하는 것이다. 마치 사람이 금이 들어 있는 것을 잘 알면 이 안다는 것을 파괴할 수 없는 것과 같으니 요인불성이라 부른다. 연인불성이란 일체의 항상 하지도 않고 항상 하는 것도 아닌 공덕과 선근이 깨달음의 지혜를 도와 정성(正性=정인불성)을 드러낸다. 마치 풀과 더러운 것을 제거하면 금을 채굴할 수 있는 것과 같으니 연인불성이라 부른다..[29]

이상의 인용문에서 핵심적인 단어는 '항상 하는 것도 아니며 항상 하지 않는 것도 아님'[非常非無常]이라는 구절이다. 왜냐하면 삼인불성은 모두 이 구절을 기반으로 수립되기 때문이다. 그렇다면 '항상하는 것도 아니며 항상 하지 않는 것도 아님'[非常非無常]이라는 구절은 무엇을 말하고자 하는 것인가? 일체 존재의 무정형성, 즉 해체론적인 입장에서 무고정성을 말하는 것이며, 세 가지의 다른 각도에서 존재를 설명하고 있는 것이다. 때문에 이 세 가지는 세 가지의 다른 체질을 설명하는 것이 아니다. 전체적인 입장에선 하나이지만 그것을 어떠한 측면에서 보는가 하는 점에선 세 가지가 된다. 이런 점에서 『법화문구』는 보다 명확하게 입장을 밝히고 있다.
   부처의 씨앗[佛種=불성]은 인연 따라 생기는 것이니 중도무성(中道無

---

29) 1 대정장39, 4c. 云何三佛性˚佛名爲覺性名不改˚不改卽是非常非無常˚如土內金藏天魔外道所不能壞˚名正因佛性˚了因佛性者˚覺智非常非無常˚智與理相應˚如人善知金藏˚此智不可破壞 名了因佛性˚緣因佛性者˚一切非常非無常˚功德善根資助覺智˚開顯正性˚如耘除草穢 掘出金藏˚名緣因佛性˚當知三佛性一一皆常樂我淨˚與三德無二無別˚

性)이 바로 부처의 씨앗이다. 이러한 이치를 모르는 자는 무명으로 인연을 삼으니, 바로 중생기(衆生起)를 지닌다. 이러한 이치를 아는 자는 교행(敎行)으로 인연을 삼으니 바로 정각기(正覺起)를 지닌다. . . . .또한 중도무성은 바로 정인불성이다. 부처의 씨앗이 인연따라 생긴다는 것은 바로 연인과 요인불성이며, 연인불성으로 요인불성을 도와야 정인불성의 씨앗이 일어나게 할 수 있다. 하나가 생기면 전체가 생긴다. 이러한 삼인불성을 일승이라 부른다.[30]

이상의 인용문을 보면 삼인불성이 일승이란 하나의 개념으로 포괄되고 있음을 볼 수 있다. 이것은 불성을 어떤 시각에서 보느냐에 따라 세 가지로 달라진다는 것을 의미한다. 나아가 부처의 씨앗 내지 불성이 별도로 존재하는 어떤 것이 아니라 어떠한 시각을 가지고 어떠한 인연을 만드는가에 따라 중생의 시각과 깨달은 자의 시각을 지닐 수 있음을 말하는 것이다. 인용문에서 중생기와 정각기의 차별이 그것이다. 즉 연기적인 세계관을 모르는 사람들은 중생의 관념을 일으키게 되는데 그것을 중생기라 표현하고 있다. 반면 연기적인 세계관을 이해하는 사람들은 깨달은 자의 관념으로 세상을 바라보고 수용하기에 정각기라 표현하고 있다. 교행으로 인연을 삼아 정각기를 지니게 된다는 구절의 의미가 그것이다. 중생기는 생태계의 존재를 무시하고 인간위주의 관점에서 자연을 보호하지 않는 것이라 본다면 정각기는 생태계의 질서를 존중하고 보호하며, 인간 역시 범우주적인 생태계의 한 부분을 차지하고 있다는 사실을 인정하고 그 질서에 순응하는 것이라 말할 수 있다. 천태는 이런 점에 대해 『법화문구』에서 다음과 같이 구별한다.

---

30) 대정장34, 58a. 佛種從緣起者° 中道無° 性卽是佛種° 迷此理者° 由無明爲緣° 則有衆生起° 解此理者° 由敎行爲緣° 則有正覺起° 欲起佛種須一乘敎° 此卽頌敎一也° 又無性者卽正因佛性也° 佛種從緣起者° 卽是緣了° 以緣資了正種得起° 一起一切起° 如此三性名爲一乘也°

범부는 진리와 관계를 끊고 분별을 일으켜 미혹하고, 2승은 갖추고 있긴 해도 도를 버린 채 해탈을 구하며, 보살은 갖추고 있긴 해도 비춤이 넓지 못하므로 불료료(不了了)라 한다. 오직 여래만이 가로와 세로로 구족하고 계신 것이다.[31]

그런데 이 삼인불성론은 또한 일념삼천세간론과 직결되어 있다. 일념의 개념에도 포함되어 있을 뿐만 아니라 삼천세간의 개념에도 포함되어 있다. 특히 삼천세간론과의 관계를 살펴보면 십여시 중의 여시성(如是性)과 상통한다. 이에 대해서는 전술한 바가 있는 여시성의 개념을 상기할 필요가 있다.

앞서 여시성을 설명하면서 성의 개념에 세 가지가 있음을 살펴보았다. 고칠 수 없다는 의미와 종류라는 의미, 그리고 실성(實性=불성)이란 의미가 그것이다. 이것을 천태는 공가중의 논리에 대입하여 고칠 수 없다는 의미는 공에 대입(代入)하며, 종류라는 의미는 각종의 존재가 지니는 성분(性分)이란 의미와 상통하기 때문에 가에 대입한다. 그리고 실성은 불성을 나타내는 말이므로 중에 대입한다. 그렇지만 공가중의 삼제는 서로 융합과 침투의 관계 속에 존재하므로 하나이자 셋, 셋이자 하나의 관계를 형성한다. 이러한 관계를 원융삼제라 말한다.

또한 성의 세 가지 의미를 삼인불성과 결부시켜 해석할 수 있는데 고칠 수 없다는 의미는 요인불성, 종류란 의미는 연인불성, 실성이란 의미는 정인불성과 치환(置換)할 수 있다. 따라서 요인불성은 공이며, 연인불성은 가이며, 정인불성은 중이라 말한다.

이상과 같은 논리 위에서 천태의 불성론이 지니는 독자적인 특징

---

31) 대정장 34, p.43a. 凡夫雖具絶理情迷˚ 二乘雖具捨離求脫˚ 菩薩雖具照則不周名不了了˚ 如來洞覽橫竪具足.

을 보여주는 것이다. 그것은 불성이 어떤 불변의 실체를 표현하는 요소가 아니라 일체의 모든 존재가 공유하고 있는 존재론적 차원의 본질적인 가치를 말한다는 점이다. 생명의 본질적인 가치는 어떤 존재를 막론하고 지니고 있다고 보는 것이며, 생명의 본질적인 가치 자체는 다른 어떤 것과 그 우열을 비교할 수 없다는 점에서 절대의 가치라 말할 수 있다. 어느 존재의 본질적인 가치를 불문한다는 점에서 절대평등하다고 말할 수 있으며, 그것이 존재 일반에 적용된다는 점에서 현대의 생태학자들이 주장하는 생태계의 본질적인 가치와 상통한다고 말할 수 있다.

혹자들은 불성을 불변의 실체로 오인하기도 한다. 그렇지만 불성은 생명의 평등한 본질적 가치 내지 성불의 가능성으로 파악해야 마땅할 것이다. 물론 천태의 입장에서 보는 불성은 본질적 가치란 의미 이외에 보다 철저한 해체론적 입장을 요구한다. 그런 차원에서 인간과 다른 존재의 절대평등을 인식하게 만들며, 어떠한 편견에도 사로잡히지 않는 시각을 지녀야 한다고 가르친다. 그런 점에서 본다면 천태가 말하는 불성이란 개념에는 철저한 편견의 해체란 의미도 있다. 그리고 철저하게 편견을 없애기 위해 공가중의 논리를 확립하고, 그 위에서 삼인불성을 주장하는 것이다. 결국 요인불성이나 연인불성은 인간의 주체성뿐만 아니라 객체로 인식되는 생태계 자체도 불성임을 주장하는 것이기도 하다.

Ⅲ. 맺는 말

이상에서 천태의 일념삼천론을 중심으로 사상적인 구조와 그 속에 담겨진 생태학적 의미를 탐색해 보았다. 논문을 마무리하는 입장에서 이상의 고찰을 재정리하면 다음과 같다.

우선 일심이란 개념은 대략 세 가지의 의미를 지니고 있으며, 그 일심 속에 모든 존재의 세계가 존재한다고 본다. 유심적 존재론이라 말할 수 있는 그의 일심사상은 일체존재의 공통분모이자 통합의 원리로 구상되고 있다는 점이다. 그렇지만 일심이 일체의 모든 존재에 내재하는 통합의 원리로 전제되고 있기에 일체 존재의 본질적인 절대평등을 정당화시킬 수 있다. 현상적으로 본다면 일체의 존재는 각양각색의 차별상을 보이고 있다. 차이란 점에서 평등을 말할 여지는 없는 듯이 보인다. 그런데 일심은 이러한 현상적인 차별을 초월해 존재하는 본질적인 공통분모이자 통일의 원리로 등장하는 것이다. 그렇다고 일심이 어떤 고정적 실체를 지닌 존재는 아니라 말하는 점에서 일심은 일원론적 실체가 아닌 가치론적 평등의 요소임을 말한다.

두 번째 일심의 상대적인 개념이자 모든 존재의 영역을 포괄적으로 융합하여 설명하는 삼천세간은 그 자체를 생태계 혹은 중생계란 단어로 바꾸어도 어색하지 않을 정도로 생태계란 개념과 상통한다고 말할 수 있다. 그렇지만 삼천세간의 생태론 역시 상호 침투와 융합 속에서 재생과 순환, 공생과 융합의 사상을 강조하게 된다. 삼천세간은 일심의 상대적 개념이지만 일심과 대립하는 것이 아니라 삼천세간 속에 이미 일심이 포함되어 있다. 물론 이러한 논리적 기초가 있기에 주체와 객체의 분리를 원천적으로 차단할 수 있지만 자연과 환경을 인식하는 인간 역시 자연 내지 환경의 일부임을 부인할 수 없다는 전제가 들어 있다고 말할 수 있다. 불교의 가장 기본적인 이론인 연기론을 기반으로 존재의 세계를 범우주적으로 확대시키고 있는 것이 천태의 세간론(생태론)이며, 생태론을 기반으로 수행과 의식의 전환을 요구하고 있는 것이 특징이라 말할 수 있다.

셋째 삼인불성론은 연기적인 존재의 세계가 바로 생태계라는 해석을 가능하게 해 주고 있다. 이것은 생태계를 세 가지 측면에서 바라보는 입장인 것이다. 세 가지 측면에서 바라보더라도 시각의 차이는 있지만 본질적인 가치는 절대평등하다고 강조하고 있다. 또한 삼천세간론과의 유기적인 관계 속에서 삼인불성론이 구상되었으며, 공가중 삼제의 해석에 따라 고정적 실체가 아닌 불변의 본질적 가치를 의미하는 것으로 파악되고 있다. 인식의 전환을 통해 생태계 자체의 절대가치를 인식해야 한다고 보는 것이다. 본질적 가치란 인간의 판단유무를 떠나 존재하는 것들은 존재하는 것 그대로 절대의 가치를 지니고 있기 때문에 인간에 의해 훼손되어서는 안 된다는 입장이라 보는 것이다.

참고 문헌

『마하지관』(대정장46)
『법화현의』(대정장33)
『법계차제초문』(대정장46)
『관음현의』(대정장33)
『금광명경현의』(대정장39)
『법화문구』(대정장34)
『대지도론』(대정장25)
스튜어트 맥팔레인,「자연과 불성」(김지견의 돈황단경재고 중)
서대원,「자연과 연기」(새한철학회 논문집 철학논총 제34집 2003년 제4권)
『불교와 생태학』(동국대학교출판부,2005)
安藤俊雄,『천태학』(일본, 평락사서점, 1969)

後藤康男,『동양사상의 새로운 세기』(일본, 有斐閣, 1999)
八木雄二,『생태계존재론의 구축』(일본, 知泉書館, 2004)
　　　　,『생태계존재론의 서설』(일본, 知泉書館, 2004)
潘桂明,『지의평전』(중국, 남경대학출판부,1996)
潘桂明, 吳忠偉,『중국천태종통사』(중국, 강소고적출판사, 2001)
陳英善,『천태연기중도실상론』(대만, 동초출판사, 민국84)

자연주의 영성으로서의

매튜 폭스의 창조 영성에 관한 연구

권명수(한신대학교)

들어가는 말.

요즘 한국 교회에 영성에 대한 관심이 점차로 증가하고 있다. 영성이라 말할 때 여러 가지 영성이 존재함을 의미한다. 일반적으로 영성이라 함은 관상적 영성을 의미한다고 본다. 곧, 관상적 (contemplative) 영성은 내면의 세계에 관심하는 성향으로 사회적 삶을 등지며 개인적 영역으로 움츠려들어 일상과 분리된 경향을 보인다는 부정적 비판이 있어 왔다.[1] 이러한 비판들은 어느 정도 일리가 있다. 역사적으로나 이론적으로 실제적 삶에 대한 언급이 드러나지 않는 경우가 종종 있어 왔기 때문이다. 그러나 이것은 관상적 영성의 한 면만 보고 그 전체를 평가하고 있는 것이지, 관상적 영성의 내면에 들어가 그들이 추구하려는 지향성을 온전히 이해하면 평가가 달라질 것이라고 본다. 관상 지향의 개인들이 내면에 관심하는 것은 그 자체가 목적이라기보다는 내적 충일을 위한 것이며, 이것은 이보 전진을 위한 일보 후퇴와 같은 의미를 지니고 있다. 이러한 설명에도 불구하고, 관상적 영성에 대한 부정적 시각이 있는 것은 사실이다.

이런 상황에서 개인주의적 영성의 한계를 극복하고 이원론적 신앙과 삶을 극복하려는 현대적 신비주의적 흐름의 하나가 매튜 폭스

---

1) 최대광, 「창조영성과 영성에 대한 학문적 연구」, 209

가 주장하는 창조 영성이다. 그는 창조 세계의 본래적인 자연의 힘을 긍정하는 입장을 취하며 현대 그리스도교의 고질적 문제인 이원론적 세계관의 한계를 극복하려고 시도하고 있다. 그는 이에 더하여 침묵과 비움의 자세를 말하고 있다. 폭스는 창조계의 찬미와 이를 보완하고 극복하는 비움의 자세를 강조하여 보는 이로 하여금 균형 잡힌 기독교적 삶의 길을 제시하고 있는 듯이 보인다.

폭스는 자신의 창조 영성을 서구 기독교의 반생태적 경향에 하나의 주요한 대안이라고 주장하고 있다. 그는 천주교 도미니칸 수도회 신부로 있으면서 교회의 죄와 통제를 강조하는 전통적 그리스도교 영성 흐름에 강하게 반대하면서, 창조 영성을 주장하여 왔다. 그러다가 그는 89년부터 로마 교황청으로부터 1년간 공적 발언을 하지 말라는 조치를 받게 되었다. 그는 그 조치에 순종하여 교수의 행위를 하지 않고, 남미, 아시아, 유럽 등을 여행하였다. 필자는 유학초기에 폭스가 발언금지 조치를 받은 후에 그가 공적으로 처음 대중들과 만나는 강연회에 참석하여 그의 모습과 그의 실제 강의를 대하는 행운을 갖게 되었다. 캐나다의 토론토에서 가장 크다는 '컨벤션 센터'에는 서울의 코엑스에 있는 그랜드 볼룸처럼 큰 회의장에 사람들이 자리를 꽉 채우고 있었다. 참가비가 상당히 비싸며 미리 예약을 해야만 참가할 수 있는 모임이었는데도 말이다. 이미 많은 사람들이 그의 입장에 관심과 지지를 보내고 따르는 것을 알 수 있었다.

폭스는 1989년의 1년간의 침묵 조치를 받은 후인 1990년 이후에도, 예전부터 주장해온 자신의 입장을 굽히지 않고 지속하였다. 그러다가 1993년 3월에 그는 자신의 도미니칸 수도회로부터 면직되는 사건을 겪게 되었다. 그는 이런 압박에도 굴하지 않고 활동을 계속하였다. 이런 와중에 당시 그에게 호의적이었던 샌프란시스코 성공회 주교의 주선으로 1994년 4월 15일 천주교에서 성공회로 옮기게 되었음을 기자회견을 통해 공식적으로 밝혔다.[2] 그는 기자 회견에서, 그리스도교는 제3천년 시대를 진입하는 시대적 상황에서 종교에서 영성으로, 교파주의를 넘어서서 교회 일치(ecumenism)에로 이동해야 한다고 주장하였다.

그리스도교 전통에서 자연에 대한 긍정적 입장을 보이는 신학적 견해가 드문 현실에서 자연과 창조 세계에 대해 긍정적인 평가를 하고 있는 폭스의 창조 영성의 내용을 살펴보며 자연주의 영성에 대한 새로운 그리스도교적 이해를 추구하려고 한다.

창조란?

폭스가 말하는 창조 영성의 '창조'에 대한 이해가 매우 중요하다. 왜냐하면 창조(creation)에 대한 이해가 그의 창조 영성의 핵심이기 때문이다. 폭스가 이해하는 창조는 무엇보다도 인간을 포함한 모든 존재를 의미한다. 이것은 모든 존재와 관계를 맺고 있는 우리들(us)을 말한다.[3] 폭스는 라코다 인디언들의 삶의 예를 들어 인간이 관계하는 모든 관계에 대해 서술한다. 라코다 인디언들은 성스런 파이프로 담배를 교환해가며 피우거나 그들의 원두막을 드나들 때마다 그들과 관계하는 모든 대상들과의 관계들을 위해 기도한다. 여기서 그들이 관계하는 모든 관계란 모든 존재들, 사물, 눈으로 볼 수 없는 바람, 은하계, 그리고 눈으로 볼 수 있는 태양, 산과 들판, 나무와 식물, 태어난 어린이들, 감옥에 갇힌 죄수, 연못의 개구리나 뱀 등 모든 존재를 망라한다.

또한 그에게 창조는 모든 공간과 과거, 현재, 미래를 포괄하는 시

---

2) *Christian Century* vol. 111 no. 14(April 15, 1994), p. 442.
3) Matthew Fox, *Creation Spirituality: Liberating Gifts for the Peoples of the Earth*, (New York: HarperSanFrancisco, 1991), 7.

간을 의미한다. 특히 과거, 현재, 미래로 범주화할 경우, 폭스가 이해하는 창조는 현재에게로 방향이 기울어지게 된다. 왜냐하면 가장 의미있는 시간은 현재, 곧, 영원한 현재(the Eternal Now)이기 때문이다. 인간 안에 과거와 현재가 모여서 미래를 산출하게 된다. 폭스는 에크하르트가 주장하는 현재의 순간을 매우 중요하게 여기고 있다. 에크하르트는 "하나님은 전체적으로 충분하게 전 우주를 현재라는 순간에 창조하고 계시다…. 하나님은 영혼의 가장 내밀한 영역과 심층적인 영역에 존재하는 모든 것을 창조하고 계시다"고 말했다.[4] 이처럼 폭스에게 있어 창조란 시간 속에서 창조되고 있는 모든 현상을 포괄하고 있다.

폭스가 이해하는 창조의 핵심은 관계에 대한 것이다. 관계란 존재가 노래하고 춤추고, 기고 뛰며 놀라고 관계맺는 행위와 외부 자극에 반응하고 함께 공유하는 것을 말한다. 에크하르트는 "관계는 존재하는 모든 것의 본질"(essence)이며, 그러한 "존재함(isness)은 하나님"이라고 이해하고 있다.[5] 폭스가 이해하는 모든 창조계는 신성(Godhead)의 흔적이며 발자국이고 결과(offspring)이다. 그래서 창조계는 존재 형태의 신성이 영향력을 행사하며 지나간 것으로 이해할 수 있다. 그래서 창조계는 성스러운 것이며, 우리의 모든 관계들은 성스러운 것이다. 예수께서 요한 복음 15장에 "나는 포도나무요 너희는 가지다"라고 하시며 신자와 맺은 관계를 지칭하셨다. 폭스는 그리스도인과 다른 종교의 신자들은 창조계의 거룩성을 새롭게 배워야만 한다고 주장한다. 왜냐하면 창조에 대한 거룩성에 대한 믿음이 없이는 하나님에 대한 신앙과 통치를 지칭하는 모든 내용들이 힘이 빠져 공허하게 되기 때문이다.

---

4) 위 글, 8-9.
5) 위 글, 9.

폭스가 이해하는 창조는 인간이 지구상에 행한 것을 말한다. 하나님께서는 인간에게 신적 능력과 악마적 능력을 부여하셨다고 이해한다. 폭스는 우리 인간의 엄중한 과제인 정의를 행하도록 영적인 준비가 되었는가에 대해 회의적 시각이 강하다. 그는 여러 가지 파괴적이며 부정적 현실을 분석한 뒤에 인간은 창조에 거슬려 죄를 지을 수 있는 능력이 뛰어나다고 평가하고 있다. 그래서 그에게 있어 죄(sin)란 이 지구와 우주의 존재 목적을 빗나가는 것이라고 이해한다. 이러한 의미에서 폭스의 죄는 지구의 창조물과 모든 피조물 안에 임재하신 하나님으로부터 멀어져 가는 것이라고 이해한다.

폭스가 말하는 창조는 인생의 여정에 새로운 것이 생길 때 일어난다. 곧, 첫 아기가 태어날 때, 고통과 좌절을 극복하여 새로운 생기를 경험할 때, 선한 사람이 평온히 삶을 마감하는 것을 목도하면서 평화를 느낄 때, 공동체가 서로 연대하여 두려움을 극복한 결과로 공동체 정신이 일어날 때, 기도의 능력과 희망이 다시 우리 안에 뿌리를 내릴 때에 발생하는 것이다. 그리고 창조는 신비가가 각성되는 것을 말하며, 예언자가 투쟁하며 지탱하는 것을 의미한다. 신비가는 자신 속에 뛰어노는 늑대와 양이 함께 어울려 지내는 새로운 창조를 추구한다.

결론적으로 폭스가 말하는 창조는 모든 사물의 원천이며, 모태이며 목표이다.[6] 창조는 모든 존재의 어머니이며, 모든 존재를 낳는 아버지이다. 창조는 결코 중단되는 법이 없고, 만족하지 않으며, 결코 지루한 적이 없으며, 수동적이 되지 않는다. 창조는 항상 새롭게 태어나고, 항상 새롭게 행한다. 이처럼 인생은 창조의 연속이며 창조와 뗄래야 뗄 수 없다고 이해하고 있다. 그러나 인간 세상에 고통과 번민, 전쟁, 타락한 도덕 관념 등이 일어나게 되는 이유는 인간

---

6) *Creation Spirituality*, p. 10.

사회의 제도가 창조감을 상실한 결과라고 폭스는 평가하고 있다.

그에게 있어 창조는 하나님께서 인간과 세상을 위해 준비하신 원복(original blessing)이다. 폭스는 자신의 창조 영성 전통에서 "큰 사건"이라고 여기며 중요시 하는 것은 "타락"이 아니라 하나님의 "창조력"이며 "말씀"임을 강조한다.[7] 창조는 멈춤이 없이 계속되며 멈추지 않고 지속된다. 인간의 부모가 자신의 자식을 사랑하시듯 하나님은 자신의 창조계를 사랑하신다. 폭스는 원복의 뒤로 따라오는 축복은 창조가 본래적으로 미리 예시되었던 것처럼 무조건적이다.[8] 그래서 하나님께서 창조의 피조물에게 무조건으로 보내는 사랑이 축복이며 원복이다. 폭스는 "타락"보다 시간적으로 먼저 있었던 "창조"를 더 중요시하여야 한다고 본다. 왜냐하면, "하나님이 손수 만드신 모든 것을 보시니, 보시기에 참 좋았다"(창 1:31, 새번역)고 하신 것처럼, 인간은 하나님께서 좋다고 하신 창조를 "타락"보다 더 관심을 기울어야 한다는 것이다. 그 이유는 창조의 아름다움이 하나님께서 세상을 창조하신 후의 본래적 모습이기 때문이다. 하나님께서 만드신 아름다운 창조 세계인 자연과 긍정적 관계를 유지하고, 가꿔가는 삶의 자세가 요청된다.

영성(spirituality)

폭스는 자신의 "창조 영성"을 설명하면서 "영성"에 대한 어의적 의미를 밝힌다. 그는 성령(The Spirit)은 생명(life)이고, 루아흐(히브리어로서 '영' '생기'를 의미함. ruah), 숨, 바람이라고 정의한다.[9] 그래서 영적이라 함은 생기가 있으며, 생기로 채워지고 깊게

---

7) Matthew Fox, *Original Blessing: A Primer in Creation Spirituality Presented in Four Paths, Twenty-Six Themes, and Two Questions*, (Santa Fe, NM: Bear & Company, Inc., 1983), 44.
8) Creation Spirituality, p. 11.
9) 위 글,

숨을 쉬며, 바람의 접촉을 느끼는 것이라고 본다. 영적인 것의 명사형인 영성은 생명이 충만한 길(a path)이고, 삶의 영혼이 채워진 길을 의미한다. 그래서 하나의 길은 인격적인 것을 지니고 있다. 다시 말하면 선택을 하거나 신비를 의미한다. 하나의 길은 목적 지향적이 아니다. 이 길은 나아가는 길 자체이며, 그 길 위의 모든 순간들은 거룩한 순간들이다.

폭스는 인간이 걷기로 선택한 길은 급진적으로 공동체적 (radically communitarian)이라고 본다.[10] 왜냐하면 성령께서는 하나의 삶의 길에만 한정되게 역사하지 않기 때문이다. 개인이 아닌 다수인 우리가 그 길 위에 있기 때문이다. 하나의 삶의 양식을 표현하는 것은 일종의 연대(solidarity)하는 방식이며, 그 길 위에 모든 다른 사람들과 함께 아름다움을 나누는 방식을 의미한다. 뿐만 아니라, 그 길을 가는 모든 다른 사람들과 고통과 투쟁을 공유하는 방식이기도 하기 때문이다. 곧 폭스는 하나의 삶의 양식은 단순한 개인적인 영역에 머물지 않고, 하나의 삶의 양식을 공유하는 다수를 전제하고 있어, 개인주의적 영성의 우려를 극복하고 있다.

폭스의 영성 이해는 성령을 중심으로 하고 있다. 그가 말하는 모든 영적인 길에 공통적인 것은 성령(The Spirit)이 거기에 참여하고 있다는 것이다. 이 성령은 숨(breath), 생명(life), 힘(energy)이다. 폭스는 성령이 한 분뿐이시기에, 본질적으로 모든 사람의 생의 양식인 길은 단지 하나의 길 만 있다고 본다. 왜냐하면 성령은 단 한 분 뿐이시기 때문이다. 성령은 우리 인간의 누구에게도 속해있지 않고, 인간은 그 성령을 공유하고 있다. 폭스의 영성 이해는 영성에 대한 비판가들이 지적하듯이, 저 세상 중심의 삶이나 피상적 삶으로 보지 않는다. 오히려 그 반대로 외적 인간에서 내적 인간으로, 개인주의

---

10) 위 글, p. 12.

적이고 사유화된 삶의 양식에서 심오한 공동체적 삶의 양식으로 옮겨간다는 것이다. 폭스는 에크하르트의 "외적 인간의 종국은 죽음이지만 ... 내적 인간의 종국은 하나님이 그 안에서 빛을 발하는 새로운 인간이고 하늘의 인간이다"을 인용하며, 내적 인간과 성령의 삶과 동일하게 보고 있다.[11]

창조 영성: 하나의 전통과 운동

폭스가 말하는 창조 영성은 창조와 우주에서부터 시작하는 삶을 선택하는 것이다. 이 양식은 물론 인간에게 부여된 여러 삶의 양식 중에서 다른 인간의 삶의 양식과는 구분된 것이다. 폭스는 성서에 나오는 창조에 관련된 구절들을 인용하면서, 이 세계는 무엇보다 세상 만물이 창조되어지고 나서 인간이 창조되었음에 주시하고 있다. 그래서 폭스는 우주론이 없는 인간론은 있을 수 없다고 주장한다. 마찬가지로 인간이 경험하는 기쁨과 슬픔, 즐거움과 고통과 같은 모든 인간적인 것들은 사실 역사의 한 부분이며 큰 우주의 아주 작은 부분의 하나라고 이해한다.

이런 의미에서 창조 영성은 새롭게 시작하는 삶의 길이 아니다. 이것은 단지 21세기 사람들에게는 새롭게 발견한 새로운 전통일 뿐이다. 폭스에 의하면 그 이유는 중세기 이후 인간 중심적인 인간중심문화가 창조 중심 문화를 '살해'하여, 창조 중심 문화를 압도하였기 때문이다. 그러나 창조 영성은 오래 전에 시작한 영성이다. 이 세상의 원주민들은 창조 영성을 소유하고 있다. 독일의 라인강변, 아프리카나 아시아의 원주민, 폴리네시아나 뉴질랜드, 오스트리아 원주민들은 그들의 예배나 기도, 경제활동, 정치, 도덕에 기초가 되는 우주론을 소유하고 있다. 이들의 공통점은 신이 어느 때나 어느

---

11) *Creation Spirituality*, p. 12–13.

장소에서든 뛰쳐나올 수 있다고 기대되었다. 세상을 이런 식으로 보는 것은 창조 중심적으로 세상을 바라보는 것이다.

이런 점에서 폭스의 창조 영성은 이원론을 극복하려고 시도한다. 폭스의 창조 영성은 자연주의 영성으로 이해할 수 있다. 왜냐하면, 인간과 우주 만물인 자연을 계급적으로 차이를 두지 않는다. 폭스가 주장하는 우주론의 핵심은 전통적 서구 사상의 이해였던 이원론이 아니라, 비이원론적으로 이해하고 있다. 카렌은 폭스의 창조 영성을 비판적으로 분석하기를 폭스가 시도한 것은 서구 기독교의 이원론의 극복이라고 주장한다.[42] 곧, 카렌이 지적하는 바는 생태학적 세계에 대한 장애물은 인간의 죄나 부정의가 아니라, 서구 세계의 이원론을 극복하는 것이다. 다시 말하면, 폭스가 주장하는 창조 영성은 자연주의 영성으로서, 이는 자연을 인간의 지위보다 낮은 단계로 인식하여, 이용대상으로 보는 것이 아니다. 그 대신, 폭스의 창조 영성은 자연과 인간과의 차이가 있다고 보는 것이 아닌, 일원론적 세계관을 기반으로 하고 있다.

폭스는 창조 영성의 주장이 하나의 운동으로 발전함을 목도하였다. 많은 사람들이 자신의 창조 전통을 접하고는 환희에 차서 이런 영성과 함께 나아가길 원하는 사람이 많아짐을 발견하였다. 이들은 창조 영성이 그들의 삶에 "촉촉함"(wetness)을 주는 것을 발견하고, 이것을 자신의 제도, 직업, 인간관계, 종교에 도입하길 원하고 있음을 발견했다.[43] 놀랄 정도의 많은 종류의 사람들이 함께 모여서 자신들의 삶의 현안들을 열정적으로 논의하고 경축하는 사람들이 무리들로 지속적으로 나타남을 목도하게 되었다. 그래서 점점 하나

---

12) Laurel Kearns, "Saving the Creation: Christian Environmentalism in the United States," *Sociology of Religion* vol. 57(Spring 1996), 74.
13) *Creation Spirituality*, 16.

의 운동의 형태로 점차적으로 발전하게 되었다.

창조 영성의 네 길(The Four Paths)

폭스는 자신의 창조 영성 전통의 뼈대를 "4개의 길 안에서의 영적 여정"으로 규정한다. 창조 영성의 영적 여정을 넷으로 구분하여 부르는 것은 매우 중요한 의미가 있다고 폭스는 보고 있다. 왜냐하면, 창조 영성의 각 특성을 서술하는 이름을 부여함으로 이에 관심 있는 사람들에게 의사소통할 수 있는 공통 언어를 제공하기 때문이다. 또한 창조 영성 전통의 다양한 표현 양식의 풍요로움으로 인해서, 잘못하다가는 네 개중의 하나의 영적 여정에만 몰입되어 다른 영역이 경시될 수 있기 때문이다.

폭스는 자신의 네 길의 창조 영성 영적 여정이 기존의 영적 여정과는 완전하게 구분되는 사고틀의 이동(paradigm shift)과 같다고 주장한다. 기존의 서구 전통에서 보는 영적 여정의 서술은 다음의 3단계로 서술한다: 정화(purgation), 조명(illumination), 일치(union). 이런 영적 여정은 직선적인 영적 발달을 전제하기에 적절하지 않다고 폭스는 비판한다. 폭스는 이런 서술은 성서적이지 않고 철학적이라고 비판하고 있다. 왜냐하면 플로티누스(Plotinus)란 신플라톤주의자인 철학자이며 신비가의 영향을 받은 영적 여정이기 때문이라는 것이다.

폭스가 이해하는 기존의 서구 영성의 핵심 내용인 3단계 서술이 관상(contemplation)에 있다는 비판적 시각 때문이기도 하다. 전통적 서구 영성이해인 정화, 조명, 일치가 지향하는 목표인 관상에 초점을 두게 되면, 삶의 현실에 벗어나 은둔적인 삶을 지향하게 되는 결과를 야기한다고 폭스는 비판한다.[44] 그래서 폭스는 자신의 창

---

14) *Original Blessing*, pp. 318-319.

조영성 전통은 은둔과 고립을 지향하기 보다는 인간의 세상에 적극적으로 참여함으로 말미암아, 기쁨과 즐거움, 창조와 정의를 고양시킨다고 주장한다.

폭스는 창조 영성의 네 길이 무엇을 중요하게 여기는 가를 서술하면서 기존의 기독교 영적 여정과 차별화를 시도하고 있다. 첫째 길은 경외와 기쁨(delight)을 중요하게 여기며, 둘째 길은 어둠, 고통, 떨쳐버림(letting go)를 중요시 한다. 셋째 길은 창조성과 상상력을 중요시하며, 넷째 길은 자비를 증가시키는 정의와 경축을 중요시한다. 폭스는 이 네 영적 여정의 길이 새로운 창조 이야기로 이해한다면, 하나의 온전한 새로운 문명이 태어날 수 있다는 비전을 강조한다. 폭스가 말하는 이상과 같은 새로운 창조 이야기에 근거한 새 문명을 경험하는 데는 역사적으로 "190억년"이 걸렸다며 자신의 창조 영성의 시대적·역사적 의의를 삼고 있다.[15]

폭스가 말하는 창조 영성은 위의 네 길로 구성되어 있다. 그래서 이 네 길의 각 영역에서 무엇을 말하는 지에 대한 서술이 필요하다. 그가 말하는 모든 진술은 이 네 길의 영역에서 유래하며 이 길들의 한 부분을 서술하고, 그에 대한 근거와 의의를 서술하는 것이기 때문이다.

무엇보다 먼저, 첫째 길은 '창조계를 벗삼기'이다. 여기서 강조하는 것은 하나님이 이 세상을 창조하신 창조력은 지금도 계속되고 있다고 본다. 예술가가 자신의 작품에 애정과 관심을 베풀듯이, 창조 영성은 하나님도 자신의 작품인 창조계에 대해 사랑하신다는 믿음의 토대 위에 기초하고 있다. 이러한 믿음으로 이 세상의 존재에 대해 긍정적으로 대하고, 죄악시 하는 것이 아니라, 하나님께서 우리에게 축복을 주신다고 여긴다. 폭스는 이러한 방법의 하나로, 창

---

15) *Creation Spirituality*, p. 18.

조계를 사랑하여 "사랑에 빠지기"(falling in love)를 제안한다.[16] 다른 존재와 사랑에 빠진다는 말은 이미 결혼 관계에 있는 사람들은 외설스럽다고 여길 수 있으나, 하늘의 별, 들판의 야생화, 하늘을 날며 아름다운 소리를 내는 새, 다른 인간 존재, 음악, 시, 그림, 춤 등 모든 이 세상의 창조계와 사랑의 관계에 들어가기를 권장한다. 이를 통해 하나님이 우리에게 주시는 기쁨과 즐거움을 갖는 일이 중요하다는 것이다. 그래서 이러한 창조 영성 여정은 창조물과의 관계에서 경이와 놀라움과 사랑에 빠지는 것을 통해 시작되고 지속된다. 폭스는 이것을 창조 영성의 첫 출발지로 생각하고 있다.

창조 영성의 둘째 여정은 '어둠(darkness)을 벗삼기'이다. 부정의 길이라고도 부른다. 위의 첫째 영정인 '창조계와 벗삼기'에서는 창조계와 인간의 육체가 거룩한 관계를 갖는 "우주적 넓이"와 관계 맺게 하는 것이라면, 둘째 여정은 "신적 깊이(depth)"를 열어준다고 할 수 있다.[17] 인생의 깊은 고통을 겪을 때에도 그 고통을 거부하지 않고 수용할 경우, 인간은 아주 미물에 불과함을 발견하게 된다. 기쁨과 환희에서처럼 어둠과 고통 속에서도 인간이 우주적 존재임을 발견하게 된다. 어둠은 피상적 존재에서 존재의 깊이로 나아가게 한다. 그래서 에크하르트는 "어둠이 영혼의 토대(ground)"라고 말했다. 어둠을 받아들인다는 것은 무의 세계에 들어가는 것이며 모든 것을 떨쳐버리고 무의 신비가 우리에게 작동하게 하는 일이다. 이 여정에서는 인간의 인위적 행위에 대한 언급보다는 공허, 무, 침묵 등이 주된 주제어가 된다.

폭스에게는 신비가가 된다는 것은 어둠의 세계를 맛보는 것을 의미한다. 좌절과 절망, 낙망의 세계에 들어가서 이들과 함께 머문다

---

16) 위 글, 19.
17) 매튜 폭스,『원복』, 황종렬 옮김, (왜관: 분도출판사, 2001), 139.

는 것은 글자 그대로 고통의 깜깜한 밤에 내팽켜쳐 있음을 의미한다. 고통을 경험하면서 이를 회피하지 않고 직면하면서도 그 영향이 나를 덮쳐오지 않게 할 수 있다면, 우리는 비록 고통가운데 있다 할지라도 그 어둠이 우리를 무너뜨리지 못한다고 폭스는 강조하고 있다. 이러한 어둠의 경험이 두 번째 영적 여정에서 일어난다. 이런 고통 속에 있을 때, 우리의 심장의 통증을 경험하게 되고, 이런 경험을 통해 자비(compassion, 긍휼)가 흘러나온다는 것이다. 그래서 폭스는 어둠으로 대표되는 고통을 두려워하지 말라고 권면한다.

이 둘째 영적 여정은 약간의 자세한 설명을 필요로 한다. 왜냐하면 그리스도교 전통에 이 어둠에 대한 요소가 결핍되어 있어, 낯설은 영역이라고 폭스는 이해하기 때문이다. 어둠의 영역에서는 이를 묘사할 단어의 부재를 의미하며, 침묵이 현존함을 말한다. 여기서는 모든 것을 떨쳐버리고 흘러 보내면서 단순히 있는 그대로를 수용하고 받아들임을 의미한다. 인간의 영혼이 의식의 표면에서 심층으로 들어가는 길은 인간이 알고 있는 모든 지식과 논리로 해결되지 않는 "어둠"이 상징하는 고통과 침묵을 통과해야 한다. 폭스는 영성의 심화를 위해서 이 부정의 길이란 요소가 필수적임을 강조하고 있다.

셋째 여정은 '창조성과 우리의 신성을 벗삼기'이다. 이 길을 창조의 길이라고 부른다. 앞의 첫째와 둘째의 여정을 거치면서 세째 여정으로 인도한다. 기쁨과 고통, 빛과 어둠, 우주와 공허 모두를 받아들이면서 제3의 것이 태어나도록 허용한다. 이 제3의 것이 바로 탄생 자체의 힘이라고 본다. 그는 이 힘이 인류의 상상력에서 솟아나오는 '다바르'(Dabhar, 히브리어, 생명력있는 말씀)라고 본다. 폭스는 모든 인간에게 존재하는 하나님의 형상(imago dei)을 창조주(Creator)의 형상으로 이해해야 할 필요가 있다고 주장한다.[18] 폭

---

18) Original Blessing, p. 175, Creation Spirituality, p. 22.

스는 모든 인간에게는 누구나 이 형상을 지니고 있기에 누구라도 이를 표출시킬 수 있는 잠재력이 있음을 강조하고 있다. 무언가를 낳는 것은 창조주의 영역으로 들어가서, '공동으로 창조'(co-creation)하는 의미가 있다.

폭스는 셋째 여정에서 강조하는 창조성을 우주의 에너지로 이해한다. 이 에너지는 우주 자체를 낳는다. 폭스에게 있어, 창조란 성서에서 말하는 것과 같이 무(ex nihilo)에서 이루어졌다고 본다. 창조란 전에는 아무 것도 없던 데서 무엇인가를 낳는 일이다. 어둠과 무(無)와 창조성 사이에는 필연적 연결이 있다고 폭스는 주장한다. 그래서 금욕주의를 경시한다. 금욕주의는 영성 생활을 이야기하면서도 인간의 기본적 생명 활동의 하나인 창조성을 억압하기 때문이다.

폭스는 명상(meditation)으로서의 예술(art)이 창조 영성의 실천에 기본적 기도의 형태로 추천한다. 명상을 통해 창조의 원천으로 돌아감과 중심을 향하도록(centering) 하기 때문이다. 상상(imagination)과 창조성(creativity)을 경축하면서 남자 여자 할 것 없이, 에카르트가 말한 하나님의 아들을 우리 자신 속에서 출산해야 한다고 주장한다. 이는 하나님의 창조력이 있는 말씀이 우리 안에 육화하는 것을 의미한다. 그래서 폭스는 창조성을 그림을 그리는 것과 같은 행위를 의미하지 않고, 우리의 정신의 심층에 존재하는 천사와 악마와의 싸움과 관련된 것으로 이해한다.[19] 인간의 심층에 존재하여 우리의 의식에 드러나지 않아 존재하지 않는 것으로 착각하게 만들므로, 더욱 우리의 의식에 깊은 영향력을 행사하는 존재인 '그림자'들을 다루는 일은 쉬운 일이 아님을 의미한다. 우리의 의식에게 의식의 심층에 존재하는 이런 '그림자'와 같은 세력들을

---

19) *Creation Spirituality*, p. 21.

억압하지 말고, 의식 위로 드러내어 직면하며 용기있게 다뤄야 창조성을 드러내는 것이라고 주장한다.

폭스의 넷째 길은 '새 창조계를 벗삼기'이다. 이 길에는 자비(compassion), 경축(cerebration), 에로스적 정의의 내용을 담고 있다. 이 여정을 변형의 길(via transformativa)이라 부른다. 폭스는 앞의 셋째 여정인 창조계와 벗삼기에서 모든 창조가 아름다운 것은 아니라고 말하고 있다. 그는 창조력 자체는 "비판과 방향"(direction)이 필요하다고 인정한다.[20] 폭스는 변형의 길이란 넷째 영적 여정으로써 그러한 방향을 제시한다.

또한 이 여정은 영성 여행의 처음으로 되돌아가게 한다. 변형의 길의 영향으로 새 창조계는 쇄신되어, 새로운 눈으로 세상을 바라보며 죄스럽거나 불의한 관계가 바로잡힌 창조계를 의미한다. 우주는 다시 고쳐지고 온전해진 우주가 된 것이다. 이 여정의 길은 지혜와 경축과 놀이에로의 귀환을 의미한다. 이러한 모든 행위들은 자비에로 이르게 한다. 폭스는 자비가 창조 영성 전통에서 인간과 신과의 결혼의 목표이며 이 때가 가장 에너지가 충만한 때임을 말하고 있다. 인간의 창조력이 자비를 사용하도록 해야, 파괴적으로 사용하지 않고 인간에게 축복을 가져오도록 한다는 것이다. 그렇지 않고 핵, 군비 경쟁 등에 투입하면 인류의 미래는 암담할 수 밖에 없다고 보기 때문이다.

폭스는 이 넷째 영적 여정에서 관상(contemplation)보다는 자비를 자신의 본래적 기원으로 되돌아가게 하는 영성 여정의 성취로 여긴다. 그는 마태 복음의 5장 48절에서 "하늘에 계신 너희 아버지께서 완전하신 것같이, 너희도 완전하여라"(새번역)란 구절의 '완전'이란 번역이 예수가 표현하려는 메시지가 충분하게 드러나지 않는

---

20) *Original Blessing*, 247; 『원복』, 268.

다고 본다.[21] 그래서 폭스는 누가 복음에서 하늘에 계신 "너희 아버지께서 자비로우신 것같이, 너희도 자비로운 사람이 되라"(6:36, 새번역)는 성서 구절을 들면서 자비에 대한 강조를 하고 있다. 그는 자비 속에서 "정의는 평화와 서로 입을 맞춘다"(시 85:10, 새번역)고 하며, 자비야 말로 영적으로 쇄신된 우리에게서 유래되는 행동이라고 이해하고 있다.

폭스는 자비가 영성 여정의 성취로 본다. 그 이유는 불의에 대해 가슴 아파하며 정의를 위해 나아가는 여행이 영적 여정에 통합적인 것이 되기 위해 절대적으로 필요하다고 폭스는 보기 때문이다.[22] 폭스는 자비를 단순한 심리학적 영역으로 이해하지 않고, 형이상학적으로 이해한다. 왜냐하면 그는 자비란 정의를 만들고 경축하는 것의 연합이라고 이해한다. 바로 이 점에서 창조 영성의 절정에 이른다. 폭스는 예언자들이 창조 중심적이었다고 강조한다. 약자이기에 사회에서 잊혀지고 억눌리는 '아나윔'(anawim)의 사람들은 창조 중심적이라고 말한다.[23] 왜냐하면 폭스 자신이 교권으로부터 억눌림을 받았고, 자신의 영적 스승인 마이스터 엑카르트도 교회의 재판을 통해 단죄를 받았던 점에서 이런 억눌린 자들에 대한 이해가 깊어진 듯하다. 그래서 그는 여성주의자, 제 3세계, 평신도들은 창조 중심 영성에 속한다고 본다. 왜냐하면, 억압받은자들이야말로 억눌림을 통해 참된 겸손을 배우게 되고, 참된 겸손이 그들의 삶이 되기 때문이다. 이들이야말로 자신의 고통을 통해 자비를 몸으로 경험하고 실천하는 사람들이라고 폭스는 보기 때문인듯 하다.

창조 영성의 4 길의 상호관계.

---

21) *Creation Spirituality*, 22.
22) 위 글.
23) Original Blessing, 265-276.

지금까지는 폭스의 창조 영성의 내용을 형성하는 4개의 영적 여정의 길이 의미하는 바를 살펴보았다. 이제는 4개의 영적 여정이 서로 어떤 관계를 갖고 있는가를 다루려고 한다. 그는 4개의 여정들이 서로 관계가 있는 하나의 성스런 고리(The Sacred Hoop)로 이해하고 있다.[24] 셋째 여정인 창조의 길과 첫째 여정인 긍정의 길은 독특한 관계에 있다. 왜냐하면 경이와 놀람, 기쁨과 아름다움의 경험과 관계되기 때문이다. 창조계를 경험하면서 놀람과 경이를 경험한다면, 음악이나 예술 활동을 하면서 새로움을 창조하는 것과 같이 서로 밀접한 관계가 있다는 것이다.

이와 마찬가지로, 둘째 여정인 부정의 길과 넷째 여정인 변형의 길이 서로 밀접하게 관련되어 있다. 넷째 여정의 특성인 자비는 둘째 여정의 특징적 표현인 자신의 고통과 수난이란 어둠을 거쳐보지 않은 사람은 자비로 들어갈 수 없기 때문이다. 정의를 위한 투쟁은 부정의를 경험함에서부터 시작된다. 이런 면에서 넷째 여정은 둘째 여정에서 겪게 되는 고통과 상처를 분노로 반발하지 않고 치료로 인도하는 창조적이고 효과적인 작업으로 대응하는 것을 말한다.

아래의 그림은 폭스가 말하는 창조 영성의 각 영적 여행의 길과 방향을 보여주고 있다.[25]

[그림1]에서 첫째 여정인 '긍정의 길'은 빛이 오는 남쪽으로 위치하고, 셋째 여정인 '창조의 길'은 새로운 날인 동쪽에 위치한다. 어둠과 겨울이 오는 방향인 북쪽은 둘째 여정인 '부정의 길'이 위치한다. 그리고 서쪽은 해가 지는 방향으로서 넷째 여정인 '변형의 길'이 위치한다. 이 그림의 화살표를 따라가보면, 맨 먼저 남쪽의 몸으

---

24) *Creation Spirituality*, 23.
25) 위 글, 24.

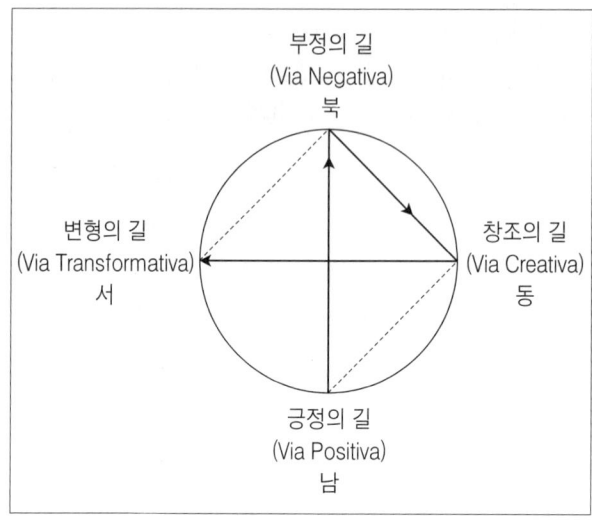

[그림1] 창조 영성의 원과 4길의 위치

로부터 북쪽의 머리와 동쪽으로 갔다가 서쪽으로 가게 된다. 이것은 새로운 "십자가의 표시"가 된다. 폭스는 자신의 이러한 창조 영성의 4여정을 설명하면서 자신의 창조 영성 전통이 본래의 예수의 가르침과 밀접하게 상응한다고 생각한다.

창조 영성과 예수와의 관계.

예수 그리스도께서 이 세상에 오신 것은 죄많은 인간들에게 치유와 구원을 주시기 위해서 오신 것이다. 예수께서는 생명과 치유, 구원을 이 세상에 허락하시기 위해 화육하신 하나님이시다. 폭스는 예수께서 이 세상을 사랑하셔서 몸소 오셔서 화육하신 것은 자신의 창조세계인 피조물에 대한 관심과 사랑을 보여주신 것이라고 주장한다.[26] 예수께서 이 세상에 오심과 피조물에 대한 강조는 폭스의 창조 영성의 첫째 여정에 해당한다.

둘째 여정에서는 예수께서 십자가의 도를 보여주셨다. 십자가를 창조와 화육의 맥락 밖에서 거론하는 것은 복음의 기쁜 소식을 왜곡

---

26) 『원복』, 131-133.

하는 것이다. 폭스는 오해와 버림받음을 상징하는 십자가가 "치유와 속량을 일깨우고 이루어내는 … 두드러진 힘"을 지니고 있음을 강조한다.[27] 예수의 버림받음과 죽음은 창조의 세계가 의미하는 빛과 기쁨의 영역에 대한 역설을 여지없이 드러내고 있다. 그러나 예수 그리스도의 삶이 의미하는 바는 비록 죽음과 같은 버림받음일지라도 종국에는 죽음으로부터의 해방이요, 자유를 가져옴을 보여준다. 그리하여 죽음에 직면하는 어려움도 인간의 구원을 위한 하나님의 도구임을 깨닫게 한다.

셋째 여정은 창조성과 관계가 있다. 인간에게 있는 가진 신성(divine)의 자각이 창조성의 여정에 중요한 깃점이 된다. 왜냐하면, 신적 상상력으로 신성 속으로 성장할 수 있게 만드는 선택을 가능하게 만들기 때문이다.[28] 그래서 이런 창조성에로 선택할 수 있다는 자신감과 신뢰가 이 여정의 성공에 중요한 토대가 된다. 그런데 예수님은 이런 인간의 창조성 구현에 원형적 모습을 보여준다. 왜냐하면 그분은 하나님의 형상이시기 때문이다. "그 아들은 보이지 않는 하나님의 형상이시오, 모든 피조물보다 먼저 나신 분이십니다"(골로새서 1:15, 새번역). 그래서 예수님은 내면에 예술가적 품성을 십이분 발휘하여 사람들과 대화하며 가르치실 때 자연의 사물들에게서 따온 비유를 자유롭고 적절하게 사용하셨다.

폭스는 예수님은 인간의 신적 창조력을 일깨울 뿐만 아니라, 신적 형상도 일깨워주신다고 주장한다. 그래서 인간이 하나님과 공동창조의 여정에로 부름을 받았다.[29] 모든 창조는 수고를 내포하고, 파괴와 깊은 고통을 드러내는 것이다. 이런 점에서 창조는 부활을

---

27) 『원복』, 178-9.
28) 『원복』, 254-255.
29) 『원복』, 256.

의미한다.

  넷째 여정은 변형(transformation)의 여정이다. 폭스는 사랑의 반대가 미움이 아니라 차가움으로 이해한다. 곧 자비의 부재를 의미하는 것이다. 그래서 폭스는 "폭력과 이원론이 자비와 정의의 실천 거부가 세계의 질서와 기초를 흔들어 놓는" 큰 죄로 이해하고 있다.[30] 이 세계에서는 어느 누구도 고립되어 살 수 없다. 그러기에 전지구적 차원의 성장과 평화를 위해서 '자비'를 실천하는 투쟁에 나서야 한다는 것이다. 이런 점에서 예수는 참 하나님의 아들로서 자비로운 분이시다. 예수께서 성령을 통해 탄생하였다는 것은 '창조계의 원탄생처럼 우주적 사건'이 된다.[31] 성령 잉태의 사건은 '새 창조 자체가 되는 사건'이다.

  예수의 공생애는 유대교의 종교자체의 변혁을 지향했다고 할 수 있다. 예수님은 이 일을 하시는 데에 성령의 인도하심을 받았다. 예수님은 성령의 역사로 우리와 함께 하고 계시다. 오늘을 사는 우리들은 성령의 강림을 기다리고, 영의 부름에 응답하며 자비로운 삶을 살아가는 생활양식의 변화가 일어나고 있다. 곧 성령의 역사에 자비로 응답하며 자신의 종교와 세계의 변혁을 위해 수고하는 삶이다. 넷째 여정인 변형의 여정에서 창조 영성은 절정에 도달한다.

  이 네 여정은 각기 따로 존재하는 것이 아니고, 서로 유기적으로 연결되어 있다. 그래서 어느 하나 만을 가지고 창조 영성의 두드려진 특성으로 부각시킬 수 없다. 이 점이 폭스의 창조 영성이 세상과 분리되는 것이 아니라, 인간 역사 현실에 참여하여 세상의 변혁을 추구하고 있다. 이런 창조 영성의 역동성이 현 그리스도교가 개인 구원 지향이거나 또는 이와 반대로 사회 참여 지향적 경향의 교회

---

30) 『원복』, 322.
31) 『원복』, 326.

모두에게 시사하는 바가 지대하다. 왜냐하면 참다운 영성은 이 둘의 양자 택일에 있지 아니하고 통합지향과 관계가 깊기 때문이다.

나가는 말: 창조 영성의 미래.

지금까지 폭스의 창조 영성의 내용을 다루었다. 그는 자신의 주장이 기존의 교리적 종교로부터 생명과 지혜를 고양하는 종교로 개혁되기를 소망하고 노력했다. 이런 과정에서 교권의 압력에도 굴하지 않고 자신의 소신대로 나아가는 예언자적인 자세의 삶을 살아왔다. 폭스는 그의 저서 전반을 통해서 반복해서 주장하고 있는 바는 성서에는 창조로부터 시작하고 있으나, 서구 기독교는 타락과 구원에만 집중되어 있다는 것이다. 그리고 이 폐해가 매우 심각함을 절감하고서 자신이 사랑하는 그리스도교가 보다 제도화된 종교가 아니라, 온전한 '그리스도'가 살아 숨쉬는 생명과 지혜를 사랑하는 그리스도교가 되길 바라는 마음에서 자신의 노력을 기울여왔다.

폭스의 창조 영성은 필자가 공동으로 수행하는 연구과제의 방향에 주요한 이론적 틀을 제공한다. 왜냐하면 가톨릭 · 불교 · 개신교 연합연구과제의 핵심은 각 종교의 생태학적인 영성을 연구하고 발굴하고 정리하여 현상태의 종교에서 보다 자연주의적인 종교로 나아가도록 기여하는 데 목적과 부합하기 때문이다. 가톨릭과 개신교의 그리스도교의 신학 사상에 대한 비판적 대안을 제시한 폭스의 창조 영성 사상에 대한 연구를 통해 그의 자연주의적인 신학적 사고와 자연 친화적 삶의 양태를 다루면서 생태학적 종교의 가능성을 고찰하였다.

폭스는 인생의 후반기에 접어든 후에도 창조 영성을 소개하고 발전시키는 일을 계속하고 있다. 2005년 5월 20일 폭스는 독일에 여행하게 되었다. 에르프르트(Erfurt) 시에 있는 비텐베르크 성당의

문에 자신이 이제까지 주장해온 주요 내용을 "95개조 명제"로 만들어, 독일어로 번역된 종이를 못을 박아 거는 상징적 의식을 거행하였다. 마치 500여년 전에 마틴 루터가 했던 것을 상상하면서 말이다. 아마 그는 이런 상징적 의식을 통해, 오늘의 그리스도교가 종교에서 영성으로 가야함을 그의 삶과 사상을 통해 주장하려고 했던 것을 상징적으로 구현한 듯하다. 우연의 일치인지 모르겠지만, 에르푸르트 도시는 마틴 루터가 신부로 훈련받고 안수받은 곳이기도 하다. 또한 이 도시는 폭스의 사상적 근원이며 자주 인용하는 사상가인 마이스터 에카르트가 루터보다 약 150여년 전에 이 도시에서 약4년간 활동했던 곳이기도 하다.

이런 활동에 대한 내용을 담고 있는 폭스의 최근 책인 『새로운 종교개혁: 창조영성과 그리스도교의 변형』(A New Reformation: Creation Spirituality and the Transformation of Christianity)에서 있는 95개의 명제 중 첫째가 "하나님은 어머니이시며 아버지이시다"(God is both Mother and Father)이다.[32] 현재의 그리스도교가 신앙하는 "하나님 아버지"에 비해 폭스는 여성적 품성인 '어머니'를 먼저 내세우는 것 하나를 보아도 그가 기존의 그리스도교와 크게 차별화하려고 노력하고 있음이 드러난다. 마지막 95번째 명제는 "참된 지성은 감성, 감수성, 아름다움, 양육의 은사, 그리고 성령의 은사의 하나인 유머를 포함한다."[33]

그는 2006년 초에 그가 가르치던 창조 영성 대학에서 물러났다. 요즘은 현역에서 물러나 저술과 강의와 강연을 주로 하고 있다.[34] 그는 그가 주장해온 창조 영성의 4 여정을 이론적 주장으로서 머물

---

32) Matthew Fox, *A New Reformation: Creation Spirituality and the Transformation of Christianity*, (Rochester, Vermont: Inner Traditions, 2006), 61.
33) "True intelligence includes feeling, sensitivity, beauty, the gift of nourishment, and humor, which is a gift of the Spirit(paradox being its sister." *A New Reformation*, 108.

기보다, 실제로 하나의 의식에 통합하여 참가자들이 창조 영성의 경험을 직접 체험하도록 하는 '우주의 성찬식'(The Cosmic Mass)을 조직하고 연출하였다. 그래서 미국과 캐나다의 여러 도시의 극장에서 공연하였는데, 참가자가 예상보다 많이 와서 적지 않은 사람들이 입장하지 못하고 돌아가는 일이 빈발하였다. 이런 좋은 반응에 고무되어 폭스는 이런 창조 영성 예배 의식을 개별적으로 기획하고 연출할 수 있는 지도자를 교육시키는 일에도 깊이 관여하고 있다.

그는 신학자로서 또한 교육자로서 자신의 삶을 살아왔다. 그러나 최근의 연구들에서 중·고등학교 학생들이나, 대학교 학생들이 학교생활에서 만족 못하고 있음이 보고되고 있다. 그래서 폭스는 자신의 창조 영성적 관점에서 교육을 개혁해야 한다고 보며 이를 위해 노력하고 있다. 이러한 노력이 최근의 저서 『선조의 지혜에 근거하는 교육과제』(The A.W.E. Project: Reinventing Education Reinventing the Human, 2006)에서 구체화되고 있다.

최대광은 폭스의 창조 영성을 개괄하는 논문에서 다음과 같이 창조 영성을 평가하고 있다.

> 폭스의 창조 영성이라는 말은 '성육신'적 사건임과 동시에 새로운 문화와 문명을 건설한다는 사회 참여적 영성이기에, 관상(하나님의 창조적 에너지의 분출을 받음)과 활동(인간의 재창조)을 하나로 묶는 영성이라는 것이며, 타락/구속의 영성 전통이 주체를 상당히 마이크로한 영역에서 재구성하는 것과는 달리, 창조 영성은 하나님, 타자, 생태계

---

34) 필자가 학진연구기금의 지원으로 연구과제 수행을 위해 미국을 방문했을 때, 폭스를 그가 기거하고 있는 캘리포니아주의 오클랜드시를 방문하고 그의 사무실(Friends of Creation Spirituality)에서 면담하였다. 그는 면담 당시에는 자신이 키워온 지혜대학(Wisdom University)에서 사임하였을 때였다. 폭스는 자신의 창조 영성이 이론으로서뿐 아니라, 교회와 사회에서의 삶에 대한 구체적 적용가능한 영역에 대해 작업하고 있었다. 구체적인 것이 우주적 성찬식의례의 실시와 지도자 교육, 교육에서 창조영성의 원리를 반영하는 과제 등이다.

그리고 문명을 하나로 묶는 상당히 매크로한 영역에서 재구성하는 것이라고 할 수 있다.[35]

이같은 최대광의 평가처럼, 종래의 전통 영성이 미시적 영역에서 인간의 문제에 관심을 기울었다면, 폭스의 창조 영성은 인간의 미시적 영역보다, 하나님, 다른 인간, 생태계, 인간이 창조해 놓은 문명까지를 포괄하여 보려는 새로운 시도라고 볼 수 있다. 그리고 폭스의 주장이 종래의 그리스도교 정체성에 지대한 영향을 미칠 수 있음이 로마 교황청의 그의 활동에 대한 민감한 반응에서도 엿볼 수 있다.

폭스의 창조 영성이 현 그리스도교의 개혁에 큰 가능성을 보이고 있다. 그러나 그의 주장이 현 그리스도교의 개혁을 이루어내며 생태적 성향으로 바꿀지는 조금 더 지켜봐야 할 것이다. 이는 폭스 개인의 문제만이 아니라, 그리스도교인들에게 맡겨진 과제이기 때문이다.

참고자료.

길희성.『마이스터 엑카르트의 영성 사상』왜관: 분도, 2003.
마르티, 쿠르트.『창조신앙: 하느님의 생태학』분도소책 63. 이제민 옮김.
    왜관: 분도, 1995.
바이네르트, W.『창조신앙: 그리스도 중심의 창조론 입문』심상태 옮김.
    서울: 바오로딸, 1986.
박 석.「명상의 위대성과 위험성: 명상계의 성숙을 위하여」『현대신학의 동향』제3회 미래사회와 종교성 심포지엄 "한국사회의 영성적 흐름 이대로 좋은가?" 자료집(2006년 6월 3일): 13-36.
이정배.『종교와 과학의 대화에 근거한 기독교 자연신학』서울: 대한기독교서회, 2005.
    _____.「토착화 신학의 영성탐구: 퇴계의 '경' 사상과 '창조 영

---

35) 최대광,「창조영성과 영성에 대한 학문적 연구」, 216-7.

성'의 만남」『조직신학속의 영성』조직신학논총 7집(2002): 232-253.
최 대광. "창조영성과 영성에 대한 학문적 연구"『현대신학의 동향』
조직신학논총 8집(2003): 196-222.
Fox, Matthew. The A.W.E. Project: Reinventing Education Reinventing the Human. Kelowna, British Columbia: CopperHouse, 2006.

_____. A New Reformation: Creation Spirituality and the Transformation of Christianity. Rochester, Vermont: Inner Traditions, 2006.

_____. Wrestling with the Prophets: Essays on Creation Spirituality and Everyday Life. New York: HarperSanFrancisco, 1995: 156-163. "해방신학과 창조영성",『세계의 신학』(98년 겨울): 183-191. 김순현 옮김,

_____. Creation Spirituality: Liberating Gifts for the Peoples of the Earth, New York: HarperSanFrancisco, 1991.

_____. The Coming of the Cosmic Christ: The Healing of Mother Earth and the Birth of a Global Renaissance. SanFrancisco: Harper & Row, 1988. 매튜 폭스.『우주 그리스도의 도래: 어머니 땅의 치유와 지구 르네상스의 탄생』송형만 옮김. 왜관: 분도, 2002.

_____. Original Blessing: A Primer in Creation Spirituality Presented in Four Paths, Twenty-Six Themes, and Two Questions. Santa Fe, NM: Bear & Company, Inc., 1983. 매튜 폭스,『원복: 두 물음을 던지고는 네 길, 스물 여섯 마당을 넘나드는 창조영성 길라잡이』황종렬 옮김. 왜관: 분도, 2001.

_____. Meditations with Meister Eckhart. Introduction and Version by Matthew Fox. Rochester, Vermon: Bear & Company, 1983.

_____. Breakthrough: Meister Eckhart's Creation Spirituality in New Translation. Introduction and Commentaries by Matthew Fox. New York: Doubleday, 1980.

_____. A Spirituality Named Compassion and the Healing of the Global Village, Humpty Dumpty And Us. SanFrancisco: Harper & Row, 1979. 『영성: 자비의 힘』김순현 옮김. 서울: 다산글방, 2002.

Kearns, Laurel. "Saving the Creation: Christian Environmentalism in the United States," Sociology of Religion vol. 57(Spring 1996): 55-70.

자연영성과 신앙적 삶

노용필

김치온

정홍규

성 프란치스코의 자연 영성과
한국 프란치스칸의 수도생활

노용필(가톨릭대학교)

I. 머리말

아시시의 성 프란치스코(1182~1226)는 모든 것이 같은 근원에서 생겨난다는 인식을 지니고 있었으므로 아주 미미한 피조물도 형제·자매라고 부를 만큼, 그리스도의 형상으로서, 성경에 나오는 피조물에 대한 가장 온화한 동정심을 드러냈으며,[1] 모든 것을 선하다고 보기 때문에 그의 신학은 하나의 인간학을 함축하고 있을 뿐만 아니라 현대에 이르러서는 생태학으로 연결된다.[2] 그런데 생태학(에콜로기, Ökologie)이란 용어는 본디 '집'이라는 의미의 그리스어 오이코스(oikos)에서 파생된 것이므로, 글자 그대로 '집에 관한 학문'을 뜻하며, 이 '집'은 『성경』, 「시편」 104편의 의미에서 볼 때[3] 철저히 창조의 집을 말하는 것이기 때문에, 따라서 생태학은 모든 생명체가 사는 환경의 집에서 모든 생명체의 공동생활에 대하여 인식하는 학문이다.[4]

---

1) 성 보나벤뚜라, 『보나벤뚜라에 의한 아씨시의 성 프란치스코 대전기』, 권숙애 옮김, 분도출판사, 1979, 91쪽. 보나벤투라는 1263년에 성 프란치스코 전기를 썼는데, 3년 후에는 이것이 유일하게 권위 있는 전기임이 공식적으로 선언되었다고 한다. 미르치아 엘리아데, 『세계종교사상사 3—무함마드에서 종교개혁의 시대까지』, 박규태 옮김, 이학사, 2005, 304쪽.
2) 호세 메리노, 『프란치스칸 사상에 비추어 본 인간을 위한 미래 건설』, 김현태 옮김, 분도출판사, 1990, 85쪽.
3) 「시편」 104편에서 피조물들의 자연 영성과 관련하여 가장 대표적인 구절은 특히 24절로 판단된다. 『성경』, 한국천주교주교회의, 2005, 1355쪽. 원문은 다음과 같다. "[…]주님, 당신의 업적들이 얼마나 많습니까! 그 모든 것을 당신 슬기로 이루시어 세상이 당신의 조물들로 가득합니다.[…]"

이 생태학에서는 자연을 서로 구별하기는 하지만 결국은 하나인 유기적 총체로 보는데, 대부분의 그리스도교 신학이 창조의 신비보다는 구원의 신비에 더 큰 관심을 기울였음에도 불구하고, 구원과 창조를 연결 지으려는 흐름이 있어 왔고, 이 흐름은 다름 아닌 바로 성 프란치스코에게서 비롯된 것이었다.[5] 게다가 그는 하느님 앞에서는 물론이고, 형제들 앞에서나 동물과 사물들 앞에서도 언제나 현존을 느끼면서 애정과 성실성을 다해 다가가고는 하였으므로, 그의 현존 의식에서 유래되는 인간학적 태도는 전 인류에게 귀감이 될 만하다.[6] 한마디로 아시시의 프란치스코는 서구 문화에서 자연과의 형제애를 모범적으로 보여 준 전형적인 인물이기에, 그를 생태학의 수호성인으로 선포하기에 이르렀던 것이다.[7] 이러한 평가의 구체적인 면면은 다음과 같은 교황 요한 바오로 2세의 담화문에서 여실히 드러나고 있다.

· · · · · · · · · · · ·

1979년에 저는 아시시의 성 프란치스코를 자연 환경을 증진시키는 사람들의 천상 수호자로 선포하였습니다(사도적 서한 Inter Sanctos, AAS 71, 1979, 1509면 이하 참조). 그분은 그리스도인들에게 모든 피조물을 참으로 깊이 존중하는 모범을 보여 주고 계십니다. 하느님의 피조물들에게 사랑을 받았던 가난한 사람들의 친구 성 프란치스코께서는 모든 피조물들을—동물들과 식물들, 온갖 자연들, 형제자매인 해와 달까지—초대하여 주님께 영

---

4) 쿠르트 마르티, 『창조 신앙—하느님의 생태학』, 이제민 옮김, 분도출판사, 1995, 81쪽.
5) 레오나르도 보프, 『생태 신학』, 김항섭 옮김, 가톨릭출판사, 1996, 53쪽.
6) 김현태, 「프란치스칸 사상 안에서의 인간의 문제」, 『프란치스칸 삶과 사상』 제1호(1992), 프란치스칸사상연구소; 개제, 「프란치스칸 사상 안에서 인간 문제와 스코투스의 인간학」, 『둔스 스코투스의 철학 사상』, 가톨릭대학교출판부, 1994, 137쪽.
7) 레오나르도 보프, 『생태 신학』, 김항섭 옮김, 가톨릭출판사, 1996, 59쪽.

광을 드리고 주님을 찬미하셨습니다. 아시시의 그 가난한 사람은 우리가 하느님과 평화를 이룰 때에 모든 민족들 간의 평화와 떼어 놓을 수 없는 모든 피조물과의 저 평화를 이룩하는 데에 우리 자신을 더욱 훌륭하게 헌신할 수 있다는 놀라운 증거를 보여 주고 계십니다.

성 프란치스코의 영감이 전능하신 하느님께서 창조하신 저 선하고 아름다운 모든 피조물과 더불어 더더욱 생생한 "형제애"의 의식을 지켜 나가도록 우리를 도와주게 되기를 바랍니다. 그리고 성인께서 인류 가족 안에 존재하는 저 위대하고도 숭고한 형제애에 비추어 모든 피조물을 존중하고 보살펴야 할 우리의 중대한 의무를 끊임없이 깨우쳐 주시기를 빕니다.

바티칸에서, 1989년 12월 8일
교황 요한 바오로 2세[8]

· · · · · · · · · · · ·

이 담화문이 무엇보다도 강조하고 있는 것은, "모든 피조물과 더불어[…]위대하고도 숭고한 형제애에 비추어 모든 피조물을 존중하고 보살펴야 할 우리의 중대한 의무"라고 하겠다. 물론 1939년 교황 비오 12세에 의해 이탈리아의 주보성인으로 정해졌던 성 프란치스코는, 1979년 11월 29일 교황 요한 바오로 2세가 로마 성 베드로 광장에서 생태학의 주보성인으로 선포하였으므로 1980월 4월 6일

---

8) 세계 평화의 날(1990.1.1) 교황 담화문, 「창조주 하느님과 함께 하는 평화, 모든 피조물과 함께 하는 평화」, 『한국천주교중앙협의회 회보』제56호(1990.1.1), 4~5쪽.

9) Agostino Cardinal Casaroli, "Francis: Patron Saint of Ecology", The Cord: A Franciscan Spiritual Review, Vol.30, No.8(1980/9), Franciscan Institute, p.236.

의 부활절부터 이렇게 불리게 되었던 것이다.[9]

이렇듯이 생태학의 주보성인으로 추앙되는 성 프란치스코의 자연 영성과 관련하여, 그간 그의 자연에 대한 인식 및 보편적 형제애를 정리한 글[10]이나 생태학적 자연관 영성 윤리에 관한 연구[11]가 있기는 했지만, 그의 자연 영성을 따르는 한국의 프란치스칸들이 어떻게 생활 속에서 이를 실천하려고 하였는지에 관해서는 지금까지 연구된 바가 전혀 없다. 그러므로 기왕의 연구 성과들을 토대로 삼아, 먼저 성 프란치스코의 자연 영성의 요체가 무엇인지를 정리한 뒤, 프란치스칸 수도회들의 한국 설립은 어떻게 이루어졌으며 그 활동상은 어떠했는지를 살펴보고, 한국 프란치스칸 수도자들의 자연 영성 생활의 면면을 「회칙」 및 「회헌」 등에 나타나는 바를 중심으로 밝혀 보고자 한다.

Ⅱ. 성 프란치스코의 자연 영성

프란치스코는 1181년경 아시시의 유복한 의류 상인 가정에서 태어나 잔치와 향락을 좋아하는 사람이었는데, 기사의 영예가 탐이 나서 전쟁에 참가하게 되었지만 전쟁에서 부상을 입고 포로가 되었다가 아시시로 돌아온 이후 그의 삶이 바뀌기 시작하였다.[12] 그리하여

---

10) 민성기, 「프란치스코와 自然 그리고 普遍的 兄弟愛」, 『신학전망』 123호(1998), 광주가톨릭대학교출판부; 개제, 「모든 피조물에게서 찬미를 받으소서—프란치스코와 자연 그리고 보편적 형제애」, 『프란치스칸 삶과 사상』, 2000 특집호.
11) 오갑현, 「성 프란치스코의 생태학적 자연관과 영성윤리」, 『가톨릭 신학과 사상』 제25호(1998/가을), 가톨릭대학교출판부.
12) 알란 수레크, 『가톨릭 교회사』, 박정수 옮김, 가톨릭출판사, 2000, 77쪽.
13) 「마태오 복음서」 10장 7절~10절, 『성경』, 한국천주교주교회의, 2005, 21~22쪽. 원문은 다음과 같다. "가서 '하늘 나라가 가까이 왔다' 하고 선포하여라. 앓는 이들을 고쳐 주고 죽은 이들을 일으켜 주어라. 나병 환자들을 깨끗하게 해 주고 마귀들을 쫓아내어라. 너희가 거저 받았으니 거저 주어라. 전대에 금도 은도 구리 돈도 지니지 마라. 여행 보따리도 여벌 옷도 신발도 지팡이도 지니지 마라."

그는 1205년 처음으로 로마를 성지순례하고 돌아온 후, 은자 생활을 하다가 1209년에 이르러 예수가 12사도를 파견하며 '거저 주라'는 것을 강조한 말씀[13]에서 자신의 참된 사명을 깨달았다. 그래서 이후 그는 예수 그리스도가 사도들에게 한 이 말을 문자 그대로 충실하게 따랐다.[14] 이러한 그에게 감명을 받은 몇몇 제자들이 모여들기 시작하였고, 이를 유지해 나가기 위해 상당히 짤막하고 요약적인 회칙을 만들게 되었다. 그리하여 프란치스코는 이후 순회 설교가로서 일하게 되면서, 최초로 공인된 탁발 수도회(托鉢修道會, Ordines mendicantes)의 창시자가 되었다.[15] 프란치스코의 자그마한 공동체에서 시작된 이 수도회는 중세를 통틀어 그 구성원의 인적인 숫자에 있어 가장 거대할 뿐만 아니라 영향력에 있어서도 동시대에 그 어느 수도회와도 견줄 수 없을 정도로 큰 단체로 성장해 갔다.[16]

이 무렵 프란치스코는 경험적 사실에 근거해서 답을 제시했다. 그리스도에게 이르는 좁은 길을 찾으려 고난의 삶을 살아가는 가난한 사람들을 도와주기 위해서는, 수도사들도 그들처럼 가난해야 하고 또 이런 식의 실천적인 본보기를 통해서만 가난한 사람들에게 가난은 성스러운 것이고 심지어 기쁘다는 것을 보여 줄 수 있다고 생각했던 것이다. 타고난 스승이었던 프란치스코는 언제나 훈시보다 훨씬 효과적인 것이 본보기라고 생각했다.[17] 이에 자신감을 얻은 프

---

14) 프란치스코의 생애와 영성에 관한 많은 기록들은 13세기에 프란치스코회 수도사들에 의해 수집되어 널리 퍼졌으며, 14세기에 『성 프란치스코의 작은 꽃들』이라는 제목으로 간행된 민중설화집에는 프란치스코와 그의 제자들이 예수와 사도들에 비유되고 있다. 미르치아 엘리아데, 『세계종교사상사』 3, 박규태 옮김, 이학사, 2005, 303쪽; 성 프란치스꼬회 한국관구, 『성 프란치스꼬의 잔 꽃송이』, 분도출판사, 1975. 구체적인 내용에 대한 상세한 설명은 전 안젤로, 「서문」, 7~17쪽이 참고가 된다.
15) 전달수 엮음, 『교황사』 가톨릭출판사, 1996, 201쪽. 이외에도 성 도미니코도 이 때에 똑같이 공인받아 도미니코회를 창설하게 되었다.
16) 알란 수레크, 『가톨릭 교회사』, 박정수 옮김, 가톨릭출판사, 2000, 78쪽.
17) 크리스토퍼 브룩, 『수도원의 탄생—유럽을 만든 은둔자들』, 이한우 옮김, 청년사, 2005, 296~297쪽.

란치스코는 이어서 1212년과 1214년에 이슬람교도들을 회두시키겠다는 뜻을 품고 중동으로 가려는 무모한 계획을 세운 적도 있었고, 이 계획이 1219년에 성사되었을 때는 술탄 앞에서 강론을 하기도 하였지만 결국에는 목적을 이루지 못하고 이탈리아로 돌아와야만 했었다.[18] 이러한 쓰라린 경험들을 토대로, 이후 프란치스코는 당시 자신의 '교단' 안에 있었던 모든 신분의 사람들을 다 끌어안을 수 있었다. 그리하여 그의 첫 번째 수도회는 독신생활을 하는 탁발 수도사들로 구성되었고, (프란치스코조차도 탁발 행각을 하는 여자들의 무리를 종교적인 수도회로 인정해 줄 수 없었기 때문에) 두 번째 수도회, 즉 제2회인 글라라회는 엄격한 봉쇄생활을 하는 수녀들로 구성되었으며, 끝으로 단순한 생활규칙에 따라서 생활하는 기혼자들로 세 번째 수도회인 제3회가 구성되었다.[19]

1217년에는 피렌체에서 우골리노 추기경과 친분 관계를 맺게 되었는데, 이후 그는 열렬한 후원자이자 친구로서 프란치스코를 적극 도와주고 프란치스코회를 비호해 주었다. 더욱이 1223년에는 새로운 회칙이 교황 호노리오 3세(제177대, 1216.7.8~1227.3.18)에 의해 허가를 받게 되었지만, 그 자신은 수도회의 책임자 자리에서 물러나 다음 해부터 베로나에 은둔하였다. 바로 이곳에서 그는 십자가에 박힌 예수 그리스도의 못 자국 그대로인 성흔(聖痕, Stigma) 즉 오상(五傷)을 받았는데,[20] 이는 그리스도교 영성사에 있어 공적으로 그리스도의 수난의 표시를 받은 첫 사례로 높이 기록되어 있다.[21]

---

18) 전달수, 『그리스도교 영성 역사』 2, 가톨릭출판사, 2005, 29~30쪽.
19) 크리스토퍼 브룩, 『수도원의 탄생—유럽을 만든 은둔자들』, 이한우 옮김, 청년사, 2005, 297쪽.
20) 예수 그리스도가 십자가에 박힌 후 남은 다섯 군데의 상처 즉 오상(五傷)처럼, 성 프란치스코에게도 손등과 발등에는 못 머리 모양의 상처가, 손바닥과 발바닥에는 못 끝 모양의 상처가, 오른쪽 옆구리는 창에 찔린 것 같은 상처가 있어 그곳에서 피가 흘러내렸다고 그의 전기는 전하고 있다. 『성 보나벤뚜라가 쓴 성 프란치스코의 소전기』; 『프란치스칸 시간 전례서(프란치스칸 가족을 위한 성무일도)』, 한국 프란치스칸 가족(익산 성 글라라 수도원), 2000, 180~182쪽 참조.

그 후 중병에 걸려 거의 맹인이 되다시피 한 상황에서 「태양의 노래」 등을 써서 남겼다.[22] 이 가운데 다음과 같은 「태양의 노래」가 그의 자연 영성을 잘 드러내 주는 것으로 정평이 나 있다.

「태양의 노래」

(A) 지극히 높으시고 전능하시고 자비하신 주여!
찬미와 영광과 칭송과 온갖 좋은 것이 당신의 것이옵고
호올로 당신께만 드려져야 마땅하오니 지존이시여!
사람은 누구도 당신 이름을 부르기조차 부당하여이다

내 주여! 당신의 모든 피조물 그 중에도
언니 햇님에게서 찬미를 받으사이다
그로해 낮이 되고 그로써 당신이 우리를 비추시는
그 아름다운 몸, 장엄한 광채에 번쩍거리며
당신의 보람을 지니나이다 지존하신 이여!

누나 달이며 별들의 찬미를 내 주여, 받으소서
빛 맑고 절묘하고 어여쁜 저들을
하늘에 마련 하셨음이니이다

언니 바람과 공기와 구름과 개인 날씨
그리고 사시사철의 찬미를 내 주여, 받으소서
당신이 만드신 모든 것을 저들로써 기르심이니이다

---

21) 전달수, 『그리스도교 영성 역사』 2, 가톨릭출판사, 2005, 30쪽. 그리고 헤수스 알바레스 고메스, 『수도생활 역사』 II, 강운자 편역, 성바오로, 2002, 222쪽에 따르면, 이는 "교회 역사에서도 처음 있는 일이었"으며, "그는 오상을 받았던 첫 사람이었고 원형이었다"고 한다. 한편 그것은 그 후의 역사에서도 되풀이되어 현재까지 백 명 이상의 프란치스코 회원들이 성흔의 은총을 받았다고 한다. 조던 오먼, 『가톨릭 傳統과 그리스도교 靈性』, 이홍근·이영희 옮김, 분도출판사, 1991; 신정판, 1998, 188쪽.

쓰임 많고 겸손되고 값지고도 조촐한 누나
물에게서 내 주여, 찬미를 받으시옵소서

아리땁고 재롱 피고 힘 세고 용감한 언니
불의 찬미함을 내 주여, 받으소서
그로써 당신은 밤을 밝혀 주시나이다
내 주여, 누나요 우리 어미인 땅의 찬미 받으소서
그는 우리를 싣고 다스리며 울긋불긋 꽃들과
풀들과 모든 가지 과일을 낳아줍니다

(B) 당신 사랑 까닭에 남을 용서해주며 약함과
괴로움을 견디어내는 그들에게서 내 주여, 찬양 받으소서
평화로이 참는 자들이 복되오리니
지존이여! 당신께 면류관을 받으리로소이다

(C) 내 주여! 목숨 있는 어느 사람도 벗어나지 못하는
육체의 우리 죽음, 그 누나의 찬미 받으소서
죽을 죄 짓고 죽는 저들에게 앙화인지고
복되다 당신의 더없이 거룩한 뜻을 좇는 자들이여!
두번째 죽음이 저들을 해치지 못하리로소이다

(D) 내 주를 기려 높이 찬양하고 그에게 감사
드릴지어다 한껏 겸손을 다하여 그를 섬길지어다.[23]

이 「태양의 노래」는 「피조물의 찬가」, 「태양 형제의 노래」 등으로

---

22) 미르치아 엘리아데, 『세계종교사상사』 3, 박규태 옮김, 이학사, 2005, 301~302쪽.
23) 최민순, 시집 『밤』, 성바오로, 1963; 개정판, 1986, 166~167쪽.

불리기도 하는데, 1225년 봄, 처음 프란치스코가 노래를 지었을 때에는 (A)부분과 (D)부분만이 있었다.[24] 그러던 것이 몇 주 뒤에 당시 서로 불화를 빚고 있었던 아시시의 주교와 시장 사이의 화해를 프란치스코가 성사시키는 과정에서 '용서와 고통에 대한 단시'라고도 불리는 (B)부분이 추가되었으며,[25] 1226년 10월 3일 그 자신이 죽기 며칠 전에 '죽음 자매에 관한 시'라 이름이 붙여지기도 하는 (C)부분을 추가하였다.[26] 그리하여 오늘날 전해지는 이 전문이 비로소 완성되었던 것이다.[27]

이 노래를 처음 지을 당시에 프란치스코는 눈이 멀어 태양빛을 볼 수 있기는커녕 도리어 그것이 그의 눈을 아프게 했으며, 50일 동안 휴식을 찾지 못하였고 하루 내내 정신적 · 육체적 고통 때문에 매우 심하게 아팠다. 바로 이 같은 고통스런 밤을 지내고 나서 형제들을 불러 모은 후에, 프란치스코는 사랑과 기쁨의 무아경 속에서 그들에게 이 노래를 가르쳤던 것이다. 당시 이 장면을 목격한 세 동료 안젤로 · 레오 · 엘리아에 의하면 프란치스코는 육신이 아프면 아플수록 이 노래를 자기가 만든 곡조로 형제들에게 불러 달라고 부탁했다고 전하여진다.[28]

프란치스코는 이 노래를 통해 '우리의 고귀한 형제 태양'과 '자

---

24) J.요르겐센, 『아씨시의 성 프란치스코』, 조원영 옮김, 프란치스코출판사, 2005, 357~358쪽.
25) 에릭 도일, 『태양의 노래』, 정현숙 옮김, 분도출판사, 1986, 54~55쪽; J.요르겐센, 『아씨시의 성 프란치스코』, 조원영 옮김, 프란치스코출판사, 2005, 366~367쪽.
26) 에릭 도일, 『태양의 노래』, 정현숙 옮김, 분도출판사, 1986, 55~56쪽; J.요르겐센, 『아씨시의 성 프란치스코』, 조원영 옮김, 프란치스코출판사, 2005, 368쪽. 그리고 꼰벤뚜알 성 프란치스꼬회, 『평화의 사도 성프란치스꼬와 작은 형제들의 생활』, 1973, 72~73쪽 참조.
27) 이러한 과정에 대한 상세한 경위는 Marion A.Habig, St. Francis of Assisi: Omnibus of Sources, Chicago, Illinois, Franciscan Herald Press, 1972; 꼰벤뚜알 성 프란치스꼬 수도회, 『완덕의 거울』, 류기식 옮김, 분도출판사, 1981, 164~166쪽; 193~195쪽; 199~201쪽에 밝혀져 있다.
28) 3인의 편지 및 그들이 남긴 기록에 대해서는 八卷穎男, 『三人の伴侶の著はせる聖フランチェスコの傳』 (Sancti Fransisci Legendum Sociorum), 1925의 것이 널리 참조된다. 여기에서는 프란치스코를 '신의 사람'(神の人)이라 지칭하고 있으며, 그가 교황과 주고받은 대화들이 비교적 상세히 기록되어 있음이 주목되는데, 그의 죽음과 오상에 대해서는 특히, 124~128쪽 참조.

매인 달'이, '형제 바람'과 '자매 물'이, '형제 불'과 우리의 '자매 어머니 땅'이 함께 형제가 되어, '당신의 사랑으로 서로 용서하고 병과 시련을 견디어 내는' 모든 사람과 일치 안에서 높으신 하느님께 찬미를 드렸던 것이다.[29] 이렇듯이 프란치스코가 모든 피조물 안에 있는 아름다움과 선함과 유익한 것을 감지하고 노래할 수 있었던 것은 그의 마음이 모든 소유적인 독점에서 해방되어 있었기 때문이었음에 틀림이 없다.[30]

그 후 얼마 지나지 않아 1226년 프란치스코는 결국 세상을 떠나고 말았으나 사후 채 2년이 지나지 않은 시기에 그의 후원자이자 친구였던 피렌체의 우골리 추기경이 교황 그레고리오 9세(제178대, 1227.3.19~1241. 8.22)에 올라, 곧 그를 성인의 반열에 올렸다.[96] 그레고리오 9세는 성 프란치스코를 존경한 나머지, 가난한 이들을 방문하여 그들의 발을 씻겨 줄 때 종종 프란치스코회의 수도복을 입었을 정도였다.[31] 게다가 교황 그레고리오 9세는 한편으로 제2회인 글라라회를 승인해 주고 제3회도 성장할 수 있도록 지원을 아끼지 않았다.[32]

프란치스코가 이렇듯이 수도회를 결성하고 활동하던 어간에는 여섯 번에 걸친 십자군 운동(1096~1270)이 벌어지고 있는 상황이었다. 이런 가운데 교회가 가장 화려한 꽃을 피우기 시작한 10~12세기 사이에는 가난한 삶을 추구하는 수도회들이 난립하게 되었는데, 특히 11세기 말부터는 복음적 가난이란 주제를 놓고 수도회들 사이에 논쟁이 일기 시작하였다. 한마디로 11~13세기 사이 교회를

---

29) 헤수스 알바레스 고메스,『수도생활 역사』II, 강운자 편역, 성바오로, 2002, 223쪽.
30) 호세 메리노,『프란치스칸 휴머니즘과 현대사상』, 김현태 옮김, 가톨릭대학교출판부, 1992, 270~271쪽.
31) 미르치아 엘리아데,『세계종교사상사』3, 박규태 옮김, 이학사, 2005, 301~302쪽.
32) P.G.맥스웰-스튜어트,『교황의 역사』, 박기영 옮김, 갑인공방, 2005, 136~37쪽.
33) 전달수 엮음,『교황사』, 가톨릭출판사, 1996, 212쪽.

지탱하던 영성적 경향은 '그리스도의 가난한 이들'이라는 말로 그 분위기를 압축할 수 있을 정도였다.[34] 그런 가운데서 가난한 이들에 대한 자선으로부터 가난한 사람들과 함께하는 생활로 옮겨 가는 움직임을 보이는 수도회들이 생겨났는데, 여러 수도회의 다양한 수도회 규칙들 중에서도 프란치스코 성인의 규칙들이 그리스도를 따르는 것을 무엇보다도 강조하였다.[35]

그렇기는 하지만 다른 수도회들과 함께, 프란치스코 성인과 그의 작은 형제들이 진정으로 '작은 자'가 되기를 원했던 것은 성령 역사의 징표라고 하겠다. 더더군다나 바로 프란치스코가 가난한 사람들을 가난한 사람의 눈으로 보고, 이로 인해 가난한 사람들의 가치를 새롭게 발견할 수 있었다는 데에 그의 성인다운 위대함이 있다고 할 수 있다.[36] 그래서 그가 이끈 수도회가 중세를 통틀어 가장 거대하고 영향력이 큰 종교 단체로 성장해 갔으며, 그들은 특히 교회가 부유해지고 사제들 일부가 부패하였던 그 시대에 꼭 필요한 존재들이었다고 한다.[37] 그리고 프란치스코 성인이 체험한 가난이란 사회적으로 높은 신분을 벗어나는 것임과 동시에 도덕적이며 신체적인 타락에서 벗어남이었으며,[38] 그렇기 때문에 프란치스코 성인의 영성은 가난한 사람 안에서 그리스도께서 '성사'처럼 현존하신다는 사실을 체험하면서 회개의 과정에서 형제인 가난한 사람을 통하여 하

---

34) 방효익, 「가난에 대한 영성신학적 이해」, 『이성과 신앙』 제19호(2000), 수원가톨릭대학교출판부; 개제, 「그리스도인의 가난」, 『영성과 체험』, 성바오로, 2001, 262~265쪽.
35) 요셉 봐이스마이어, 『넉넉함 가운데서의 삶—그리스도 영성의 역사와 신학』, 전헌호 옮김, 분도출판사, 1996, 354쪽.
36) 레오나르도 보프, 『정 그리고 힘』, 박정미 옮김, 분도출판사, 1987, 85~92쪽.
37) 알란 슈레크, 『가톨릭 교회사』, 박정수 옮김, 가톨릭출판사, 2000, 78쪽.
38) 방효익, 「그리스도인의 가난」, 『영성과 체험』, 성바오로, 2001, 271~272쪽. 이러한 성 프란치스코에 대해서 "이 성인보다도 더 완전하게 전체 현존(하느님의 현존)과 자기 자신을 모든 피조물에게 제공한 사람은 없었다"고 평가하기도 한다. 루이 라벨, 『성인들의 세계』, 최창성 옮김, 가톨릭출판사, 개정판, 1992, 84쪽.

느님께로 가는 은총의 길을 제시하고 있는 것이라 하겠다.[39]

결국 아시시의 빈자 성 프란치스코는 자신이 이룰 수 있었던 근본적 가난에 힘입어 자신의 생명을 바칠 수 있었으며, 그럼으로써 완전히 자신과 물질을 벗어났고, 이로 인해서 사물들 안에서 절대적인 것을 발견할 수 있었던 것이다. 그래서 그는 자유롭게 자신을 벗어 버리고 하느님과 인간, 동물 그리고 다른 모든 피조물과 함께 행동하기 시작했다. 그럼으로써 하느님 앞에서 인간 프란치스코가 아들의 관계를 맺고 있다면, 다른 사람들 앞에서 그는 형제적 관계를 지니고 있었고, 사물들 앞에서는 같은 자녀의 관계 안에 있음을 느꼈다. 그리하여 프란치스코에게 있어 인간과 사물들 간에 밀접한 연관이 창도되며 자연에 대한 인간의 지배 사상은 극복되었던 것이다.[40]

이를 위하여 그는 하느님과 이웃을 사랑하라는 그리스도교적 소명에 창조계 전체까지 포함시켰으며, 그러면서도 그 이전과 그 이후의 수많은 그리스도교 저서들에서 두드러진 특징으로 나타나는 하느님과 인간과 자연 사이의 균열을 치유하는 방식으로 서로를 연결시키기까지 하였다.[41] 그래서 프란치스코에게는 모든 피조물이 그 자체로 사랑스럽게 보이기 시작했고, 피조물과 쉽게 마음이 통했으며, 동물뿐만 아니라 식물이나 나아가 감각이 없는 다른 피조물에 대해서도 동정과 사랑을 느꼈다. 신앙에서 우러나오는 이러한 사랑의 차원에서 바라볼 때 모든 것이 형제와도 같았다.[42] 그의 전기가

---

39) 방효익,「그리스도인의 가난」,『영성과 체험』, 성바오로, 2001, 271~272쪽. 이러한 성 프란치스코에 대해서 "이 성인보다도 더 안전하게 전체 현존(히느님의 현존)과 자기 자신을 모든 피조물에게 세공한 사람은 없었다"고 평가하기도 한다. 루이 라벨,『성인들의 세계』, 최창성 옮김, 가톨릭출판사, 개정판, 1992, 84쪽.
40) 호세 메리노,『프란치스칸 휴머니즘과 현대사상』, 김현태 옮김, 가톨릭대학교출판부, 1992, 257~258쪽; 261쪽.
41) 숀 맥도나휴,『교회의 녹화』, 성찬성 옮김, 분도출판사, 1992, 286쪽.

전하는 각종 이야기들은 이러한 그의 마음을 잘 전해 주고 있다고 하겠으며, 그러므로 일일이 열거할 필요조차 없을 듯하다. 그래서 성 프란치스코에게 모든 피조물은 하느님의 권능을 드러내고 전하는 표징들이며, 인간이 하느님을 알고 사랑하도록 하기 위해 만들어진 도구들이다. 그리고 인간이 피조물과 화목을 이루는 이런 세계는 바로 창세기가 말하는 원조 이전의 낙원 생활이었다.[43]

낙원에 대한 이러한 향수는 기독교 초기부터 있었으며, 성경에도 이러한 일면들이 적잖게 드러나 있다. 예를 들면, 구약의 이사야의 예언서 가운데 늑대가 새끼 양과, 표범이 숫염소와, 새끼 사자와 송아지가 어울리며 어린아이가 그들을 몰고 다닐 것을 지적한 것이 그렇고,[44] 신약의 마르코 복음서 중에 예수가 사막에서 40일을 보낼 때에도 들짐승들과 함께 지냈지만[45] 해를 입었다는 흔적을 전혀 전하지 않음이 그러하다.[46] 그러므로 사람들은 낙원에 대한 간절한 향수를 지닌 채 지상낙원이 있는 동방을 향해 기도했는데, 이러한 낙원의 상징은 교회 건축과 수도원 정원에서도 엿볼 수 있게 드러났으며,[47] 거기에 묘사된 고대 수도원의 초기 교부들은 후대에 성 프란치스코가 그랬던 것처럼 짐승들의 호위를 받는 경우도 있었다.[48] 말하자면 이처럼 동물과의 평화를 되찾는 것이야말로 낙원적 생활의

---

42) 1 방효익, 『영성사』, 바오로딸, 1996, 175쪽.
43) 라자르 이리아르떼, 『프란치스칸 소명』, 프란치스꼬회 한국관구 옮김, 분도출판사, 1997, 265~266쪽.
44) 「이사야서」 11장 6절~9절, 『성경』, 한국천주교주교회의, 2005, 1733~1734쪽. 원문은 다음과 같다. "늑대가 새끼 양과 함께 살고 표범이 새끼 염소와 함께 지내리라. 송아지가 새끼 사자와 더불어 살쪄 가고 어린아이가 그들을 몰고 다니리라. 암소와 곰이 나란히 풀을 뜯고 그 새끼들이 함께 지내리라. 사자가 소처럼 여물을 먹고 젖먹이가 독사 굴 위에서 장난하며 젖 떨어진 아이가 살무사 굴에 손을 디밀리라. 나의 거룩한 산 어디에서도 사람들은 악하게도 패덕하게도 행동하지 않으리니 바다를 덮는 물처럼 땅이 주님을 앎으로 가득할 것이기 때문이다."
45) 「마르코 복음서」 1장 12절~13절, 『성경』, 한국천주교주교회의, 2005, 77~78쪽. 원문은 다음과 같다. "그 뒤에 성령께서는 곧 예수님을 광야로 내보내셨다. 예수님께서는 광야에서 사십 일 동안 사탄에게 유혹을 받으셨다. 또한 들짐승들과 함께 지내셨는데 천사들이 그분의 시중을 들었다."
46) 찰스 커밍스, 『환경 신학』, 정홍규 옮김, 성바오로, 1999, 98~100쪽.
47) 미르치아 엘리아데, 『세계종교사상사』 3, 박규태 옮김, 이학사, 2005, 315쪽.

회복을 상징하는 징후라 할 수 있다.[49]

그렇기 때문에 성 프란치스코와 더불어, 우리는 낙원을 완전히 상실한 게 아니라 창세기가 말하는 것처럼 하느님으로부터 부여받은 소명을 수행하기 위해 다시 낙원으로 들어갈 수 있다는 확신을 가질 수 있게 되었다. 또한 우리의 자리인 이 지구는, 성 프란치스코가 「태양의 노래」에서 읊조렸듯이 그야말로 우리의 어머니이자 친구이며, 이러한 지구는 애정으로 가꾸고 성심껏 보존하도록 우리에게 주어진 우리 모든 피조물의 에덴동산인 것이다.[50]

Ⅲ. 프란치스칸 수도회들의 한국 설립과 그 활동상

프란치스코는 1226년 10월 3일 저녁 사망한 후 2년이 지나 교황 그레고리오 9세에 의해 시성되었는데, 그가 생존해 있을 때 이미 3,000명이 넘었던 수도회 내에서부터 청빈의 엄격성이 줄어들기 시작하더니 사후에는 이를 둘러싼 논란이 일어 수도회가 '규율엄수주의자'(Observants), '공동체중심주의자'(Conventuals), '엄률영성주의자'(Spirituals)로 나뉘고 말았다.[51] 이후 1909년에 이르러

---

48) 4세기 이집트 사막의 동굴에서 살던 성 마카리오가, 어미 하이에나의 인도를 받아 그들이 사는 동굴로 가서 태어날 때부터 봉사였던 하이에나 새끼들의 시력을 회복시켜 주었다는 일화나, 다른 수도회에서도 압바 제라시무스와 같은 인물의 경우 사자가 마주쳤는데 사자의 앞발에 박힌 가시가 곪아 고통을 호소하자 이를 치료해 주었는데, 그 이후 사자는 그를 '다정한 제자처럼' 따라다녔다는 일화가 전해진다. 찰스 커밍스, 『환경 신학』, 정홍규 옮김, 성바오로, 1999, 98~99쪽. 다른 종교의 경우에도 이러한 측면을 찾아보기 어렵지 않다. 특히 불교에서 비근한 일례로 근세 한국 불교의 대표적인 인물의 하나인 경허 스님이 생전에 호랑이와 밤길을 같이 걸었다는 일화 역시 이러한 측면을 전해 주는 것이라 생각된다. 윤청광, 『큰 스님 큰 가르침』, 문예출판사, 2005.
49) 미르치아 엘리아데, 『세계종교사상사』 3, 박규태 옮김, 이학사, 2005, 315쪽. 다만 이 글에서는 "말하자면 이처럼 동물에 대한 지배력을 되찾는 것이야말로 낙원적 생활의 회복을 상징하는 징후라 할 수 있다"라고 서술되어 있지만, '동물에 대한 지배력을 되찾는' 게 아니라, 그들과의 평화를 되찾는 게 낙원적 생활의 궁극적인 지향점이라 생각된다.
50) 레오나르도 보프, 『생태 신학』, 김항섭 옮김, 가톨릭출판사, 1996, 61쪽.

교황 비오 10세는 사도적 서한을 발표하여 성 프란치스코의 후예들을 세 수도회로 나누는 것을 인정함으로써 작은 형제회[Frairs Minor of the Leonine Union(O.F.M.)]와 꼰벤뚜알 프란치스코회[Frairs Minor Conventual(O.F.M. Conv.)]와 카푸친회[Frairs Minor Capuchin(O.F.M. Cap.)]가 모두 프란치스코 성인을 같은 창설자로 모시게 되었다.[52]

넓은 의미로는 프란치스코의 정신이나 그의 수도회칙을 따라 살아가는 이들 모든 수도회들을 프란치스코 공동체에 속한다고 볼 수 있으며, 엄격한 의미로는 작은 형제들 또는 단순히 프란치스칸(O.F.M.)만을 지칭하기도 한다. 그런데 여기에서 1517년과 1528년에 각각 분리되어 나온 꼰벤뚜알 공동체와 카푸친회는 설립 초기부터 지금까지 자신의 정체성을 그대로 유지해 오고 있는 반면, 작은 형제들은 수백 년 흘러 내려오는 동안 4개의 가지들로 나누어졌다가 1897년 교황 레오 13세에 의해 한 수도회칙과 한 장상 아래로 합쳐졌다.[53]

1. 프란치스코 수도회

해외 선교에 나선 프란치스칸들은 드디어 1245년 중국에 첫발을 내디뎠고, 1584년에는 일본에서도 전교를 시작하였지만, 조선에 대해서는 전교가 오랫동안 이루어지지 못했다. 그러다가 1784년 이승훈(李承薰)이 처음으로 중국 북경에 가서 세례를 받음으로써 최초의

---

51) 조던 오먼, 『가톨릭 傳統과 그리스도교 靈性』, 이홍근·이영희 옮김, 분도출판사, 1991; 신정판, 1998, 189쪽.
52) 전달수, 『그리스도교 영성 역사』 2, 가톨릭출판사, 2005, 32쪽; 조던 오먼, 『가톨릭 傳統과 그리스도교 靈性』, 이홍근·이영희 옮김, 분도출판사, 1998, 189쪽 참조.
53) 요셉 봐이스마이어 외, 『교회 영성을 빛낸 수도회 창설자―중세 교회』, 전헌호 옮김, 가톨릭출판사, 2001, 129~130쪽.

천주교 신자가 될 때, 그에게 베드로라는 세례명으로 세례를 허락해 준 북경의 알렉산델 구베아(Alexandel de Govea) 주교가 바로 포르투갈의 프란치스코 회원이었으므로, 그가 한국인과 접촉한 최초의 프란치스칸이라 할 수 있다.

이후 1922년부터 교구 사제들의 피정 강론을 위해 한국 땅에 드나들었던 캐나다 성 요셉 관구의 프란치스칸들에 의해 이러한 맥이 이어졌고, 1937년 정식으로 캐나다 선교사 도 요한(Deguire)과 배 쥐스땡(Bellerose) 형제가 1937년 9월 14일 부산에 도착함으로써 프란치스칸으로서 첫걸음을 내딛게 되었다. 그들은 곧이어 9월 22일 서울에서 당시의 라리보(Larribau) 주교와 계약을 체결한 후 대전으로 내려가 10월 1일부터 거주하기 시작하였는데, 9월 11일자로 로마로부터 인준된 대전수도원 설립 공문을 받고 활동하기 시작하여, 현재까지 많은 활동을 벌이고 있다.[54]

2. 꼰벤뚜알 수도회

1517년에 교황 레오 10세가 '규율엄수주의자들'(Observants)과 '공동체중심주의자들'(Conventuals)을 법적으로 분리하여, 프란치스코 수도회 안의 모든 개혁 수도자들을 '옵세르반트 작은형제회'(O.F.M. Obs.)라 하고, 역대 교황들이 허가한 완화된 회칙을 따르는 수도자들을 '꼰벤뚜알 작은 형제회'(O.F.M. Conv.)라 불렀는데,[55] 여기에서 '꼰벤뚜알'(Conventual)이라는 말은 '공동' '집합'이라는 의미의 라틴어에서 유래한 것으로 '함께 모여 사는 공동체'를 뜻한다.[56] 1517년 분열 당시 꼰벤뚜알 프란치스코 수도자들은 대

---

54) 작은형제회 한국순교성인관구 엮음, 『한국의 작은 형제들: 작은형제회 한국 60년사』, 2000. 특히, 56~57쪽; 71~79쪽 참조.
55) 성모기사회 엮음, 「꼰벤뚜알 프란치스꼬의 삶과 영성」 5, 『성모기사』 제234호 (1996/7), 13쪽.
56) 성모기사회 엮음, 「꼰벤뚜알 프란치스꼬의 삶과 영성」 1, 『성모기사』 제230호 (1996/3), 12쪽.

략 25,000명에 이르렀고, 17·18세기에는 점차 수도회의 전교 지역을 확대해 나갔을뿐더러 많은 성인들이 배출되어 세력이 커져 갔다. 1771년에 이르러 프랑스에서 옵세르반트와 다시 결합함으로써 수도회의 회원들과 수도원이 늘어나게 되었지만, 이후 점차 종교 억압 등으로 말미암아 그 세력이 축소되다가 회복되었다.[57]

한국에 처음으로 꼰벤뚜알 프란치스코회가 들어오게 된 것은 1957년 수사 신부 사무엘 고젠바이거가 한국 방문을 한 것을 계기로 수도회의 한국 진출 문제가 거론되기 시작한 후, 이탈리아인 프란치스코 팔다니(Fracisco Faldani, 한국명 범덕례) 신부와 로마에 거주하던 한국인 허철 안드레아 신부가 함께 파견의 명을 받아 1958년 8월 31일에 이탈리아의 제노바를 출발하여 같은 해 10월 6일 부산에 도착하여 선교를 시작함으로써 비롯되었다. 이후 부산교구뿐만 아니라 1959년에는 대구대교구, 1972년에는 서울대교구, 1977년에는 인천교구로 활동 영역을 넓혀 활동하고 있다.[58]

3. 카푸친 수도회와 카푸친 수녀회

메디치 가의 교황 클레멘스 7세(1523~1534) 당시 무엇보다도 가장 고무적인 일은 가톨릭교회가 프로테스탄트 종교개혁의 충격에서 서서히 벗어나면서 교회 안에서부터 영성 쇄신 운동이 움트기 시작했다는 점이다. 이러한 영성 쇄신 운동이 가장 먼저 일어난 곳은 당시 타락의 온상으로 널리 알려지고, 따라서 다른 어떤 곳보다 정화가 절실했던 수도회들이었다. 그래서 기존의 탁발 수도회 안에서도 쇄신의 움직임이 일어났으며, 이런 과정에서 1528년에 프란치스

---

57) 성모기사회 엮음, 「꼰벤뚜알 프란치스꼬의 삶과 영성」 5, 『성모기사』 제234호(1996/7), 13~14쪽.
58) 이무길, 「우리 수도회: 꼰벤뚜알 성 프란치스꼬회」, 『빛』 제10호(1984/2), 대구대교구, 51쪽; 성모기사회 엮음, 「꼰벤뚜알 프란치스꼬의 삶과 영성」 13, 『성모기사』 제232호(1997/3), 15~16쪽.

코 수도회에서 '카푸친회'라는 은둔 수도자들의 모임이 생겨났는데, 그 회원들은 의도적으로 헐벗고 고행하는 단순한 삶을 추구했다.[59] 17세기에는 종교개혁에 반대하는 이른바 반(反)종교개혁의 전개 과정에서도 카푸친 수도회가 귀중한 촉진운동을 하였다.[60] 이 카푸친 수도회의 수도복은 갈색인데, 이 색을 따서 커피와 크림을 섞은 커피의 이름을 카푸치노(Capuchino)라 부르게 되었다고 한다.[61] 이러한 카푸친 수도회가 한국에 처음으로 들어오게 된 것은 1986년 7월이었고, 이후 1993년 1월에 첫 지원자가 생겼다.[62]

한편 초기의 카푸친 수도회 회원들이 나폴리에 왔을 때, 과부 마리아 라우렌시아 롱고(Maria Laurentia Longo)는 자신이 운영하고 있던 불쌍한 이들을 위한 병원에 이들을 받아들이고서 자신의 관상 수도생활을 위해 수도원 하나를 설립했다. 이 수도원은 1536년 이래로 교황의 인정 아래 성녀 글라라와 성녀 콜레타의 수도 규칙들을 따랐는데, 1538년 교황 바오로 3세는 카푸친 수도회원들로 하여금 이 수도원의 영적 지도를 담당하도록 하고 정식으로 인준하였다. 이후로 수도원의 활동이 이어졌다.[63] 한편 스페인 태생의 요셉 마리아 아미고가 1874년 이 카푸친 수도회에 입회하여 마사마그리엘의 루이스 수사가 되었는데, 이미 공동체를 이루고 봉사하며 살고 있었던 젊은 여성들이 1885년 5월 11일 이 루이스 아미고를 찾아가 수도생활을 원하자 그가 카푸친 성가정 수녀회를 창설하고 주로 고아·과부들과 빈민들을 대상으로 선교 활동을 펼쳤다. 이 수녀회가 한국에는 들어온 것은 1996년 3월 25일이었다.[64]

---

59) P.G.맥스웰-스튜어트 지음, 『교황의 역사』, 박기영 옮김, 갑인공방, 2005, 217~218쪽.
60) 아우구스트 프란S., 『교회사』, 최석우 옮김, 분도출판사, 1982, 362~363쪽.
61) 한국순교복자수녀회 엮음, 「카푸친 성가정 수녀회를 찾아」, 『순교의 맥』 제193호(1997), 117쪽.
62) 이시은, 「카푸친 형제회」, 『가톨릭다이제스트』(1993/7), 60~63쪽.
63) 요셉 뵈이스마이어 외, 『교회 영성을 빛낸 수도회 창설자—중세 교회』, 전헌호 옮김, 가톨릭출판사, 2001, 161~162쪽.

4. 글라라 수도회

성 프란치스코가 살아 있을 때 그의 설교를 귀담아들었던 글라라 파바로네가 크게 감명을 받아 사촌 파치피카와 함께 1212년 3월 18일 성지주일의 밤에 집을 떠나 프란치스코와 그의 형제들이 있던 곳으로 가서 자신들을 주님께 봉헌하고 머리를 자르고 작은 형제들과 비슷한 수도복을 받아 입게 되었으며, 이후 성 다미아노 성당을 배정받음으로써 프란치스코 제2회로서 글라라 수도회가 창설되었다.[65] 글라라는 훗날 남긴 유언에서도 프란치스코의 영향을 받았음을 온전히 드러냈는데, 단적인 예를 "그리스도와 성 다미아노 수도원의 가난한 자매들의 여종이며 거룩하신 사부님의 작은 나무인 나 글라라는 한편으로는 우리가 서약한 지극히 높은 생활양식과 그 위대한 사부님의 명을 생각하고, 또 다른 한편으로는 우리 기둥이시오 하느님 다음으로 유일한 위안과 기초가 되셨던 거룩하신 우리 사부 성 프란치스코께서[…]"라고 한 말에서 찾을 수 있다. 글라라는 자신을 '작은 나무'로 그리고 프란치스코는 '우리 기둥이시오 하느님 다음으로 유일' 하다고 표현하고 있을 정도였다.[66]

프란치스코는 실제로 글라라 자매들의 영성 생활을 돌보아야 했지만, 동시에 주위의 이상한 시선을 의식해서 이들과 적절한 거리를 유지해야만 했으며 이 때문에 초기의 「수도 규칙」에서는 남녀 수도자들 간의 접근 금지를 명기하기도 했다.[67] 이후 1253년 교황 인노첸시오 4세는, 프란치스코가 처음 썼던 규칙 거의 그대로, 글라라가 그들을 위한 규칙으로 편집했던 「철저한 가난의 특전」을 승인해 주

---

64) 한국순교복자수녀회 엮음, 「카푸친 성가정 수녀회를 찾아」, 『순교의 맥』 제193호(1997), 119쪽.
65) 헤수스 알바레스 고메스, 『수도생활 역사』 II, 강운자 편역, 성바오로, 2002, 225~228쪽.
66) 작은형제회 한국관구 옮겨 엮음, 「아씨시의 성녀 글라라의 글」; 「유언」, 『성 프란치스꼬와 성녀 글라라의 글』, 분도출판사, 2004, 269쪽.
67) 요셉 봐이스마이어 외, 전헌호 옮김, 『교회 영성을 빛낸 수도회 창설자—중세 교회』, 가톨릭출판사, 2001, 121쪽.

었는데, 여성이 제출한 규칙을 교황이 승인한 것은 역사상 처음 있는 일이었다. 1253년 글라라는 그녀의 영혼을 주님께 맡기게 되었고, 그녀의 영혼의 형제였던 성 프란치스코가 그랬던 것처럼 사망 후 2년째인 1255년 8월 12일에 시성(諡聖)되었다. 글라라 수도회는 성녀 글라라가 사망하던 그해에 이미 21개의 수도원이 있었다고 한다.[68]

성녀 글라라가 프란치스칸 영성에 끼친 영향은 첫째, 세속과의 실질적인 이별인 봉쇄, 둘째, 극단적인 가난의 추구, 그리고 셋째, 서로 간의 사랑의 일치를 유지하려는 노력인데, 글라라회의 회칙과 프란치스코회의 회칙과의 무엇보다도 중요한 차이점은 글라라회가 이러한 점을 총괄 정리하여 가난하게 사는 "모든 것을 하나로 묶어 완전하게 하는 서로 간의 사랑의 일치를 항상 유지"하기 위하여 봉쇄생활을 택하였다는 점이라고 할 수 있다.[69] 봉쇄생활에 대한 성녀 글라라의 「수도 규칙」에 따르면, "교황 성하나 우리 보호자 추기경이 허락한 사람 외에는 들어오려고 하는 어떤 사람에게도 문을 절대로 열어 주지 말아야 합니다"[70]라고 했을 정도이며, 「회헌」에서는 봉쇄의 의미에 대해서, "자매들은 봉쇄를 지킴으로써 고독한 가운데 기도생활에 전념하게 되며 외딴 생활에서 나오는 잠심과 침묵으로 더 확실하고도 쉽게 기도 안에서 하느님께 가까이 나아가게 된다. 그리하여 자매들은 관상의 소명에 온전히 응답하게 되는데 그것은 봉쇄가 관상생활의 확실하고도 뛰어난 수단이기 때문이다. 따라서 봉쇄생활은 가난한 글라라회의 소명에 특히 알맞은 수덕 방법이

---

68) 헤수스 알바레스 고메스, 『수도생활 역사』 II, 강운자 편역, 성바오로, 2002, 229쪽.
69) 작은형제회 한국관구 옮겨 엮음, 「아씨시의 성녀 글라라의 글」; 「머리말」, 『성 프란치스꼬와 성녀 글라라의 글』, 분도출판사, 2004, 229~240쪽 참조.
70) 성녀 글라라의 가난한 자매회, 「수도 규칙」 11-7, 『수도 규칙과 회헌』, 성 글라라회 한국협의체, 2003, 28쪽.

다. 그것은 자매들이 세상으로부터 은거하고 있다는 표지요, 보호책이며, 특징적 형태이기 때문이다"[71]라고 정리하고 있음이 특히 주목된다.

이러한 성 글라라 수도회가 우리나라에 처음으로 들어온 것은 1972년 미국 성 글라라 수도회에 의해 제주교구에 성 글라라 제주수도원이 설립되면서 부터이다. 이후 1981년에는 독일 성 글라라 수도회에 의해 전주교구에 익산수도원이, 1994년에는 이탈리아 성 글라라 수도회에 의해 수원교구 양평에 양평수도원이, 2001년에는 제주수도원이 춘천교구 양양에 진출하여 양양수도원이, 2002년에는 스페인 성 글라라 수도회에 의해 인천교구 강화에 인천수도원이, 2003년에는 익산수도원이 광주대교구에 진출하여 광주수도원이 각각 설립되어 오늘에 이른다.[72]

Ⅳ. 한국 프란치스칸 수도자들의 자연 영성 생활

1. 「회헌」에 규정된 자연 영성 생활

프란치스코 작은형제회의 「회헌」에서 규정하고 있는 자연 영성 수도생활에 있어 무엇보다도 우선적으로 주목되는 것은 평생토록 정결함을 서약한 형제들에 대해서 "정결 서원을 살기 위하여 형제들은 순수한 마음을 간직할 것이며, 피조물들이 하느님의 영광을 위하여 창조되었음을 인식하여 모든 피조물을 겸손하고 신심 있게 바

---

71) 성녀 글라라의 가난한 자매회, 「회헌」 49-1, 『수도 규칙과 회헌』, 성 글라라회 한국협의체, 2003, 80~81쪽.
72) 성 글라라 수도회 한국협의체, 『프란치스코처럼 자유롭게 글라라처럼 열렬하게: 성녀 글라라 서거 750주년 기념(1253~2003)』, 2003, 22쪽.
73) 작은형제회 한국관구, 「작은 형제들의 회헌」 9-4, 『작은 형제들의 회칙 · 회헌 · 총규정』, 2006, 47쪽.

라보도록 주의할 것이다"[73]라고, 무엇보다 먼저 강조하고 있는 것인데, 그렇기 때문에 아울러 "형제들은 성 프란치스꼬를 따르는 자들로서[…]모든 사람들에 대한 사랑 안에서 복음의 소식을 온 세계에 전하고 화해와 평화와 정의를 행동으로 설교해야 하며, 피조물에 대한 존경심을 보여주어야 한다"[74]고 단정적으로 자연 영성의 필요성을 요구하고 있는 것이다. 따라서 자연을 형제로 받아들여야 함도 규정하였는데, "형제들은 성 프란치스꼬의 발자취를 따라 오늘날 어느 곳에서나 위협받고 있는 자연에 대해 존경스런 태도를 보일 것이다. 이렇게 함으로써 자연을 완전히 형제적인 것이 되게 하고 창조주 하느님의 영광을 위해 사람들에게 유익한 것이 되게 하는 것이다"[75]라는 대목이 바로 그것이다. 그리고 결국에는 "성자가 성부로부터 파견되신 것처럼 모든 형제들은 성령의 인도 아래 모든 피조물에게 복음을 선포하고 그분의 음성을 증거함으로써, 모든 사람들이 하느님 외에는 전능하신 분이 아무도 없다는 것을 알게 하려고 온 세상에 파견되는 것이다"[76]라고 함으로써, 모든 피조물에게 복음을 선포하기 위해 온 세상에 파견되는 것이라고까지 정의 내리고 있는 정도이다.

또한 성녀 글라라의 가난한 자매회의 「회헌」에는 글라라가 성녀로 시성될 때의 조사 문헌 기록들을 그대로 인용하면서 한편으로는, "그리스도의 얼굴을 끊임없이 바라봄으로써 성녀 글라라는 피조물의 아름다움에 그리고 모든 사람과 사물과 사건 속에 거룩하시고 의로우신 아버지의 자비가 반영되어 있음을 알게 되었다"[77]고 하였고, 또 다른 한편에서는 "예수 그리스도와의 관상적 일치는 우리의 일

---

74) 작은형제회 한국관구, 「작은 형제들의 회헌」 1-2, 『작은 형제들의 회칙 · 회헌 · 총규정』,, 2006, 41쪽.
75) 작은형제회 한국관구, 「작은 형제들의 회헌」 71, 『작은 형제들의 회칙 · 회헌 · 총규정』, 2006, 73쪽.
76) 작은형제회 한국관구, 「작은 형제들의 회헌」 83-1, 『작은 형제들의 회칙 · 회헌 · 총규정』, 2006, 79쪽.
77) 성녀 글라라의 가난한 자매회, 「회헌」 12-1, 『수도 규칙과 회헌』, 성 글라라회 한국협의체, 2003, 61쪽.

상생활에 스며든다. 그것은 우리의 가난, 우리의 일, 우리의 보잘것 없는 생활양식, 시련, 모든 사건, 모든 피조물 등을 포함한 모든 이와 맺는 관계 속에서 드러난다. 다시 말해서 삶의 모든 것이 거룩한 기도와 신심의 정신을 키우고 돕는 기회가 된다"[78]고 거듭 강조하고 있는 것이다.

나아가 역시 성녀 글라라의「시성조사록」을 그대로 인용하면서, "성녀 글라라는 자매들에게 아름다운 나무와 꽃들과 수풀을 볼 때 하느님을 찬미하며, 사람과 자연을 볼 때 그 모든 것 안에서 그리고 그 모든 것 때문에 그분을 찬미하게 하였다.[…]아름다운 모든 것 안에서 아름다움 자체이신 분을 발견하며, 그분의 자취가 서려 있는 피조물을 통하여 어디서나 사랑이신 분을 따르자"[79]고 권하고 있으며, 특히 "우리는 전적인 소유의 포기로써 하느님의 섭리에 완전히 맡겨진 공동체가 되었다. 그리하여 이 공동체는 모성적 사람으로 모든 피조물을 보살피는 하느님 섭리의 '성사'가 된다"[80]고 규정하고 있을 정도이다.

그리고 꼰벤뚜알 작은형제회의「회헌」(Constitutiones Ordinis)에 반영된 자연 영성과 관련하여서는 여성에 대한 예우와 연결을 지어 규정하고 있음이 특히 주목된다. 즉 "순수한 마음과 정결한 육체와 거룩한 행위로 모든 피조물 안에서 주님을 사랑해야 할 자로서 여성에 대해, 특별히 하느님께 봉헌한 여성에 대해서 형제들의 품행은 성 프란치스꼬의 표양에 따라 존경과 정중함을 가져야 할 것이다"[81]고 되어 있다. 중세 가톨릭교회에서는 교계(敎階)제도가 남성들로만 구성되어 있었으므로, 당시 남자 수도회들은 여자 수도회의

---

78) 성녀 글라라의 가난한 자매회,「회헌」59,『수도 규칙과 회헌』, 성 글라라회 한국협의체, 2003, 88쪽.
79) 성녀 글라라의 가난한 자매회,「회헌」8,『수도 규칙과 회헌』, 성 글라라회 한국협의체, 2003, 58쪽.
80) 성녀 글라라의 가난한 자매회,「회헌」91,『수도 규칙과 회헌』, 성 글라라회 한국협의체, 2003, 101쪽.
81)『회헌—성 프란치스꼬의 꼰벤뚜알 작은형제회』, 로마 12사도 수도원, 1984, 63쪽.

회칙들을 통제하고, 그것을 여자 수도자들에게 강요했다. 길거리를 자유롭게 돌아다니며 거침없이 하느님과 형제인 인간에게 헌신하고 싶었던 여자 수도자들에게는 늘 제약이 뒤따랐다. 이들을 봉쇄지역에 가둔 이들은 다름 아닌 남자 수도회의 지도자들이었다.[82] 그럼에도 불구하고 꼰벤뚜알 작은형제회의 「회헌」에서 '모든 피조물 안에서 주님으로 사랑해야 할 자로서' 여성 수도자에 대한 예우 갖추기를 규정하고 있는 것은 주목할 점이라고 하겠다.

한편 카푸친회의 「회헌」(The Constitutions of The Capuchin Friars Minor)에 나타난 자연 영성 수도생활에 관한 언급은 몇 군데에 걸쳐 대단히 구체적인 면을 강하게 드러내고 있다. 예컨대 "모든 선의 아버지에 대한 흠숭으로부터 성 프란치스꼬는 모든 피조물 안에서 맏아들이자 구세주이신 그리스도의 형상을 통해 보편적인 형제애를 받아들였다. 이 아버지의 자녀들로서 우리들은 아무런 차별이 없이 모든 사람들을 형제들로 여겨야 하며, 그리고 모든 피조물을 우애롭게 대함으로써 온갖 선이 비롯하는 하느님께 열심히 창조에 대한 찬미를 바쳐야 한다"[83]라고 지적하고 있다. 또한 성 프란치스코 자신이 「태양의 노래」에서 신비로운 찬미를 드렸듯이 사람들뿐만 아니라 모든 피조물이 우애 있는 결합으로써 묶여 있었다고 느꼈던 것을 본받아,[84] 기도생활에 있어서도 하느님이 모든 피조물 안에서 수많은 모양을 통해 말씀하시므로 이를 기억해야 하며, 모든 피조물들 안에서 그리스도를 직관하면서 우리들은 그분 사랑의 증인으로서 모든 이들을 주님께 대한 찬미로 초대하여 평화와 참회를

---

82) 호세 꼼블린, 『그리스도교 人間學』, 김수복 옮김, 분도출판사, 1988, 121쪽.
83) Regis J.Armstrong, O.F.M. Cap., The Constitutions of The Capuchin Friars Minor, 11-1, 2, 1990, pp.30~31.
84) Ibid., 97-1, 1990, p.80.
85) Ibid., 45-2; 46-7, 1990, pp.52~53.

전하면서 세상을 통해 나아가,[85] 바로 하느님을 위하여 모든 인간 피조물(human creature)에 복종하여야 하며,[86] 나아가 우리 자신부터 새로운 피조물로 바뀌어야 한다고 호소하고 있을 정도이다.[87]

2. 기도서 등에 투영된 자연 영성 생활

「프란치스칸 신앙고백」 가운데에는 "이 세상을 바라보노라면,/생명은 곧 사랑이고/모든 생명의 아버지는 하느님이심을 알게 되오니/우리로 하여금/모든 피조물을 형제자매로 대하여 살도록 재촉하시나이다"[88]라는 구절이 있다. 뿐만 아니라 프란치스칸들의 『시간 전례서』에는 9월 17일을 "우리 사부 세라핌 성 프란치스코의 거룩한 상흔"을 기리는 날로 정하여 기도를 함이 명시되어 있는데, 그날 아침기도 속의 마침기도 가운데 하나로 "세상이 냉담해지기 시작하자 성 프란치스꼬를 당신 사랑의 표징으로 보내 주신 전능하신 하느님 아버지, 주님께서는 그의 몸에 당신 아드님의 수난 상처를 새겨 주시어 그를 십자가에 못 박히신 그리스도의 충실한 모상이 되게 하였으니, 그의 기도를 들으시어 저희도 그리스도와 함께 죽어 그분의 부활에 참여하게 하시어 하느님의 새로운 피조물이 되게 하소서"[89]라는 기도문이 들어 있다. 또한 10월 4일의 "우리 사부 성 프란치스코 세라피코 부제 '세 수도회의 창설자'" 날, 「성모의 노래, 후렴」에는 "프란치스꼬에게는 모든 피조물이 하느님을 향한 기쁨의 노래였고, 그가 창조주께 완전히 순종하였기에 모든 피조물이 순종하였도다"[90]라고 읊도록 되어 있다.

---

86) Ibid., 175-1, 1990, p.123.
87) Ibid., 101-2, 1990, p.82.
88) 『재속 프란치스꼬회 지침서』, 재속 프란치스꼬회 전국 형제회, 1992, 632쪽.
89) 한국 프란치스칸 가족, 『(프란치스칸 가족을 위한) 시간 전례서』, 익산 성 글라라 수도원, 2000, 184쪽.
90) 한국 프란치스칸 가족, 『(프란치스칸 가족을 위한) 시간 전례서』, 익산 성 글라라 수도원, 2000, 205쪽.

이러한 수도원 소속의 수도자들뿐만 아니라 평신도들도 성직자와 함께 매일 바치는 『성무일도』(聖務日禱) 중 이와 같은 날 10월 4일의 "아시시의 성 프란치스코 기념"에는 제2독서로서 성 프란치스코가 「모든 신자들에게 보낸 편지」의 일부를 인용하여,

> 다른 사람들보다도 높은 사람이 되기를 원해서는 절대로 안 됩니다. 이보다는 우리가 종이 되어야 하며, "하느님 때문에, 피조물인 모든 사람에게 복종해야 합니다."[91]

라고 하였는데, 그가 뒷부분에서 인용한 말씀을 원문에서 찾아보면 바로 「베드로의 첫째 서간」의 2장 13절을 거론한 것임을 알 수 있다.[92] 이럴 정도로 성무일도에도 성 프란치스코의 자연 영성을 본받으려는 대목이 몇 군데에 걸쳐서 들어 있음이 입증되는데, 이 성무일도가 채택된 제2차 바티칸 공의회(公議會) 「전례헌장」(Sacrosanctum Concilium)에 따르면, '성교회의 소리 즉 하느님을 공적으로 찬미하는 전 신비체의 소리'로서, '초대 그리스도교 전통을 따라 낮과 밤의 온 과정이 하느님께 대한 찬미로 말미암아 성화되도록 조직되어 있으며' '성교회의 공식기도이니만큼 신심의 원천이요 개인 기도를 위한 자양물(滋養物)'이므로, '참으로 신랑에게 이야기하는 신부(新婦)의 목소리이며 또한 자기 몸과 함께 하느님 아버지께 드리는 그리스도의 기도'이어서, 이를 바침으로써 '하느님께 간단없이 찬미를 드리고 온 세상의 구원을 위하여 전구한다'고 되어 있다.[93]

그렇기 때문에 이러한 헌장에 따라 평신도들노 이후 성직자·수

---

91) 한국천주주교회의 엮음, 『성무일도』 IV 개정판, 한국천주교중앙협의회, 1991, 1471쪽.
92) 성 프란치스꼬회 한국관구, 『아씨시의 성 프란치스꼬의 소품집』, 분도출판사, 1973, 113쪽.
93) 『제2차 바티칸 공의회 문헌』, 한국천주교중앙협의회, 1969, 27~32쪽.

도자들 못지않게 이를 기도함이 일반화되기에 이르렀는데, 한국 가톨릭의 프란치스칸들도 이를 따라 매일매일 기도함이 일과에서 빼놓을 수 없는 일로, 그들의 「회헌」 가운데에 빠짐없이 이를 지키도록 거듭 강조함이 규정되어 있다.[94] 따라서 이 만큼 성 프란치스코의 자연 영성이 현재에도 부지불식간에 직분과 상관없이 가톨릭신자들에 의해 되뇌어지고 있다고 하겠다. 또한 특별히 재속 프란치스코회 즉 프란치스코 제3회의 회원들이 바치는 성무일도 속에는 청원기도의 한 구절로 "생태계 보존의 수호자이신 프란치스꼬여, 당신은 주께서 창조하신 세상 만물을 통해서 주님을 만나 뵙고 찬미하였사오니, 각종 오염으로 훼손되고 있는 자연을 보살피시고, 우리도 자연을 통해 주님을 찬미할 수 있도록 이끌어 주소서"[95]라고 한 대목이 있다.

V. 맺는말

인간은 하느님의 나머지 창조물들과 조화롭게 피조물들 가운데 하나의 피조물로서 살아야 할 책임이 있다. 인간은 하느님과 더불어

---

94) 예컨대 성녀 글라라의 가난한 자매회, 『수도 규칙과 회헌』, 성 글라라회 한국협의체, 2003, 89쪽에 보면, 「전례헌장」을 인용하여 다음과 같이 규정하고 있음이 대표적이라 할 수 있다.
"성무일도는 '신랑을 향한 신부의 목소리이며, 그리스도께서 그의 신비체와 함께 아버지께 드리는 기도'로 자매들은 이를 정중하고 신심 깊게 거행할 것이며, '그들이 하느님께 이 같은 찬미를 드림으로써 자모이신 성교회의 이름으로 하느님 어좌 앞에 서 있으며' 온종일, 즉 낮과 밤이 온통 성화된다는 것을 명심해야 한다."
이외에도 성무일도에 대한 세세한 규정이 이 구절의 전후에 잇따르고 있다. 또한 꼰벤뚜알 작은형제회의 『회헌』에도 성무일도와 관련된 상세한 규정들이 보이는데, 성무일도를 "매우 중하게 생각하여[…]각 수도원에서는 『성무일도』 전체를 날마다 공동으로 드려야 하고,[…](만약 그렇지 못하면) 개인적으로라도 해야 하며,[…]신자들도 참여하도록 권장할 것이다"라고 하였을 정도이다. 『회헌—성 프란치스꼬의 꼰벤뚜알 작은형제회』, 로마 12사도 수도원, 1984, 123쪽; 125쪽.
95) 「시간경 소성무일도」, 『재속 프란치스꼬회 지침서』, 재속 프란치스꼬회 전국 형제회, 1992, 293쪽.

새로운 세상을 만든 공동 창조자가 되도록 부름을 받았으며 모든 피조물들을 합당하게 관리하도록 요청받는다. 하느님은 이 땅을 사랑하시는 까닭에 우리는 각자의 자연 영성을 사랑해야만 한다.[96] 이러한 인식은 이미 제2차 바티칸 공의회가 1964년에 끝난 후 발표된 다음과 같은 문서에서도 여실히 잘 드러나 있다.

> 만일 지상사물들의 자율성이란 말로써 피조물과 인간사회가 고유의 법칙과 가치를 가지고 있다는 것과 인간이 그것을 점차로 알아내고 이용하며 조정(調整)하는 것을 뜻한다면 이런 자율성을 주장하는 것은 타당한 일이다. 그것은 현대인이 요구하는 것일 뿐 아니라 하느님의 뜻에도 부합하는 것이다.[…]그러나 만일 현세사물의 자율성이란 말로써 피조물들이 하느님께 의존하지 않는다거나 피조물과 창조주와의 관계를 무시하고 인간이 피조물을 멋대로 이용할 수 있다는 것을 뜻한다면, 하느님을 인정하는 사람치고 이런 견해가 얼마나 그릇된 것인지 깨닫지 못하는 사람은 없을 것이다. 왜냐하면 창조주 없이 피조물이란 허무로 돌아갈 수밖에 없기 때문이다. 그뿐 아니라 어떤 종교이건 신앙을 가진 사람이면 누구나 피조물들의 말 속에 하느님의 계시와 말소리를 언제나 들어 왔다. 더욱이 하느님을 잊어버린다면 피조물 자체의 정체도 어두워지고 만다.[97]

이러한 가르침에 따라 인간은 교회가 요구하고 있는 '피조물 전체에 대한 세심한 배려'에 힘써야 한다는 것을 알고 있으며, 아울러 자연의 내적 조화를 애정 있게 가꾸는 일에 마음이 움직이는 사람들은 하느님께서 그들의 마음속에 심어 주신 깊은 종교적 본능에 응답

---

96) 찰스 커밍스 지음, 『환경 신학』, 정홍규 옮김, 성바오로, 1999, 138~139쪽.
97) Gaudium Et Spes 36, 「현세 사물의 정당한 자율성」, 『현대 세계의 교회에 관한 사목 헌장』, 김남수 옮김, 한국천주교중앙협의회, 1968, 55쪽; 『제2차 바티칸 공의회 문헌』, 한국천주교중앙협의회, 1969, 212~213쪽.

하고 있는 것이다. 또한 환경은 인류가 함께 책임져야 할 '공동선들' 가운데 하나이므로, 자연히 교회는 환경에 대한 관심이 공동선에 대한 관심의 하나라고 인정한다. 따라서 환경의 '공동선'은 오늘날 신중히 사용하고 누려야 할 가치 있는 것들일 뿐만 아니라 미래세대들도 사용하고 누릴 수 있도록 잘 간수해야 하는 것이다.[98]

하지만 인간은 지금까지 창조물을 가꾸거나 보존하지 않아 자기 자신이 상처를 입는 경우가 왕왕 있어 왔다. 오히려 인간들이 창조를 잊을 때, 근본주의를 표방하며 성경의 중요성을 지나치게 강조하거나, 교회 중시주의를 지향하며 교회의 역할을 부풀리기도 하고, 성사주의를 내세워 성사의 기능을 과장하게 되는 데에 이른다고 한다.[99] 그래서 초기 교회의 기본 정신으로 되돌아가 보면 사도 바오로가, 모든 피조물이 해방을 위해 신음하고 울부짖는다고 말하고 있는 것이며,[100] 이는 현재에도 다를 바가 없는 상황이라고 하지 않을 수 없겠다. 하지만 이런 가운데서도 프란치스코가 「태양의 노래」를 통해 자연 영성을 불어넣어 외적으로는 현실과 함께 친교와 우정을 나눌 수 있도록 해 줄뿐더러 내적으로는 마음속 깊은 곳에서 모든 존재와 공존하게 해 주므로, 성 프란치스코는 오늘날에 있어서도 외적 및 내적 생태학에도 관심을 쏟고 있음이 입증되므로 여전히 생태학적 진리의 증인인 것이며, 그 스스로 가난한 사람이 된 선택을 피

---

98) 잉글랜드 웨일즈 가톨릭 주교회의, 『공동선과 가톨릭교회의 사회 교리』, 한국천주교중앙협의회, 1997, 46~47쪽.
99) 레오나르도 보프, 『생태 신학』, 김항섭 옮김, 가톨릭출판사, 1996, 55쪽.
100) 「로마 신자들에게 보낸 서간」 8장 18절~23절, 『성경』, 한국천주교주교회의, 2005, 351쪽. 원문은 다음과 같다. "장차 우리에게 계시될 영광에 견주면, 지금 이 시대에 우리가 겪는 고난은 아무것도 아니라고 생각합니다. 사실 피조물은 하느님의 자녀들이 나타나기를 간절히 기다리고 있습니다. 피조물이 허무의 지배 아래 든 것은 자의가 아니라 그렇게 하신 분의 뜻이었습니다. 그러나 그것은 희망을 간직하고 있습니다. 피조물도 멸망의 종살이에서 해방되어, 하느님의 자녀들이 누리는 영광의 자유를 얻을 것입니다. 우리는 모든 피조물이 지금까지 다 함께 탄식하며 진통을 겪고 있음을 알고 있습니다. 그러나 피조물만이 아니라 성령을 첫 선물로 받은 우리 자신도 하느님의 자녀가 되기를, 우리의 몸이 속량되기를 기다리며 속으로 탄식하고 있습니다."

조물에 대한 온정과 함께 하나로 묶을 수 있음을 보여 준 것이라 하겠다.[101]

현재 한국 가톨릭교회 내에서 수도자들만으로 국한된 게 아니라 성직자 이외에 평신도들이 주류를 이루는 '크리스천 생활의 꾸르실료(Cursillo) 운동'은 크리스천의 기본을 살아갈 수 있도록, 그리고 함께 생활할 수 있도록 이끌어 주는 교회의 운동인데,[102] 이 교육 참가 중이거나 이후의 삶에 있어서 항시 매일 아침마다 바치게 되어 있는「아침기도」가운데 처음 부분에 "아침 하늘이 새 날을 알리고, 저희를 둘러싼 모든 피조물이 찬미의 노래를 시작하나이다. 저희는 이제 모든 사람과 온갖 피조물과 더불어 몸과 마음을 모아, 하느님께 저희 마음을 들어 올리나이다"[103]라는 구절이 있음을 지적하지 않을 수 없다. 이럴 정도로 자연 영성은, 성 프란치스코의 가르침을 따르고 실천하려는 수도회의 프란치스칸들에게 국한된 게 결코 아니다. 곧 "주여, 나를 당신 평화의 도구로 써 주소서. 미움이 있는 곳에 사랑을,[…]"로 시작되는 성 프란치스코의「태양의 노래」만큼이나, 자연 영성이 한국 천주교회 내의 일반 신자들에게도 크게 받

---

101) 레오나르도 보프,『생태 신학』, 김항섭 옮김, 가톨릭출판사 1996, 60~61쪽.
102)『꾸르실료 운동의 이해』, 서울대교구 꾸르실료 사무국, 2001, 9~13쪽.
103)『길잡이』, 꾸르실료 한국협의회, 2006, 7~8쪽. 원문은 다음과 같다. "「아침기도」†삼위일체이신 주 하느님께서 바로 우리 앞에 계십니다. 지금 이 순간 우리와 함께 계시는 주님을 찬미하며, 우리 모두 사도적인 삶을 올바로 살아갈 수 있도록 마음을 다하여 기도합시다. 〈잠시 묵상〉〈끓는다〉†성부와 성자와 성령의 이름으로 ◎아멘. †주 하느님, 아침 하늘이 새 날을 알리고, 저희를 둘러싼 모든 피조물이 찬미의 노래를 시작하나이다. ◎저희는 이제 모든 사람과 온갖 피조물과 더불어 몸과 마음을 모아, 하느님께 저희 마음을 들어 올리나이다. †오늘은 우리를 위하여 많은 것을 준비할 것입니다. 오늘 우리가 하느님께서 우리에게 주시는 말씀 속에 숨은 메시지를 놓치지 않도록 기도합시다. ◎저희는 이제 저희 마음 깊숙한 곳으로 들어가, 주님께 기도하나이다. 저희는 평온한 몸과 평화로운 마음으로 주님 안에 쉬나이다."
104) 이런 점은 1983년 9월 4일 한국 천주교회 200주년 기념일을 맞이하면서 발간한 한국 천주교회 200주년 기념 주교위원회,『이 땅에 빛을』, 한국천주교중앙협의회, 1983에 보면, 이를 계기로 전 국민을 대상으로 천주교를 널리 홍보하기 위해「천주교란 무엇인가」란을 특집으로 마련하였음을 알 수 있는데, 이 가운데「역사에 빛나는 성인 성녀들」란이 있고, 그 첫머리에 〈아씨시의 성프란치스코(1182~1226)〉를 88~90쪽에 걸쳐 소개하였다. 여기에서도 맨 처음에「평화의 기도」를 제시하였을뿐더러, 그의 사망에 관해 서술하면서 "그가 노래하던 '자매인 죽음'을 맞이하였다"고 언급하였을 정도다.

아들여지고 기도로 생활화되고 있는 것이다.[104]

또한 한국천주교주교회의 전례위원회에서 펴낸 『축복예식서』에는 「동물의 축복」이 들어 있음이 주목된다. 그 가운데에 "하느님께서 창조하신 동물들은 하늘과 땅과 바다에 살고 있으며 사람들과 함께 변동을 겪으며 우리 생활에 참여하고 있습니다. 하느님께서는 모든 생명체에 당신의 은혜를 내려 주시며, 가끔 동물들을 이용도 하시고 때로는 구원의 은총을 암시해 주는 징표로도 삼으십니다"[105]라고 하여, 하느님께서 모든 생명체에 은혜를 내려 주신다는 것을 강조하고 있음을 간과할 수 없다. 인식에 있어 제한적이고 부족한 수준이기는 하였지만,[106] 그만큼 한국 천주교 신자들은 동물에게도 자연 영성이 있음을 기도로써 인정하고 있음을 드러내는 것이다.

---

105) 주교회의 전례위원회, 『(제2차 바티칸 공의회의 결의에 따라 개정 공포된) 축복예식서』, 한국천주교중앙협의회, 1986; 1997, 243쪽.
106) 이 『축복예식서』, 242~248쪽의 「제XXI장 동물의 축복」에 나타난 바를 자세히 살펴보면, 동물들에게도 자연 영성이 있음을 강조하는 한편, 『성경』의 「창세기」 1장 20절~29절을 '독서'로 읽도록 되어 있는데 그 요지는 "땅 위에 움직이는 모든 짐승들을 다스려라"이며, 아울러 '신자들의 기도' 중에는 "우리를 창조하시어 땅에 두시고 모든 동물들을 지배하며 당신께 영광을 드리도록 섭리하신 하느님께 찬미를 드립시다"라는 대목들이 있어 동물에 대한 인간의 지배를 강조하는 듯한 부분도 있다. 이런 인식은 모든 피조물들과 형제자매로서 화합하고 일치를 이루려는 성 프란치스코의 자연 영성과는 사뭇 거리가 있는 것임을 부인하기 어렵지 않나 생각한다.

불살생의 생태적 문화에 대하여

김 치 온(대한불교진각종 교육원)

Ⅰ. 들어가는 말

오늘날 생태환경의 위기를 논하면서 생태윤리적인 관점에서 많은 논의가 있어온 것은 사실이다. 그러나 그러한 생태윤리적 논의가 다소 空論的인 경향을 면하지 못하고 있다는 점을 자각하게 되었다. 그럼에도 불구하고 생태의 위기에 대한 논의는 계속 문제로서 제기됨으로써 다수인에게 문제로서 인식된다는 생각으로, 본 논문은 관점을 조금 달리하여 생태문화적인 관점에서 생태문제를 제기하고자 하였다.

먼저 생태계의 위기를 해결하기 위해서는 인간중심적 문화가 아니라 인간이 주도적으로 생태를 중심으로 하는 생태적 문화로 전환되어야 함을 살펴보았다. 이어서 생태적 문화와 관련하여 인도철학 및 불교에서 논의되고 있는 아힘사 즉 불살생과 육식과 육식금지의 문제가 생태적 문화로 가는 실마리라고 생각하고 이를 조감하고자 하였다. 이는 불살생의 역사적 흐름과 불살생의 동기, 불살생의 생태문화적 의의 등으로 살펴보았다.

Ⅱ. 생태적 문화로의 전환

인간의 과도한 욕망으로 인하여 지구의 환경오염 문제를 지적하며 미래를 예견한지는 그리 오래되지 않았다. 그럼에도 불구하고 급속하게 변화하고 있는 주변 환경에서 우리는 그것을 인지하게 된다. 환경오염 문제가 단순히 어떤 국한된 지역에서의 문제가 아니라 지구 생태계에 영향을 미쳐 생태계 자체의 붕괴를 초래할 지도 모른다는 의식이 확산되고 있다. 그와 동시에 인간을 포함한 생태문제가 단순히 환경오염 문제를 넘어서 정치, 경제, 사상, 문화, 교육, 종교의 각 부분과도 밀접하게 연결되어 일어나고 있음을 인식하기 시작하였다.

　이는 인간의 정신활동 즉 문화로 총괄할 수 있으며, 곧 생태문제는 인간이 창조하고 있는 기존의 문화에 문제를 담고 있다고 할 수 있다. 그러한 의미에서 보면 생태문제를 해결하는 것은 기존의 인간의 생각, 의식, 가치관, 세계관, 철학이 바뀌어야 한다는 것을 의미한다. 그와 함께 우리의 생활양식을 바꾸는 작업이 필수적이며, 생활양식의 변화는 일상에서 개인적인 행위양식의 변화와 관계된다. 이는 곧 각 개개인이 일상생활에서 생태문화 즉 생태적인 문화를 추구해가는 것이라 하겠다.

　문화(culture)를 어원적으로 살펴보면, 땅을 갈고 동식물을 키우는 등 농경 혹은 원예농업의 과정 등에서 파생된 것으로, 자연을 일구는 것을 의미한다. 이와 유사하게 사용하고 있는 문명(civilization)은 라틴어 civis에서 파생된 것으로, 그 어원적인 뜻은 도시, 시민화이다. 도시, 시민화는 일구는 것이 고도화되어 나타난 결과이며 형태이다.

　모든 동물은 자연에 따라 생존하지만 인간만이 자연을 일구며 살고 있다. 이러한 의미에서 문화는 인간이 자연과 맺는 특수한 관계양식을 지칭하는 개념이라 할 수 있다. 그렇다면 인간이 자연을 일구어 갈 때에 가지게는 되는 자연을 대하는 태도, 의도된 마음, 지혜, 욕망, 이상 즉 우리의 세계관과 인생관이 또한 문화로 드러나게 된다. 인간이 자연을 일구면서 이룩한 진보와 발전은 우리의 삶을 풍요롭게 하고 있다. 그러나 오늘날 그 진보와 발전은 지구의 생태계를 파괴하고 인류를 파멸에 이르게 할 것이라는 두려움에까지 이르게 되었다.

인간의 과학기술문명은 인간의 삶을 개선하는데 큰 역할을 하였다. 인간은 물질적 빈곤, 추위와 더위, 질병으로부터 해방시켜주었다. 오늘날 첨단 과학기술은 죽음의 공포로부터 해방될 수 있다는 희망까지 안겨주기에 이르렀다. 그러나 과학기술문명은 또한 생태계와 인류의 존속을 위협하고 있다. 이러한 시점에서 우리는 과학기술문명에 대치할 문명의 새로운 모델을 성찰해야만 할 것이다. 오늘날의 과학기술문명은 물질주의적 진보관, 도구주의적 자연관에 근거하며, 더 근본적으로는 인간중심적 세계관을 바탕으로 하고 있음은 주지의 사실이다. 인간중심의 세계관은 인간은 자신을 자연의 주인으로 자처하면서 자연이 자신의 도구에 지나지 않는다는 전제하에 자신에 의한 자연의 무제한한 정복과 자기중심적 약탈을 정당화해 왔고, 그러한 과정을 진보로 규정하고 그것을 믿어 왔다. 현재 인류가 경험하고 있는 생태학적 파괴는, 즉 과학기술문명의 위기는 바로 이러한 인간중심적 세계관의 필연적 결과에 지나지 않는다.

이러한 생태계 및 인류의 위기를 모면하고자 한다면, 인간중심의 자연관, 가치관, 태도, 사고양식의 혁명적 전환이 있어야 한다. 인간중심적 세계관과 대립하는 세계관으로 생태학적 세계관을 말할 수 있다.[1] 그것의 특징은 자연중심적이다. 자연중심적 세계관은 인

---

1) 박이문은 탈인간중심적 세계관으로서 생태학적 새계관을 주장하고 그러한 세계관을 바탕으로 한 문화로서 생태학적 문화를 주창하고 있다. 그러한 문화의 내용으로는 인간과 자연의 동일성, 인간의 형이상학적 특수성의 부정, 총체적 인식론, 발전·진보 개념의 재검토, 탈자기중심적 가치관, 화해적 태도 등을 들고 있다. (박이문, 『문명의 위기와 문화의 전환』(서울: 민음사, 1996) p.80?84.

간은 자연의 주인이 아님은 물론 자연과 완전히 분리된 존재로서가 아니라 자연의 일부로 보고 있다. 오늘날의 과학기술문명은 이제 생태학적 세계관을 바탕으로 하는 과학기술문명으로 전환되어야 한다.

생태학적 세계관은 생태계를 이루고 있는 각 개체들이 나름의 지위를 유지하면서도 특별한 지위가 주어지지 않으며, 전체와 개체의 질적인 향상을 지향하는 것이라면, 이는 불교의 세계관인 상의상관적인 연기관과 다르지 않는 것이다. 불교에서 각 개체의 실체성은 부정되며 상호의존적 관계임으로 어떠한 것도 나름의 지위는 유지하지만 특별한 지위를 유지하지는 않는다. 그러한 관계성 속에서 개체와 전체는 질적인 향상을 지향하는 과정으로 실재하며, 일체는 불성을 성취하여 불국토로 나아가는 과정으로 존재한다. 六道와 聖道의 각 중생과 그 依土는 부처와 불국토로 나아가는 과정을 나타낸 것이며, 인간과 그 세계 또한 그 가운데 한 부분인 것이다.

그러한 의미에서 인류문화사에서 불살생을 바탕으로 하는 문화는 부처와 불국토로 가는 중요한 실마리가 되며, 인간세계의 생태계와 인류존속의 위기를 푸는 실마리가 된다고 생각된다. 이러한 생각을 바탕으로, 인도철학 및 불교에 나타난 불살생에 관련된 사유들을 살펴보고자 한다.

Ⅲ. 불살생의 문화적 배경

불교를 비롯하여 인도철학에서 언급되고 있는 불살생은 범어 ahimsa의 번역어일 경우가 대부분이다.『범한대사전』에 의하면, ahimsa는 不害, 不加傷害, 遠離傷害, 不殺 등으로 한역하고 있다.

또한 himsa는 √han에서 비롯된 말로, √han은 打擊, 打落, 殺, 殺害, 傷害, 破壞 등으로 해석되어 himsa는 傷害, 損害, 害, 殺生, 殺害 등으로 해석하고 있다.[2)]

김미숙은 「자이나교의 불살생론 연구」에서 ahiṃsā는 "어떤 것도 해치지 않는 것, 無害"라고 정의하였다. himsa는 "傷害, 생명이나 재산에 대한 損害, 傷處, 危害, 惡意를 품는 것과 같은 정신적인 면과 욕설과 같은 언어적인 면, 폭력적인 행동과 같은 신체적인 면 등에 그릇된 것"으로 설명하고 있다.[3)]

불살생이라는 용어가 최초로 언급되고 있는 인도의 문헌으로는 마하비라(Mahavira; BC 448~BC 376?)와 가우타마 붓다(Gautama Buddha; BC 563?~483?) 이전에 성립한 最古 우파니샤드에 속한다고 하는『찬도기야 우파니샤드(Chandogya Upanisad)』이다.

> 그리고 고행 · 보시 · 정직 · 불살생 · 진실 이런 것들이 사제들을 위한 선물들이다. (3. 17. 4)[4)]

이는 유형의 제물 또는 유혈의 희생물이 아닌 무형인 동시에 무혈인 고행 · 보시 · 정직 · 불살생 · 진실 등이 또 다른 의미에서 참된 제물이 될 수 있다는 것이다.[5)] 이는 기존의 제식에 있어 犧牲祭儀와는 상충되는 내용이다.

---

2) 林光明, 林怡馨 編譯,『梵漢大辭典』(上), 嘉豐出版社, 2005年.
3) 김미숙은 그의 논문에서, hims가 身口意와 연관하여 설명한 것과 관련해서 몸의 경우에 적용되는 ahimsa의 번역으로 不傷害, 不殺生이라는 용어가 적합하며, 마음과 말의 경우에는 不傷害, 不害, 無害가 적합하고, 특히 정치 사회적인 측면에서 다루어지는 ahims의 경우는 비폭력이 적합하다고 하였다.(김미숙,「자이교의 불살생론 연구」, 동국대학교 박사학위논문 p.25)
4) Radhakrishnan, S., The Principal Upaniishads, Ist ed. : 1953, 2nd ed., London : George Allen & Unwin LTD., 1968, p.396.
5) 김미숙,「자이나교의 불살생론 연구」, 동국대학교 박사학위논문 p.29

베다시대 이래로 肉食이나 犧牲祭(yajna)에 동물이 살해되는 것에 대해 자율적이거나 타율적이거나 금지되지 않았다. 동물들은 신에게 제사를 지내기 위한 供犧의 목적으로, 결혼식이나 손님을 접대할 목적으로, 신비주의적인 의식을 위해서, 의료상의 목적으로, 그 밖에 이유에서도 동물들은 살해되었다.

압파스와미 차크라바르티(Appaswami Chakravarti)에 의하면, 동물의 살생을 포함하는 犧牲祭를 반대한 계층은 크샤트리야라고 한다.

우파니샤드의 자아 탐구(atma-vidya)는 동인도의 여러 나라들(카쉬, 코살라, 비테하, 마가다)에서 크샤트리야에 의해 계발된 것으로 알려졌는데, 그러한 사상은 쿠루 판찰라(Kuru-Pa?c?la)국에서 행해지던 종교적 희생제와 신들에 대한 숭배에 반대하여 성립되었다. 또한 우리는 바로 이 지역에서 보다 후대에 발흥하였던 자이나교와 불교에서도 이러한 특징들을 찾아볼 수 있다.[6]

또한 아힘사는 불교 출현 이전의 바가바타(Bhagavata)종파의 교의였다고 한다. 이 종파는 베다나 우파니샤드에 기원을 두지 않으며,『마하바라타(Mahabharata)』의「나라야니야 파르바(Narayaniya Parvan)」에 따르면,[7] 바수데바(Vasudeva)를 최고신으로 섬기는 샤트바타(Satvata)족속들의 종교였다.

정통 힌두교 종파들 중에서는 쉬바교 계통의 종파들에서 아힘사와 육식금지 전통이 가장 먼저 나타났다고 한다. 이것은 쉬바교 계통의 종파들이 아리야인들의 종교뿐만 아니라 토착 종교의 특성을

---

6) Chakravarti, Appaswami, "Jainism : Its Philosophy and Ethics"(Chatterji, Suniti Kumar ed., The Cultural Heritage of India, Vol. Ⅰ, Ist : 1937, Calcutta : Ramakrishna Mission, Institute of Culture, 1982), p. 414.
7) 12. 269. 9.

강하게 반영하고 있다는 사실과 관련이 있을 것이다.[8]

베다의 희생제의에 대한 혐오가 사회일반으로 확산되고 있는 가운데에서도, 바라문들의 희생제를 지내는 것 혹은 왕들이 사냥하는 것이 옳지 않다고 직접 말하지 않으며, 단지 살생을 삼가는 것에 대한 공덕을 칭송하고 있다. 이는 『마하바라타』권13「아뉴샤사나 파르바(Anusasana Parvan)」[9]에 나오는 우마(Uma)와 쉬바의 대화에서 알 수 있다.

왜 바라문들은 크고 작은 희생제의에서 동물들을 죽입니까? 어떻게 란티데바(Rantideva)는 바라문들을 대접하기 위하여 매일 21,000마리의 동물을 죽임으로써 천계(svarga)를 얻었습니까? … 또한 왕들은 사냥하러 나갑니다. … 그들은 다르마를 듣지 못했습니까? 아니면 그들은 다르마를 믿지 않는 겁니까? (이에 쉬바가 대답한다) 세상에 아무 것도 죽이지 않는 사람은 보이지 않습니다. 걸어가는 자는 그의 발로 많은 생물들을 죽이며, 자고 있는 자도 또한 마찬가지입니다. 동물들끼리도 서로 죽입니다. 곡식을 먹는 자는 그 속에 있는 여러 영혼(jivas)을 먹습니다. 절제가 최고의 다르마입니다. 절제가 최고의 행복입니다.[10]

『마누법전』에서는 아힘사를 지켜야 한다고 하고 있으나, 제사에 희생제를 금하고 있지는 않다. 사실 『마누법전』은 불살생의 공덕을 칭송하고 육식을 금하는 것에 대한 공덕을 칭송하고 있으나, 제사에 있어 희생제와 희생제 후의 육식에 대해서는 정당화하고 있다.

---

8) 이거룡,「佛敎와 힌두교에서 肉食禁止의 문제」(『한국불교학』제33집, p.445?446)
9) Anusasana Parva, 213.
10) 이거룡,「佛敎와 힌두교에서 肉食禁止의 문제」(『한국불교학』제33집) p.446~447 본문 중의 인용문 재인용.

어떤 것에도 살상을 가하지 않는 자는 그가 무엇을 생각하든, 무엇을 하든, 무엇을 원하든, 무엇을 의도하든 그 모두를 쉽게 얻게 된다. (5. 47)

마제(aśvamedha)를 백년 동안 매년 지내는 자와 고기를 먹지 않는 자, 이 둘이 얻는 공덕의 과보는 같다. (5. 53)

산 것이든 스스로 잡은 것이든 다른 자가 준 것이든, 고기를 신이나 조상에게 올리고 나서 먹는 것은 죄가 되지 않는다. 법도를 아는 재생자는 정당한 경우가 아닐 때 고기를 먹어서는 안된다. 그가 법도에 어긋나게 먹으면 죽어서 그 죽은 먹이에게 먹힌다. (5. 32?33)

조상이나 신에게 올리지도 않고 단지 다른 자의 살을 취해 자신이 살찌고자 하는 자, 그 보다 큰 과오를 저지르는 일은 없다. (5. 52)

짐승은 스스로 생겨난 자[自生者]가 제사를 위하여 창조한 것이다. 제사는 번성을 위하여 하는 것이므로 모든 제사에서 죽이는 것은 죽이는 것이 아니다. (5. 39)[11]

공희를 위한 살해는 살해로 보지 않았으며, 살해되는 짐승은 내세에 더 나은 세계에 태어난다고 믿었으며, 살해자는 나은 세계로 가게 하는 인도자로 여겼다.

자이나의 경우 아힘사는 마하비라에 의해 五大誓願[12]의 첫 번째 항목으로서 크게 강조되었다.

『숫타니파아타』에서 붓다는 동물의 살생을 동반하는 브라만교의 희생제를 비판하고 있으며, 이러한 회생제가 생과 노쇠를 벗어나게

---

11) 이재숙 · 이광수 옮김,『마누법전』, 한길사, 1999, pp. 225~228.
12) 不殺生, 不忘語, 不邪淫, 不盜, 無所有이다.

해주지 못한다고 하였다.

> 푼나카가 말했다. '스승이시여, 세상에서 선인이나 상인, 왕족이나 바라문들은 널리 신들에게 희생의 제물을 바치고 제사를 게을리하지 않았던 그들은 생과 노쇠를 초월했습니까? 임이시여, 묻겠습니다. 그것을 저에게 말씀해주십시오.'
> (1045)

> 스승께서 대답하셨다. '푼나카여, 그들은 희망하고 칭찬하며 열망하여 공물을 바친다. 이득을 얻어 욕망을 달성하려고 하는 것이다. 희생의 제물을 드리는 일에만 염두에 두고 몰두하는 자는 이 세상의 생존을 탐하기를 그치지 않는다. 그들은 생과 노쇠를 초월하지 못했다.'
> (1046)[13]

또한 붓다는 제사는 소와 염소 및 모든 중생을 죽이지 않고 우유와 꿀 등으로 제사 지내는 것이 제사를 성취하는 법이며, 이보다 더 수승한 것은 수행자들을 공양하거나 수행자들을 위한 僧房이나 堂閣을 짓는 것이 더 수승하다고 하였다. 더 나아가 三寶에 귀의하고 환희심으로 5戒를 지키는 것이 더 수승하며, 일체 중생을 사랑하여 이끄는 것이 더 수승하며, 집을 나와 도를 닦아 온갖 덕을 갖추고 三明을 구족하여 모든 어리석음과 어두움을 멸하여 지혜의 밝음이 구족한 것이 더 수승하다고 하였다.[14] 붓다는 불살생을 5戒[15]의 첫 번째항으로 채택하고 있으며, 동물을 살해하는 것은 물론 작은 생물이 살고 있는 물을 마시는 것조차 금하고 있다.[16]

---

13) 金雲學 譯,『숫타니파아타』, 汎友社, 1988, p.188~189.
14) 『불설장아함경』제3분「究羅檀頭經」제4(大正藏 1권, pp.96 下~101 中).
15) 不殺生, 不偸盜, 不邪淫, 不忘語, 不飮酒이다.

그러나 살생을 금하는 것과는 달리 애초에 육식에 대해서는 금하지 않았으며, 기본적으로 다섯 가지 음식을 걸식하여 먹기를 권장하였다. 그 가운데에는 물고기는 물론 갖가지 고기도 포함되어 있다.[17] 당시 불교의 출가 수행자는 생계를 위해 직업을 가지는 것은 금지되었으며, 식생활은 托鉢과 請食에 의존하였다. 탁발이나 청식은 수행자가 음식의 종류에 대해 의사를 밝힐 수 없으며 '발우에 담기는 대로' 거절하지 않고 먹는 것이었다.

그러나 『사분율』에 의하면, 隨犯隨制에 의해 코끼리고기, 말고기, 용고기, 개고기, 사람의 고기 등을 먹지 말도록 점차 규제되고 있다.

> 이는 국왕의 군사에 속한다. 왕이 들으면 반드시 기뻐하지 않으리라. 지금부터 코끼리고기를 먹지 말라.
> 그는 왕의 군사에 속한다. 왕이 들으면 반드시 기뻐하지 않으리라. 지금부터는 말고기를 먹지 말라.[18]

하지만 이는 고기의 종류에 대한 제한이며 고기 먹는 것 자체를 금하는 것은 아니었다. 또한 육식을 금하는 이유에 대해서도 세간과의 연관관계에서 금해지고 있다. 이어서 3種淨肉과 같은 제한을 두고 허용하였고,[19] 병이 나지 않았을 때는 美食의 한 항목으로 포함

---

16) 佛陀耶舍共竺佛念等 譯, 『四分律』권17 (大正藏 22권, p.677 上~下), 諸比丘往白佛 佛言 不知者不犯 自今已去當如是說戒 若比丘故殺畜生命者波逸提 比丘義如上 畜生者 不能變化者斷其命 若自斷若教人斷.... 佛言 不知者無犯 自今已去當如是說戒 若比丘知水有虫用者波逸提 比丘義如上 彼比丘知是雜?水飲用者波逸提 ......
17) 佛陀耶舍共竺佛念等 譯, 『四分律』권42 (大正藏 22권, p.866 下), 白佛言 大德 當食何食 佛言 聽乞食食五種食 爾是比丘乞食得飯 佛言 聽食 .... 得麨佛言 聽食 ...... 得乾飯 佛言 聽食 ...... 得魚 佛言 聽食種種魚 得肉 佛言 聽食種種肉 ......
18) 佛陀耶舍共竺佛念等 譯, 『四分律』권42 (大正藏 22권, p.868 中), 世尊慈念告諸比丘 此是王之兵衆 若王聞者必不歡喜 自今已去 不應食象肉 ...... 世尊慈愍告諸比丘 此是王之兵衆 若王聞者必不歡喜 自今已去 不應食馬肉.

된 고기를 먹는 것은 금지하였다. 美食이란 바로 영양가 있는 음식을 가리킨다.

> 부처님께서 말씀하셨다. '지금부터 병들은 비구는 남에게 구걸하도록 허락하며, 또 병든 비구를 위해서 구걸하도록 허락하며, 구걸하여 얻은 것은 먹도록 허락하니, 지금부터는 이와 같이 계를 말하리라. 만일 우유 · 소락[酪] · 생선 · 고기 등 좋은 음식[美食]을 얻을 곳에서 어떤 비구가 병이 없으면서도 이러한 좋은 음식을 자기 몸을 위해 구하면 波逸提이다.' 비구의 정의는 위와 같고, 좋은 음식이라 함은 우유 · 소락 · 생선 · 고기이며, 병이라 함은 한 자리에 앉아서 밥을 다 먹지 못하는 것까지이니라.[20]

불교에서 살생은 물론 이러한 육식조차도 금지되는 전면적인 육식금지 경향은 400년경 다수의 대승경전이 성립되면서 부터이다. 『범망경』에서는 戒로서 밝히고 있으며, 특히 『대반열반경』이나 『능가경』에서는 이를 더욱 강조하고 있다.

---

19) 佛陀耶舍共竺佛念等 譯,『四分律』권42 (大正藏 22권, p.872 中), 集比丘僧告言 自今已去 若故爲殺者不應食 是中故爲殺者 若故見故聞故疑 有如此三事因緣 不淨肉 我說不應食 ..... 有三種淨肉應食 若不故見不故聞不故疑應食.
20) 佛陀耶舍共竺佛念等 譯,『四分律』권15 (大正藏 22권, p.664 上), 佛言自今已去聽病比丘乞彼人 亦聽爲病比丘乞 乞得已聽食之 自今已去當如是說戒 若得好美飮食乳酪魚及肉 若比丘如此美飮食 無病自爲身索者波逸提 比丘義如上 美食者乳酪魚及肉 病者乃至一坐間不堪食竟.

Ⅳ. 왜 살생을 하지 말아야 하는가

1. 두려움

왜 살생을 하지 말아야 하는가? 이것은 아힘사의 발생에 내재한 동기에 관한 문제라 할 수 있다. 이에 대해 람버트 슈미트하우젠은 두려움과 공감이라고 하고 있다.[21] 즉 두려움에 대해서는 살아있는 생물을 죽이거나 상해를 입히면 어떤 형태로든 가해자 자신이(혹은 그의 자손이나 심지어 그의 소가) 같거나 비슷한 상해를 당할 것이라는 두려움이다. 그리고 『바가바타 푸라나(Bhagavata-Purana)』의 게송을 예로 들고 있다.

> 그가 무참하게 죽인 제물이 (지금) 가해자가 가한 고통을 기억하면서 분노와 함께 도끼로 가해자를 죽인다.(4. 28. 26)

> 오 왕이여, 피조물의 주인이여! 보시오, (저 위에 있는) 생물들의 무리를, 그대가 제사에서 수천 번이나 무자비하게 죽였던 소를 보시오. 그들은 (지금) 그대의 잔인함을 기억하면서 그대를 기다립니다. (그리고) 분노로 가득 차 그대가 죽은 후 쇠로 만든 뿔로 그대를 찢어버리려 하오.(4. 25 .7~8)[22]

이 게송들은, 확실히 특정한 반제식주의적 맥락에서 복수의 관념을 사용하고 있다.

또한 불교에서 『사분율』에 보면 그 고기를 먹은 것으로 해서 그 냄새를 통해 그것을 먹은 자를 공격한다고 설해지고 있다.

---

21) 람버트 슈미트하우젠, 김성철 역,「불살생의 기원에 대한 고찰」,『불교평론』18호(서울: 불교평론사, 2004), pp.280~304.
22) 람버트 슈미트하우젠, 김성철 역,「불살생의 기원에 대한 고찰」,『불교평론』18호(서울: 불교평론사, 2004), pp.284~285 본문 중의 인용문 재인용.

그 때 어떤 비구가 波羅㮈國에서 있을 때에 걸식하기가 어려워서 백정의 집에 가서 개고기를 얻어먹었다. 그 뒤에 비구들이 걸식을 다니는데 개들이 미워하면서 쫓고 짖으니, 비구들이 생각하기를 '우리들 가운데 누군가가 개고기를 먹었으므로 여러 개들이 미워하면서 따라와 짖는다' 하였다. 비구들이 붓다에게 가서 사뢰니 붓다께서 말씀하셨다. '지금부터 개고기를 먹지 말라. 만일 먹는다면 突吉羅이다.'[23]

팔리율장에서 비구가 사자나 호랑이 혹은 다른 동물의 고기를 먹는 것이 금지되는 이유로 제시되는 견해도 이와 같다.

또한 그 두려움을 업설을 도입하여 설하기도 있다. 자이나교의 경우 바람직하지 않은 존재들 사이로 윤회하는 이유는 자신의 행위, 특히 동물과 식물 혹은 요소들에 대한 폭력과 살해 때문이라고 한다. 이 세상에서 존재들은, 자신의 폭력이 사후에 대부분 바람직하지 않는 존재로 재생하는 것을 초래하여 자신의 불행을 영속시킨다는 것을 모른 채, 스스로 불행하면서도 다른 존재들을 고통스럽게 한다는 것이다. 그러므로 자이나 고행승들은 해로운 행위 전체를 인지하고 그 행위를 멈추어야 한다고 보고 있다.

> (생존하고 있는) 세계는 괴롭고 비참하며 교화하기 힘들고 식별력이 없다. 고통으로 가득 찬 이 세계에서, 보라, (존재들은 비록 스스로) 괴로워 하면서도 모든 곳에서 갖가지로(?) 다른 존재들을 괴롭힌다. . . . 어떤 사람이. . .물을 해칠 때. . .이것은 그에게 불행을 초래할 것이다.[24]
>
> (Ayaranga P. 2. 3~15)

---

23) 佛陀耶舍共竺佛念等 譯, 『四分律』권42 (大正藏 22권, p.868 下), 時有比丘在波羅㮈國乞食不得 往旃陀羅家於被得狗肉食之 諸比丘乞食 諸狗憎逐吠之 諸比丘作是念 我等或能食狗肉 故使衆狗憎逐吠 我耳 諸比丘白佛 佛言 自今已去 不得食狗肉 若食得突吉羅.

불교의 경우 살생은 살아서는 악몽에 시달리고 短命하며 두려움
에 떨게 되며 사후에는 지옥에 떨어지거나 그보다는 덜하지만 축생
으로 태어나는 등 악취에 태어나는 것을 초래한다고 묘사되고 있다.
龍樹菩薩의『大智度論』권13에 잘 설명되고 있다.

> 살생에는 열 가지 죄가 있다. 무엇이 열 가지 인가? 첫째는 마음에 항
> 상 독을 품어서 세세생생 끊어지지 않는다. 둘째는 중생이 증오해서
> 눈으로 모든 것을 좋아하지 않는다. 셋째는 항상 나쁜 생각을 가지고
> 나쁜 일을 생각한다. 넷째는 중생들이 그를 두려워해서 호랑이나 뱀과
> 같이 본다. 다섯째는 잠자고 있는 동안 마음이 두렵고 깨어나면 또한
> 편안하지 못하다. 여섯째는 항상 악몽에 시달린다. 일곱째는 목숨이
> 끊어질 때 두려워하며 나쁘게 죽는다. 여덟째는 短命이라는 업의 인연
> 을 심는다. 아홉째는 몸이 무너져 목숨이 마칠 때에 지옥에 떨어진다.
> 열 번째는 만약 다시 사람이 되어 태어나더라도 항상 반드시 短命한
> 다.[25]

같은 원리이지만,『大智度論』,『十善業道經』등에서 보이는 것과
같이 천상에 태어나는 전망을 제공함으로써 의도적으로 살해를 그
만 두도록 그들을 격려하는 것이다.[26]

2. 共感

두려움 이외에 또 하나의 이유로 공감을 바탕으로 하여 불살생을

---

24) 람버트 슈미트하우젠, 김성철 역,「불살생의 기원에 대한 고찰」,『불교평론』18호(서울: 불교평론사, 2004), p.291 본문 중의 인용문 재인용.
25) 龍樹菩薩 造, 鳩摩羅什 譯,『大智度論』卷13(大正藏 25卷 p.155 下), 殺生有十罪 何等爲十 一者心常懷毒 世不絶 二者衆生憎惡眼不喜見 三者常懷惡念思惟惡事 四者衆生畏之如見蛇虎 五者睡時心怖覺亦不安 六者常有惡夢 七者命終之時狂怖惡死 八者種短命業因緣 九者身壞命終墮泥梨中 十者若出爲人常當短命.

규범화하고 있다. 곧 다른 사람이나 생물의 느낌에 참여하는 능력, 혹은 더 구체적으로 자기 자신과 마찬가지로 다른 사람이나 생물도 고통과 죽음을 싫어한다는 사실을 인지하는 능력과 그에 알맞게 그들을 대하는 능력이다. 이러한 모습은 『숫타니파타』, 『법구경』, 『상윳타 니카야』 등에서 볼 수 있다.

> '그들도 나와 같고, 나도 그들과 같다'고 생각하고, 생명있는 것을 죽여서는 안되며 또 타인으로 하여금 죽이게 해서도 안된다.[27] (『숫타니파아타』 705)

> 모든 생명은 채찍을 두려워 한다. 모든 생명은 죽음을 무서워 한다. 자기 생명에 이것을 견주어 남을 죽이거나 죽이게 하지 말라. (『법구경』 129)

> 모든 생명은 채찍을 두려워 한다. 모든 생명은 살기를 좋아한다. 자기 생명에 이것을 견주어 남을 죽이거나 죽이게 하지 말라.[28] (『법구경』 130)

> 실로 나는 살기를 원하고 죽기를 원하지 않는다. 나는 행복을 원하고 고통을 싫어한다. 내가 살기 등등을 원하기 때문에, 다른 사람이 내 목숨을 뺏는 것은 기분 좋고 즐거운 일은 아닐 것이다. 또한 다른 사람에게도 역시, 내가 그의 목숨을 뺏는 것은 기분 나쁘고 불쾌한 일이 될 것이다. 왜냐하면 그(도) 살기 등등을 원하기 때문이다. 나에게 기분

---

26) 龍樹菩薩 造, 鳩摩羅什 譯, 『大智度論』 卷13(大正藏 25卷 p.153 中), 若不護放捨 是名破戒 破此戒者墮三惡道中 若下持戒生人中 中持戒生六欲天中 上持戒又行四禪四空定生無色界淸淨天中.; 實叉難陀 譯, 『十善業道經』(大正藏 15卷 p.158 上), 龍王若離殺生 卽得成就十離惱法 何等爲十 一於諸衆生普施無畏 二常於衆生起大慈心 三永斷一切瞋恚習氣 四身常無病 五壽命長遠 六恒爲非人之所守護 七常無惡夢寢覺快樂 八滅除怨結衆怨自解 九無惡道怖 十命終生天.
27) 金雲學 譯, 『숫타니파아타』, 汎友社, 1988, p.132.
28) 金達鎭 譯解, 『法句經』, 玄岩社, 1981, p.127~128.

나쁘고 불쾌한 것은 다른 사람에게도 기분 나쁘고 불쾌한 것은 명확하다. 그런데 어떻게 내가 나 자신에게 기분 나쁘고 불쾌한 일을 다른 사람에게 행할 것인가.[29] (SN V, 353. 29)

자이나의 경우에도 모든 생물에서 느낌과 반응은 비슷하다는 가정, 자기 자신과의 유비 그리고 윤리적 결론은 자주 발견된다.

그러나(즉 모든 생물은 … 죽일 수 있다고 주장하는 다른 스승들과는 대조적으로) 우리는 다음과 같이 선언한다. … '모든 생물을 때려서는 안되고, 지배해서는 안되며, 학대해서는 안되고, 괴롭혀서는 안되며, 죽여서는 안된다. … 이것이 성자들이 설한 것이다.' … 우리는 (다른 스승들) 각자에게 물을 것이다. '그대 논쟁자들이여, 고통은 그대에게 즐거운 것인가, 즐겁지 않은 것인가?' 그리고 만약 그가 [이 문제를] 잘 이해했다면, 그는 대답할 것이다. '모든 생물들에게 … 고통은 즐겁지 않고, 큰 두려움(의 원인)이다.'[30] (Ayaranga I. 4. 2 .5~6)

이는 인간이나 동물이나 마찬가지로 살기를 원하고 죽기를 원하지 않으며 고통에 대해서는 괴로움을 느낀다는 것이다.

3. 大慈悲

『梵網經』의 十重戒에서 불살생계는 제1계에 해당하며, 불살생계

---

29) 람버트 슈미트하우젠, 김성철 역,「불살생의 기원에 대한 고찰」,『불교평론』18호(서울: 불교평론사, 2004), p.299 본문 중의 인용문 재인용.
30) 람버트 슈미트하우젠, 김성철 역,「불살생의 기원에 대한 고찰」,『불교평론』18호(서울: 불교평론사, 2004), p.300 본문 중의 인용문 재인용.

를 포함하여 십중계를 범하는 자는 열 가지 과보를 받는다고 하였다. 그 가운데 三惡道에 떨어짐은 물론이거니와 佛性이 常住하는 妙果를 모두 잃어버린다고 한다. 즉 大慈悲의 佛性種子를 파괴하게 되는 것이다.

> 잘 배우는 모든 仁者들이여, 보살의 열 가지 바라제목차를 마땅히 잘 배워서, 이 가운데 낱낱이 티끌만큼도 범하지 말아야 할 것이어늘 하물며 열 가지를 다 범하겠느냐? 만약 범하는 자는 ① 현재의 몸으로 보리심을 일으키지 못할 것이며, ② 또한 왕의 지위나 ③ 전륜성왕의 지위를 잃을 것이며, ④ 또한 비구와 비구니의 지위를 잃을 것이며, ⑤ 또한 十發趣와 ⑥ 十長養과 ⑦ 十金剛과 ⑧ 十地와 ⑨ 佛性이 常住하는 妙果를 모두 다 잃어버리고 ⑩ 三惡道에 떨어져서 2겁 또는 3겁을 지내도록 부모와 삼보의 이름도 듣지 못하리라. 이런 까닭에 한 가지라도 범하지 말아야 하느니라.[31]

法藏은 『梵網經菩薩戒本疏』에서 『범망경』의 十重戒 가운데 不殺戒를 첫 번째 戒目으로 제정한 뜻을 열 가지로 나누어 설명하고 있다. 특히 둘째와 다섯째의 내용이 殺生은 보살로서 大悲心을 어기게 되며, 일체의 중생이 佛性을 지니고 있는데 어찌 해칠 수 있겠는가 라는 내용이다. 전체 항목을 살펴보면 다음과 같다. 첫째 생명을 끊는 것은 業道를 무겁게 하기 때문(由斷生命業道重故)이며, 둘째 대비심을 어기어 해치기 때문(由違害大悲心故)이며, 셋째 길러준 은혜를 등지는 것이기 때문(背恩養故)이며, 넷째 殊勝한 緣을 어그러지게 하기 때문(乖勝緣故)이며, 다섯째 [일체 중생이] 모두 佛性이 있어서

---

31) 鳩摩羅什 譯, 『梵網經盧舍那佛說菩薩心地法門品』第十 卷下(大正藏 24권, p.1005 上), 善學諸仁者 是菩薩十波羅提木叉 應當學 於中不應一一犯如微塵許 何況其足犯十戒 若有犯者不得現身發菩提心 亦失國王位轉輪王位 亦失比丘比丘尼位 亦失十發趣十長養十金剛十地佛性常住妙果 一切皆失墮三惡道中 二劫三劫不聞父母三寶名字 以是不應一一犯.

다 장래에 法器가 될 것이기 때문(竝有佛性悉爲當來法器)이며, 여섯째 보살의 無畏施를 어기어 잃기 때문(違失菩薩無畏施故)이며, 일곱째 四攝行[32]을 어그러지게 하기 때문(乖四攝行故)이며, 여덟째 손해가 너무나 크기 때문(損過實(=寶)故)이며, 아홉째 은혜에 보답하기 위함(爲報恩故)이며, 열째 법이 그러하기 때문(法爾故)이다.[33]

대승불교에서는 육식을 엄격하게 금하고 있는데, 이는 육식이 결국 살생을 가져오기 때문이라는 것이다. 그 대표적인 경전이 바로 『입능가경』이다.

> 대혜여, 만일 일체 사람이 고기를 먹지 않는다면 또한 사람들이 중생을 살해하는 일이 없을 것이다. 사람이 고기를 먹음으로 말미암아, 먹을 고기가 없으면 여러 곳에 구하여 사들인다. 돈벌이를 하는 자가 죽여서 고기를 판매하는 것은 사는 자를 위하여 죽인 것이다. 그러므로 사는 자도 죽이는 자와 다름이 없다. 그러므로 고기를 먹는 것은 성스러운 길[聖道]를 능히 장애한다.[34]

이와 같이 육식은 살생과 밀접하게 관련되어 있다. 그러므로 고기를 먹지 말아야 할 이유는 곧 살생을 하지 말아야 할 이유에 해당한다. 『능가경』「斷食肉品」에서는 일체 중생이 윤회중에 부모, 형제, 남녀 권속 내지 친구, 친애하는 이, 모시는 이와 다르지 않으니, 어찌 먹을 수 있으며 먹어서는 안된다고 역설한다.

> 대혜여, 일체 중생들은 예부터 내려온 생사 가운데에서 윤회하여 쉬지

---

32) 보살이 고통 세계의 중생을 구제하기 위하여 중생을 佛道에 이끌어 들이기 위한 네 가지 행을 말한다. 布施攝, 愛語攝, 利行攝, 同事攝이다.
33) 法藏 撰, 『梵網經菩薩戒本疏』권1(大正藏 40권, pp.609 下~610 上).
34) 菩提流支 譯, 『入楞伽經』(大正藏 16권, p.563 中), 大慧 若一切人不食肉者 亦無有人殺害衆生 由人食肉 若無可食處處求買 爲財利者殺以販賣 爲買者殺 是故買者與殺無異 是故食肉能障聖道.

않으면서 일찍부터 부모, 형제, 남녀 권속 내지 친구, 친애하는 이, 모시는 이, 부리는 이를 짓지 않음이 없으며, 생을 바꾸면서 새, 짐승 등의 몸을 받았는데, 어찌하여 그 중에서 취하여 먹겠는가. 대혜여, 보살마하살이 모든 중생을 관찰하기를 자기 몸과 같이 하며, 고기는 모두 생명있는 것에서 온 것임을 생각하여야 하는데, 어떻게 먹겠는가. 대혜여, 모든 나찰 따위도 나의 이 말을 듣고 오히려 고기를 끊는데 하물며 법을 좋아하는 사람이겠느냐? 대혜여, 보살마하살은 거주하는 곳이나 나는 곳마다, 모든 중생들이 모두 친속이라고 보고, 또 외아들을 생각하듯이 사랑스럽게 생각하여야 한다. 그러므로 마땅히 일체의 고기를 먹어서는 안된다.[35]

『대반열반경』에서는 不食肉의 戒를 息世譏?戒에 포함시키고 있으며,[36] 더 나아가 佛性戒로 이해하여 고기를 먹는 자는 대자비의 종자를 끊는 것이라 하였다.

가섭보살이 붓다에게 다시 여쭈었다. '세존이시여, 여래께서는 어떻게 고기를 먹는 것을 허락하지 않으셨습니까?' '선남자여, 무릇 고기를 먹는 것은 대자비의 종자를 끊는 것이다.' 가섭은 다시 말했다. '여래께서는 무슨 까닭으로 먼저는 비구가 3種淨肉을 먹는 것을 허락하셨습니까?' '가섭이여, 3종정육은 일에 따라 점차로 제정한 것이니라.'[37]

『범망경』의 四十八輕戒 가운데 不食肉戒를 설하고 있는데, 고기를 먹는 자는 大慈悲의 佛性種子를 끊는 것이어서 일체중생이 보면 곧 버리고 도망간다고 하였다. 그렇기 때문에 고기를 먹지 말아야

---

35) 實叉難陀 譯,『大乘入楞伽經』권6(大正藏 16권, p.623 上?中), 大慧 一切衆生從無始來 在生死中輪廻不息 靡不曾作父母兄弟男女眷屬乃至明友 親愛待使 易生而受鳥獸等身 云何於中取之而食 大慧 菩薩摩訶薩 觀諸衆生同於己身 念肉皆從有命中來 云何而食 大慧 諸羅刹等聞此說尚應斷肉 況樂法人 大慧 菩薩摩訶薩 在在生處觀諸衆生皆是親屬 乃至慈念如一子息 是故不應食一切肉.

36) 慧嚴等依泥洹經加之,『大般涅槃經』(大正藏 12권, p.674 中).

한다는 것이다.

> 만일 불자들이 고의로 고기를 먹겠느냐 일체의 고기를 먹지 말 것이니, 대저 고기를 먹는 자는 大慈悲의 佛性種子를 끊는 것이어서 일체 중생이 보면 곧 버리고 도망하느니라. 그러므로 일체의 보살은 모름지기 일체 중생의 고기를 먹지 말 것이니, 고기를 먹으면 한량없는 죄를 얻느니라. 만일 짐짓 먹는 자는 輕垢罪를 범하느니라.[38]

이상에서 보면, 불살생의 이유는 현실적인 이유에서부터 윤리적, 도덕적 그리고 종교적 이유에까지 이르고 있다.

V. 불살생의 생태적 문화의 의의

인간의 문명사를 볼 때, 인간은 자신의 이익을 위해 서로가 서로를 죽이고 자연을 약탈하는 과정의 연속이었다고 해도 과언이 아니다. 그러한 가운데에서도 인간은 불살생, 비폭력, 자비 등의 숭고한 가치를 세워온 것 또한 사실이다.

불교에서의 불살생의 이유를 살펴볼 때, 신체적, 정신적 상해를 입거나 살해당하는 자는 내가 그러할 때 고통스러운 것과 같이 고통스러워하기 때문이며, '나'와 같은 불성을 지닌 자이기 때문이며, 윤회중에 있는 '나'와 가까운 이들이기 때문이다. 살생은 나의 업을 무겁게 하여 成道를 어렵게 하고, 나의 대자비 불성종자를 끊어 또

---

37) 慧嚴等依泥洹經加之,『大般涅槃經』(大正藏 12권, p.386 上), 迦葉菩薩復白佛言 世尊 云何如來不聽食肉 善男子 夫食肉者斷大慈種 迦葉又言 如來何故 先聽比丘食三種淨肉 迦葉 是三種淨肉隨事漸制.

38) 鳩摩羅什 譯,『梵網經盧舍那佛說菩薩心地法門品』第十 卷下(大正藏 24권, p.1005 中), 若佛子 故食肉一切肉不得食 斷大慈悲佛性種子 一切衆生見而捨去 是故一切菩薩不得食一切衆生肉 食肉得無量罪 若故食者犯輕垢罪.

한 성도를 어렵게 하기 때문이다.

특히 불교에서 불살생이어야 하는 이유는 일체중생이 모두 불성을 지니고 있으므로, 살생으로 타인의 불성을 파괴하게 되고 나의 대자비 불성종자를 끊게 되기 때문이다. 불성은 각 중생에게 내재된 최고의 가치이며 이러한 가치는 차별이 없는 것이다.

그러면 생태적 문화는 어디에서 오는가? 그것은 먼저 '살아 있음'을 소중히 여기는 문화에서 온다고 생각한다. '살아 있음'을 소중히 여긴다는 것은 어떤 한 개체에만 해당되는 것이 아니라 살아 있는 개체들을 모두 똑같이 소중히 하여, 죽이는 것이 아니라 살려나가는 것이다. 이는 나와 네가 함께하는 공존 공생을 도모하는 것이다.

생태학적 문화는 무엇인가? 그것은 평등성이다. 일체 중생이 모두 한 목숨을 지닌 평등성이며, 한 불성을 지닌 평등성이며, 자연과 더불어 함께 생존을 도모하는 한 개체로서 평등성이다.

불교의 불살생은 자비심, 자애심을 어기고 해치지 않게 하기 위한 것으로 '마음의 상태'에 중점을 두고 있다. 생태계의 파괴가 다른 종족이 아닌 인간에 의해 행해진다고 볼 때, 생태적 문화의 요구는 인간에게 주어진 것이며 결국 인간이 생태적 문화로 전환해야 한다는 의미에서, 인간의 마음의 상태 즉 자비심을 일깨워야 한다는 것이다.

그 동안은 자연을 두려워하여 도전하고 정복하는 대상으로서 지배하고 약탈하고자 한 태도에서, 이제는 공존 공생의 관계라는 사실을 깨닫고 인간은 자연의 한 요소로서 자연을 보호하고 살려나가는 주체가 되어야 한다. 여기에서 아힘사는 해치지 않고 살생하지 않는 것을 넘어 자비심으로서 이들을 가꾸고 함께하는 공생 공존의 원리이다. 이것은 그 동안 불교 교리사에서 보여준 불살생의 생태적 의의 바로 그것일 것이다. 육식을 금하는 것 또한 그러한 의미로 받아들이며, 放生은 또한 자비심의 확장된 표현일 것이다. 그러나 이러한 행위 또한 지혜를 가진 육식금지이고 지혜를 가진 자비이고 지혜를 가진 방생이어야 할 것이다. 이것은 부처님께서 계와 율을 제정해온 연기에서도 알 수 있다. 일체가 상의상관적 관계에서 존재함으로 승단의 계율 또한 결코 한편으로 일률적으로 정해지지 않았으며, 세간과 상호작용 속에 정해지고 있는 것이다.

부처님께서 일찍이 희생제를 비판하고 제사의 의미는 일체중생의 살림을 살펴가는 것임을 일깨우고 있다. 육식을 금하는 것은 세간이 혐오스러워함으로 금하며, 대자비의 불성종자를 끊게 되기 때문에 금하며, 결국은 불성을 지닌 중생의 살생을 조장하기 때문에 금하는 것이다.

상해, 위해, 살생은 중생을 불안하게 하고 고통스럽게 하며 두려움에 떨게 하고 세상을 어둡게 하고 자연을 해치고 자비심을 해치고 서로를 배려하지 않고 공존과 공생을 도모하지 않게 된다.

생태적 세계관을 지닌다는 것은 상의상관적인 연기법을 깨친다는 것과 다름 아니다. 상의상관적인 연기법을 깨치지 않고서는 생태적 세계관을 지닐 수 없기 때문이다. 이러한 생태적 세계관 속에서 각자가 행동하고 사고할 때 생태적 문화는 이룩될 것이며, 결국 자연과 공존공생하게 되고 인간 삶의 질적인 향상이 이루어질 것이다. 그러한 걸음의 첫걸음이 '살아 있음'을 소중히 하고 '살아 있음'을 살펴나가는 자비심이며 불살생이며 불상해인 것이다.

우리는 상의상관적 연기법을 깨치지 못하고 행하는 어리석은 자비심, 어리석은 방생, 어리석은 불살생, 어리석은 불상해를 범하지 말아야 한다. 또한 상의상관적 연기법을 깨치지 못하고 자멸로 가고 있는 줄도 모르고 행하는, 적절성을 넘어선 행위를 그만두어야 할 것이다.

Ⅵ. 나오는 말

이상에서 살펴본 것과 같이 고대 인도사회에서 자각되어 역사적으로 점차 파생된 不殺生 및 肉食禁止는 철학 및 각 종교에 깊이 스며들었음을 알 수 있었다. 특히 불교의 경우 고대 브라만교에서 행해지던 犧牲祭를 비판하고, 祭祀의 참된 의미를 중생들을 보살피고 道를 닦아 온갖 德을 갖추고 지혜를 밝히는 것으로 돌리고 있다. 살생에 대해서는 작은 생물이 포함된 물을 마셔도 안된다고 하여 매우 엄격하였다. 반면에 托鉢과 請食으로 식생활을 유지하던 초기 교단에서는 肉食에 대해서는 그리 엄격하지 않았다. 살생을 하지 말아야 할 이유에 대해서도 초기에는 살아있는 생물을 죽이거나 상해를 입히면 어떤 형태로든 가해자 자신이 그와 같거나 비슷한 상태로 상해를 당할 것이라는 두려움이나, 자신과 마찬가지로 다른 생물도 고통과 죽음을 싫어한다는 共感에서 찾아지고 있다. 그러나 대승불교에 와서는 불살생계가 매우 중요시 되고 있다.『四分律』에서 불살생계는 네 가지 바라제목차 가운데 제3계에 해당하나,『梵網經』에서는 十重大戒 가운데 第1重戒에 배당하고 있다. 또한 육식에 대해서도 붓다 당시 처음에는 금하지 않았으며 점차 隨犯隨制에 의해 고기의 종류를 정하여 육식을 금하고 있으나, 대승불교에 와서는 일체중생이 모두 佛性을 지니고 있다는 大命題에서 일체의 살생과 살생을 부르는 육식을 엄격하게 금하고 있다. 여기에서 살생을 하지 말아야 할 이유에 대해서도 보살은 大慈悲로서 일체중생 각각이 지니고 있는 佛性을 드러내게 해야 함인데, 살생이란 가당치도 않는 행위인 것이다. 자신의 大慈悲의 佛性種子를 顯現함은 곧 일체중생의 대자비의 불성종자를 현현케 함이다.

　이러한 불교의 불살생, 비폭력, 대자비는 생태계 위기의 대책점이라 보여지는 생태적 문화로 가는 실마리가 된다고 생각한다. 이는 단순히 敎團내의 戒律이나 敎理로서 머물지 않고 대중적으로 실천되었을 때 가능할 것이다. 이것은 내가 佛性을 지닌 존귀한 존재인 것과 마찬가지로 일체중생이 불성을 지닌 존재임을 깨닫고, 일체중생을 그렇게 바라볼 때 가능한 것이다.

참고 문헌

林光明, 林怡馨 編譯, 『梵漢大辭典』(上), 嘉?出版社, 2005年.
佛陀耶舍供竺佛念 譯, 『佛說長阿含經』15권 제3분 「究羅檀頭經」제4, 新修大正藏 1권.
實叉難陀 譯, 『十善業道經』, 新修大正藏 15권.
菩提流支 譯, 『入楞伽經』, 新修大正藏 16권.
實叉難陀 譯, 『大乘入楞伽經』, 新修大正藏 16권.
慧嚴等依泥洹經加之, 『大般涅槃經』, 新修大正藏 12권.
佛陀耶舍共竺佛念等 譯, 『四分律』, 新修大正藏 22권.
龍樹菩薩 造, 鳩摩羅什 譯, 『大智度論』 新修大正藏 25권.
法藏 撰, 『梵網經菩薩戒本疏』, 新修大正藏 40권.
鳩摩羅什 譯, 『梵網經盧舍那佛說菩薩心地法門品』, 新修大正藏 24권.
金達鎭 譯解, 『法句經』, 玄岩社, 1981.
金雲學 譯, 『숫타니파아타』, 汎友社, 1988.
김종욱 저, 『불교생태학』, 동국대학교출판부, 2004.
람버트 슈미트하우젠, 김성철 역, 「불살생의 기원에 대한 고찰」, 『불교평론』 18호(서울: 불교평론사, 2004)

이재숙 · 이광수 옮김, 『마누법전』, 한길사, 1999.

박이문, 『문명의 위기와 문화의 전환』(서울: 민음사, 1996)

Radhakrishnan, S., The Principal Upaniishads, Ist ed. : 1953, 2nd ed., London : George Allen & Unwin LTD., 1968,

Chakravarti, Appaswami, "Jainism : Its Philosophy and Ｅｔｈｉｃｓ" (Chatterji, Suniti Kumar ed., The Cultural Heritage of India, Vol. Ⅰ, Ist : 1937, Calcutta : Ramakrishna Mission, Institute of Culture, 1982),

목정배, 「계율에 나타난 불교의 생명관」, 『한국불교학』제20집, 1995.

조용길, 「불살생의 방생관: 불교의 생명윤리」, 『생명의 위기: 21세기 생명윤리의 쟁점』, 푸른나무, 2001.

마 성, 「불교는 육식을 금하는 종교인가」, 『불교평론』19, 불교평론사, 2004.

신성현, 「불교의 불살생계와 현대윤리」, 『한국불교학』30, 한국불교학회, 2001.

신성현, 「不食肉戒 일고」, 『불교학보』35, 동국대학교 불교문화연구원, 1998.

구승회, 「현대 생태사상의 경향과 전만: 생태학적 불교의 가능성과 관련하여」, 『불교생태학 그 오늘과 내일』, 동국대학교 불교문화연구원, 2003.

이거룡, 「佛敎와 힌두교에서 肉食禁止의 문제」, 『한국불교학』33, 한국불교학회, 2002.

김미숙, 「자이교의 불살생론 연구」, 동국대학교 박사학위논문

자연 영성가 빙엔의 힐데가르트
(1098-1179)

정 홍 규 (대구대교구, 신부)

I. 서론: 왜 힐데가르트를 말하는가?

 오늘날 많은 이들이 삶의 의미를 추구하면서도 고갈되어 가고, 풍요와 안락을 추구하면서도 우리의 공동기반인 지구를 황폐화시키고 스스로 메말라 가는 것을 느낀다. 종교를 가지고 신앙생활을 하면서도 많은 경우에 신앙과 생활이 별개로 움직인다. 전례, 의식에 참여하고 함께 활동하는 것이나 당장 눈앞의 복을 기원하는 것으로만 채울 뿐, 일상생활에 당연한 부분들, 이를테면 장을 보고 먹고 입고 일하는 것들은 영성적인 것을 추구하는 것이나 영성생활의 일부라고 생각하지 않는다. 하루하루 살아가고 사람들과 나누며 봉사하는 것은 아주 중요하게 생각하지만 나와 우리 생활에 바탕이 되는 자연과의 나눔과 교류에는 마음을 쓰고 돌아보려 하지 않는다. 자신을 돌아볼 여유도 없는 바쁜 시간들이다.
 이렇게 해서 창조의 세계, 지구는 더욱 황폐해지고 자연과 분리된 인간의 의식에선 경이로움과 신비함이 사라지면서 의식하지 못하는 사이에 몸과 영의 삶 또한 황폐해지고, 이젠 곳곳에서 그동안 덮여 있던 것들의 증세가 심각하게 나타나는 정도에 이르게 되었다. 환경과 영성의 회복을 추구하는 눈으로 현대 학문들의 성과를 분석하면서 밝혀진 것은 결국 모든 문화에 담겨있는 지혜, 모든 영적인 전통의 중심에 담긴 깊은 통찰 안에 일치되는 내용, 곧 모든 것은 모든 것과 상호 연결되는 관계에 놓여 있고 내재적인 것으로부터 초월적인 것으로의 역동적인 관계 안에서 지양되고 있다는 것을 다시금 깊이 인식해야 한다는 것이다.

이제 이웃과 창조의 세계와 이어져 있는 나의 삶 안에서 구원의 창조를 이어가는 깊은 영성을 느끼도록 찾아가야 한다. 몸과 영이, 우리와 자연이 함께 어우러지며 살아가고 있음을 느끼고 일깨우며 지내도록 해야 한다.

이러한 까닭에, 사랑의 원리로 이어지는 창조의 과정에서 시대를 보고, 모든 창조물의 질서 안에서 대우주인 우주와 소우주인 인간의 연관을 보았던 12세기의 성녀 힐데가르트는 정신만이 아니라 몸의 오관을 통해서 다양한 방법으로 심층생태학적인 영성을 일깨운다. 우리 자신인 자연으로부터의 소외, 우리가 함께 하는 자연환경으로부터의 소외를 극복하고, 우리 자신의 신체기관들을 살아있는 체계인 땅(지구)에 통합된 부분으로 체험하며, 개인적인 자아의 한계를 "생태적인 자아"로 확대하도록, 그리고 함께 하는 환경 안에서의 "연대적인 존재"로서 스스로를 의식하고 그런 의식에 머무르도록 이끌어 주는 다양한 길을 제시하고 있다.

일상생활 안에서, 자연의 모든 것들을 보고 듣고 냄새 맡고 맛보고 접촉하며 이루는 관계 안에 있음을 깨닫게 하고, 그 안에서 의미를 찾고 내적인 기쁨을 불러일으키고 충전될 수 있도록 우리의 감각과 정신을 일깨워준다. 지금까지 영성적인 줄기에서 다루지 않았던 부분, 부족했던 부분들을 영성적으로 다시 살도록 일깨워 주는 것이다

Ⅱ. 힐데가르트는 누구인가?

한번도 교회에서 공식적으로 힐데가르트를 성녀로 인정한 적이 없지만, 민중들은 그녀를 성녀라고 부른다. 독일에서는 힐데가르트가 공식적으로 성녀이든 아니든 관계없이 국민적인 성녀로서 믿고 있다. 그녀는 분명 유럽 문화사나 종교사에서 위대한 여성상을 이룬 인물 중 한 분이다. 21세기에 사는 전 세계의 사람들이 아주 보수적인 12세기의 한 여성을 오늘날 그토록 찾는 이유가 무엇일까? 중세 과도기를 살았던 그녀를 또 하나의 과도기인 현재와 어떤 관련성에서 현대인들이 찾을까? 소위 힐데가르트 붐이나 힐데가르트 르네상스!

아마도 힐데가르트가 남성이었다면 사태가 다르게 나아갔을는지도 모른다. 힐데가르트가 최근에 갑자기 혜성처럼 떠오르는 것은 여성 생태주의나 여성 영성의 시대적 흐름과 전혀 관계없다고 보지 않는다. 그러나 그녀는 여성운동가도, 생태운동가도 아니다. 오늘날 세계적으로 많은 이들이 빙엔의 힐데가르트가 남긴 저서에 관심을 두는 이유는 그 안에서 자연과 초자연, 종교와 과학, 정의와 정치, 예술이 분리되지 않고 결합되어 있기 때문이다. 그녀는 전체론적인 (holistic) 우주관을 제시하였다. 이런 점에서 힐데가르트의 시각은 젊은 세대의 우주-세계적 생활 감각에 잘 들어맞을 뿐 아니라 우주적인 갈증을 채워주기도 한다.

알프스 산악지대에서 출발하여 독일의 중심을 흐르는, 독일의 젖줄인 라인강은 이미 고대 로마시대부터 상인들의 무역로가 되었고 중세시대에는 가장 중요한 강의 고속도로였다. 강변을 따라 발달한 도시들 그리고 중세의 성과 로렐라이 언덕, 사이사이 갈라져 흐르는 작은 강줄기를 따라 낮은 언덕에 그림처럼 이어지는 포도밭을 한 폭에 담고 있는 중부 라인이 시작되는 곳이 빙엔이다. 독특한 문화와 전통을 지니고 유럽 남서부에 속하다가 북부 프랑스를 거쳐 영국으로 건너간 켈트족 거주 지역의 북방 경계에 속하고 중세 중기 독일 정치와 경제의 중심지에 위치하고 있는 곳이기도 하다.

힐데가르트의 시대는 격동의 12세기이다. 이 세기는 종교와 세계가 하나를 이루던 폐쇄적인 세계관이 해체되기 시작하던 시기이다. 로마 교회와 그리스 교회가 단절되고, 교황권과 황제권이 서로 대립하기 시작하고, 공공연히 널리 만연하던 극단적이고 금욕적인 수녀원 쇄신운동으로 교회가 세속의 지배 세력에 종속되지 않도록 교회 쇄신을 촉구하던 시기이다. 십자군 전쟁이 시작된 11세기 말, 힐데가르트는 1098년에 지금의 독일 라인헤센 알짜이 근처, 베르머스하임이라는 한 작은 마을의 귀족 가문에서 10형제 중 막내로 태어났다.

잦은 전쟁에 이어 십자군 전쟁으로 모든 면에서의 교류가 빈번해지면서 이슬람 문화와 학문, 그리스 철학, 특히 아리스토텔레스의 저작들과 의학이 전해지는 시기이기도 했다. 다른 한편으로는 정치적인 소용돌이 속에서 새로운 학문의 흐름이 시작되고 기술이 발전하지만 서민들은 굶주림과 영양 부족으로 고통을 겪고 있었고 봉건 영주들이 백성에게 지우는 과세는 점점 더 무거워져 가고 있었다.

바로 이러한 시대적 전환기 속에 힐데가르트는 8살 어린 나이에 마인츠에서 남서쪽으로 25마일 가량 떨어진 디지보덴베르크에 있는 슈폰하임 유타 백작부인의 보호 아래 맡겨지면서 그 당시 은수생활을 통해서 읽기와 쓰기, 찬미가 부르기, 수작업과 음악 등을 배우기 시작했다. 이 백작부인의 유거생활이 베네딕도 수녀원으로 옮겨지면서 공동체가 더욱 발전해 나갔다. 이로부터 힐데가르트는 수녀, 수녀원장(1136), 건축가, 시인, 희극작가, 신비가, 작곡가, 미술가, 신학자, 예언자, 의사, 설교가, 정치가, 치유가, 자연주의자로서의 삶에 첫 발을 내딛게 되었다.

사도 바오로는 코린토인들에게 보낸 첫째 편지 14장 34절에서 "여성들은 공동체에서 침묵해야 한다"고 말했지만 그녀는 43살이 되던 해 '보고 들은 것을 전하라! 너가 경험하는 기적들을 알리도록 하여라! 또한 그 경험을 기록하여 알려라!' 는 거스를 수 없는 음성과 혀 같은 불꽃이 하늘로부터 쏟아져 내려오는 것을 체험한 비전에 따라 글을 쓰기 시작했다. 그녀는 사실 무학 출신이었다. 그때부터 생을 마친 81세까지 비전을 보고 전한 3권의 신학 저서와 77편의 시와 노래와 36점의 그림, 500가지의 식물, 동물, 광물에 대한 자료와 보석치료, 자연치료에 관한 의학 관련 책과 당시의 정치인들과 성직자, 신자, 백성들에게 올바른 삶에 대해 전한 300통 이상의 편지 등 대 저작을 남겼을 뿐 아니라 2개의 여자 수녀원을 세우고 많은 이들을 치유하였다.

교황 그레고리 4세와 이노센트 4세가 그녀의 시성을 제안했고 뒤를 이어 클레멘스 22세가 시성작업을 추진하였지만 승인되지는 않고 있다. 그러나 역사적으로는 1664년부터 독일 마인츠 교구 성무일도와 미사경본에 9월 17일을 힐데가르트의 축일로 지내기 시작했다. 1940년부터는 이 축일을 로마 전례성성에서도 받아들여 전 독일 성무일도와 미사경본에 힐데가르트의 축일을 올렸다. 독일 지역 교회 주교들의 합의로 1971년부터 전 독일어권에서 매년 9월 17일을 힐데가르트의 축일로 공식적으로 경축하고 있다. 좀더 구체적으로 힐데가르트의 삶의 자리와 시간으로 여행해 볼 것이다.

Ⅲ. 시대적 배경: 힐데가르트 시대의 중세 중기

힐데가르트가 세상의 빛을 본 해, 1098년은 첫 번째 십자군 출정이 바로 시작된 때였다. 1054년에 로마교회와 그리스 교회가 결정적으로 단절되기 시작했다. 1059년부터 추기경들이 교황을 선출하기 시작함으로써 교황선출에 대한 황제의 영향력이 상실되었다. 수도원 개혁운동의 중심지인 클러니(Cluny) 개혁수도원으로부터 세속의 지배세력에 교회가 의존하고 종속되는 것에 대한 반대움직임이 일기 시작했다. 1122년 보름스 교회-국가 협약으로(Wormser Konkordat)[1] 거의 50여 년간 계속된 성직 임명권[2]을 둘러싼 왕권과 교황권간의 싸움이 마무리되었다. 1147년에 제 2차 십자군 출정이 시작되었고, 1152년 프리드리히 1세, 바바롯사(Friedrich I. Barbarossa)의 통치가 시작되었다. 1155년 교황 하드리안 4세가 그에게 황제의 관을 씌워주었다.

힐데가르트 시대의 사람들은 대부분 농업으로 생계를 영위했다. 그들은 자연환경에 맞추어 군집촌락을 이루고 모여 살든지 또는 서로 떨어진 개별농가에서 지냈다. 11세기에 인구가 급증하기 시작하면서 나무를 밀어내고 이룬 개간지들이 생기고 도로를 따라 형성된 도로촌락이 생겨났다. 당시의 농업방식인 삼포농법과 공동의 목초

---

1) 사도좌로 대표되는 로마 가톨릭 교회와 세속의 국가간에 서로의 관계에 대해 맺은 협약. 이 보름스 협약이 최초의 교회-국가 협약이었다. 성직임명권을 둘러싼 교황권과 왕권의 50여년간의 세력투쟁이 이로써 종결되었다. 이 협약으로 왕들이 인장과 지팡이를 수여하는 성직 임명권을 포기하는 대신 교황은 독일 황제가(후에 이탈리아와 영국황제에게도) 성직 수여에 앞서 새 고위 성직자에게 교회재산으로 봉토를 주어 세금징수권을 부여하는 권한을 인정하였다.
2) 주교 및 수도원장과 같이 성직록을 받는 고위 성직자의 임명권을 둘러싼 개혁교황권과 영국, 프랑스, 독일 왕권간의 분쟁으로 교회권과 세속권간의 관계에 대한 근본적인 논쟁이었다. 특히 신성 로마제국은 국가교회체계로 왕들이 성직임명에 영향을 미치고 교회에 대해 지배하고 관리할 수 있도록 제도적 장치를 갖추고 있었는데, 교회 개혁운동에서 평신도인왕들의 이러한 영향력 행사가 교회법상으로 성직을 사고 파는 것과 같은 처벌조항으로 들어간다는 입장이 대두하여 이 입장이 지배적인 영향력을 지니게 되었다.

지 운영은 이미 중세 초기부터 틀이 잡혀 이어져오는 것이었으나 이 시기에 철제회전식 쟁기가 고안되어 땅을 더 효과적으로 일굴 수 있었다. 이미 오래 전부터 알려지고 사용되던 물레방아가 12세기에 들어서는 독일 전역에 널리 분포되었다. 전쟁에는 작위가 없는 귀족 기사층이 출정하여 싸웠고 농민(농노)들은 그들의 농장을 경작하였다.

이 시기부터 종교와 세계가 하나를 이루는 폐쇄된 세계관이 점차 해체되기 시작했다. 성직 임명권을 둘러싼 분쟁이 그 하나의 대표적인 표지였다. 아리스토텔레스의 저작들이 유럽으로 넘어와 전파되고 대학들이 설립되었으며 수도원학교와 주교좌 성당에서 운영하는 학교들의 영향력이 줄어들기 시작했다. 신학이 하나의 고유한 학문으로 자리 잡으면서 성서주해가 쇠퇴했다. 학술분야에서는 스콜라학파(성 빅토르 위고와 안셀름 켄터버리경)가 발전하면서 동시에 영성적인 대응으로서 신비주의가 발전했다. 대규모 편찬의 시대(die Zeit der großen Sammlung)가 시작됐다. 1140년 수도자 그라치안이 교회법 개관(概觀)을 완성했고 프라이징(Freising)의 주교 오토는 완전함을 향하여 노력하는 신국(神國 :하느님의 나라)과 힘의 지배와 비신앙으로 새겨진 세속국가간의 투쟁으로 전체 세계사를 묘사하는 세계사 연대기를 완성했다. 이전에는 주로 수도원에서만 문헌저술과 노래작곡활동이 있었으나 슈타우퍼(Staufer)왕가 때부터 그들의 서사시로 기사계층도 문화창달자로 부상했다.

이 시기에 주요한 건축물들이 세워졌는데, 파리의 노트르담 사원(1163-1246)과 더없이 아름다운 색유리로 유명한 샤르트르의 노트르담 사원이 설립되었고 슈파이어의 주교좌 성당의 두 번째이자 최종 설계도가 완성되었다. 트리어 교구에 힘메로트(Himmerod) 수도원(1136)과 바트가쎈(Wadgassen) 수도원(1135), 슈프링기어스

바하(Springiersbach) 수도원(1102/07, 후에 코블렌쯔의 론니히(Lonnig)에 자(子)수도원이 설립되었고 같은 회 소속의 수녀회는 1143년 쇤슈타트로 옮겨 이 시기에 설립되었으며, 900년에 70개였던 수녀원 수가 1250년에는 500여개로 늘었다.

13세기에 들어 성인들의 유골숭배예절이 절정에 이르렀다. 1196년부터 트리어 주교좌 성당의 동쪽 제단부 제대에 예수님의 성의(聖衣)가 안치되었는데, 이미 1060년에 여기에 예수님의 어떤 옷이 안치되어 있는지에 대한 논의가 있었다는 기록이 있다. 그러나 대규모 건축작업의 역사나 수도원 및 학문의 발전, 팽창은 그 당시 현실의 일부일 뿐이다. 대부분의 사람들은 삶의 어두운 편에 서 있었다. 먹을만한 곡식이 부족해서 굶주림과 영양부족으로 인한 질병이 만연했고, 자유가 없는 이들의 삶은 생존에 대한 두려움으로 새겨져있었다.

Ⅳ. 빙엔 기행과 21세기의 힐데가르트수녀

'백문(百聞)이 불여일견'(不如一見)이란 말은 무엇보다도 여행을 통해서 체험된다고 본다. 본다는 것(見)은 주마간산(走馬看山)격으로 휙 둘러보는 것이 아니라 초점을 두고 한 걸음 한 걸음 옮기면서 눈썰미 있게 면면히 뜯어보며 마음에 느끼는 것이다. 지난 겨울(2000년 1월) 한 달 이상 인도 남쪽 체나이에서 퐁디세리의 오로빌(Auroville) 생태마을과 독일 로렐라이-라인강(der Rhein)을 따라 찾아간 힐데가르트(Hildegard), 직접 현장에서 보고 느끼는 심미적인 시선이 얼마나 중요한지 새삼 몸으로 깨달았다. 독일의 전형적인 겨울날씨에도 불구하고 아름답기로 유명한 Moseltal과 Rheintal

을 따라 Koblenz에서 Rüesheim에까지, Nahe강, Bermesheim, Disibodenberg, Rupertsberg, St. Rochus 경당, Eibingen 본당의 그 분의 황금 유골함과 모자이크 만다라 로마네스크 양식의 현 베네딕도 수녀원, 그리고 빙엔의 라인강 양쪽 기슭과 골짜기 등의 겨울풍물들을 외유하였다. 봄이나 여름에 다시 한 번 오고 싶은 풍경들이었다. 한 사람의 사고나 기질, 심지어 영성까지도 어릴 적부터 살았던 기후, 생태, 지리, 풍경, 삶의 터전과 깊은 관련이 있다고 보지 않을 수 없다. 아름다운 움브리아에 살았던 프란치스코 성인이 만드신 태양의 찬가도 그렇고, 동양미학의 진수인 도가의 시들도 자연과의 친교를 빼놓고 생각할 수 없다. 그리고 힐데가르트의 Viriditas영성, 그 시대나 지금까지나 한 번도 표현된 적이 없는 용어, 즉 viriditas(greening power: 녹색, 초록 푸르름을 만드는 에너지)가 나오게 된 것도 초록으로 둘러싸인 나헤계곡, 촉촉한 물기를 적신 라인강, 강둑 주위의 무성한 포도밭, 모젤강(die Mosel), 포도주, 비옥한 토양, 갖가지 과일, 성 디지보데산 오솔길 때문이라고 생각한다.

적어도 라인강에서 나온 신비가를 이해하려면 지금도 그 수녀원에서 생산한 딩켈과 포도주를 꼭 한 번 가서 맛보기를 바란다. 직접 맛보는 것이 영성이라고 생각한다. 성 아오스딩이 주류였던 그 당시 스콜라 신학자들이 그 맛에 대한 방대한 신학체계를 만들었다. 그러나 힐데가르트는 라틴어를 배우지 못했고, 무학자에 그리고 중세 그 당시 여자인 그 분이 남성주류의 스콜라 신학자들 앞에서 주님의 선하심을 포도주 맛보듯이 신비주의이든 선이든, 포도주이든 김치이든 밥이든 직접 맛보라고 요청하였다. 어느 하나 만으로가 아니라 창조주께서 주신 모든 것, 오관으로 우주 만물 모든 것을 창조하시고 그 하나하나에 당신의 선하신 뜻이 흐르도록 하신 그 분의 섭리를 맛보고 일깨우도록. 높은 곳에서 악을 심판하는 분이 아니라 스스로 빛이 흐려짐을 무릅쓰고 어두움도 악도 사랑으로 되돌아오도록 모든 것 안에 당신의 영을 박아주신 그 자비를 맛보고 모두 안에 자리 잡은 당신의 영이 활기 있게 살아나도록 하는 정의를 실현하라고 선포했던 것이다.

그 동안 책에서만 읽고, 막연하게 생각했던 힐데가르트와 그 삶의 자리(Bingen)를 눈앞에 마주하여 그 신기(神氣)를 체험한다는 것은 가슴이 벅찬 일이다. 사람들이 흔히 하듯 어느 유명한 곳에 가서 분주하게 여기저기 사진을 찍고 여러 자료를 이것저것 챙기면서 단순히 과거를 훑어보는 역사탐방이나 관광에선 그 신기를 얻을 수 없는 것이다. 막상 독일에서 여러 군데 뒤적이면서 놀란 것은 힐데가르트에 대한 연구가 생각했던 것보다는 달리, 종파를 넘어서 사회의 각 분야에서 광범위하게 다루어지고 있다는 점이었다. 독일어권 뿐만 아니라 전 세계에서 예술, 신비주의, 의학, 교육학, 정신의학, 심리요법, 비교 종교학, 자연치료, 생태학, 페미니즘, 음악, 미술치료 그리고 만다라(Mandala)에 이르기까지 다양한 관점에서 연구되고 활용되고 있었다. 예를 들어 힐데가르트의 치료법은 병원이나 의사를 찾아가는 것이 아니라 우리가 허준의 동의보감을 가정에 두고 항상 찾아볼 수 있는 것처럼 누구나 쉽게 일상생활에서 실제적으로 활발하게 적용하고 있다는 사실이다. 그러한 것으로 약초요법, 향료요법, 동종요법(Homeopaty), 자연식, 채식, 건강조리법, 돌과 보석을 통한 치료(Heilsteine) 등으로 분류되어 오늘날의 관점에서 다양하게 소개하고 있었다.

특히 오늘날 서양에서 번지고 있는 동양에 대한 관심과 아울러 자연으로 돌아가는 새로운 생활양식을 12세기의 힐데가르트의 지혜로운 혜안에서 찾고 있다는 점은 패러독스가 아닐 수 없다. 이른바 힐데가르트의 의학지침서는 900년을 넘어 현대의 의학뿐만 아니라 민중의 생활건강에도 손쉽게 다가갈 수 있다는 점에서도 병에 걸리면 병원에 가서 치료받는 서양의학의 한계를 지양하는 대안의학(Alternative Medicine), 즉 예방의학 또는 전일적(Holistic) 의학으로서 주목받고 있다. 더욱 중요한 것은 그녀 스스로 그림을 그리면서 치료(Art-Healing)된 경험을 바탕으로 하여 병에 대한 처방을 글로 적어 놓았다. 병원이나 의과대학이 없었던 그 시대, 900년 전이 아닌 지금 우리들의 건강, 먹거리 그리고 치료에 대한 비법이 그녀의 자연과학 저서들 안에 담겨 있고, 동양의 사상과도 만날 수 있는 관련고리를 이미 포함하고 있기에, 힐데가르트 영성의 풍요로움을 보여주고 있었다.

다른 한편 이렇게 여러 분야에서 실용적인 관심에서, 더 나아가 상업적인 관심에서 이루어진 연구로 12세기의 정치적 영성적 양심이었던 힐데가르트의 전체적인 모습은 일반에겐 오히려 한동안 가리워져 있었다. 독일 안에서는 이미 성인집에 올라 9월 17일로 축일도 기념하고 있고 힐데가르트를 주보성인으로 하는 성당과 병원, 학교, 복지기관들도 꽤 많은데도, 실생활에 밀접하고 유용한 내용으로 대중화된 명성에 부응해 그녀의 비전을 병리적으로 해석하거나 심리적으로 분석하는 글들의 영향이나 그에 대한 반발로 신자들 중에서는 힐데가르트에 대해 극단적인 편견과 선입견을 가지고 있는 이들도 있었다. 1979년 그 분이 돌아가신지 800주년을 기념하는 날, 교황 요한 바오로 2세께서 그녀를 "Saint" 라고 호칭한 적도 있고, 한 편에서는 데레사 성녀나 카타리나 성녀에 이어 교회학자로 인정하도록 요청하는 청원서가 올라가 있지만 한 편으로는 아직 성인으로 공식 인정하지 않는 교회의 애매한 태도에 따른 반응일 수도 있고 그 동안 그 분에 대한 대중적인 관심을 영성적으로 뒷받침할 수 있는 교회의 연구와 교육이 부족했기 때문이기도 하다.

　1899년 800주년 기일로부터 1999년 탄생 900주년 사이에 그 분이 세운 베네딕도 수녀원의 노력과 많은 사목자들의 관심, 관련 교구들의 사목적인 관심과 지원으로 부분적으로가 아니라 총체적인 힐데가르트, 힐데가르트의 삶과 가르침을 역사적인 배경아래에서 다시 해석하고 오늘에 다시 투영하는 작업들이 활발하게 이루어지고 있다. 그 분의 음악과 그림을 도구로 하여 창조와 치유의 새로운 전례를 만들고, 그 삶의 자리를 돌아보고 체험하는 순례프로그램을 개발하고, 개인, 가족, 단체를 위한 피정프로그램과 일상피정을 위한 성서묵상, 명상, 만다라 등 사목, 영성프로그램을 개발했다. 중세음악 전문가들을 중심으로 그 분이 작곡한 곡들이 다시 발굴되고 연주되어 CD가 만들어지고, 그 분 음악을 전문적으로 연주하는 앙상블들과 오페라단이 설립되어 순회연주를 하였다. 1981년 베네딕도 수녀님들의 소개로 미국과 유럽에 그 분의 음악이 전해졌는데, 1994년 CD로 재취입되어 나온 그 노래가 "Top-Ten"에 오를 만큼 반응이 대단하였다. 클래식 음악 쪽에서도 "Sequentia"라는 앙상블의 연주가 Classic-Charts 9위에 오를 정도로 관심을 불러 일으켰다. "Ordo Virtutum : 성덕의 열(列)"이란 뮤지칼이 순회 공연되기도 했다. 우리나라에는 90년대에 그 분의 시가 조금 소개되었고, "비전"이라는 음악 CD가 소개되었는데 전혀 주목을 끌지 못했다.

V. 힐데가르트의 자연학과 의학

　한낱 수녀에 불과했던 빙엔의 힐데가르트가 탄생한 지 거의 천년에 이러서야 새롭게 주목을 받게 된 이유는 무엇일까? 그것은 자연학에 대한 두 개의 저작이 큰 위치를 차지하고 있다. 여성박사이면서 신비주의자인 카타리나 성녀는 기적의 수녀로서 주로 가톨릭안에서 존경을 받고 기억되어 온데 비해서 힐데가르트는 종교를 넘어서 일반인들로부터 각 분야의 지식인으로부터 마음을 끌고 있다. 아직 우리 한국에서는 힐데가르트의 직접적인 목소리를 들을 수 있는 원전이 번역된 것이 하나도 없는 반면에 이미 일본에서는 힐데가르트의 자연학과 여러 평전이 나와있다.

재미있는 것은 시에나의 카타리나는 이미 로마교황청에서 성녀로 시성하였지만 힐데가르트는 로마가 아니라 민중들이 그녀를 성녀로 존경한다는 사실이다.

자연학에 관한 두 권의 책은 1150년부터 1160년에 사이에 기술되었으며 '자연계의 여러 가지 창조물의 숨겨진 여러 성질의 책' 이라 일컬어지고 있다. 그리고 제1의 책은 자연학(Physica), 제2의 책은 원인과 치료(Causae et Curae)이다. 이 두 가지 저서에 대해서는 원전 라틴어로부터의 독일어 역과 영어 역, 그리고 그것들을 사용한 해설서 등도 속속 출판되고 있는데, 원전 제목에 대해서조차 여러 가지 (직역, 의역등)번역이 있기 때문에 혼란의 양상을 띠고 있다.

제2장으로부터 의학철학 혹은 의학사상적인 부분을 발췌하여 『Heilwissen』란 제목으로 독일어로 번역한 M・파우리크와 P・마디간은 자연학에 대해서 1511년에 처음으로 인쇄된 이 책은 자연・식물・동물・동물 그리고 의학에 대해서 말하고 있으며, "힐데가르트가 그 수도원의 식물에 대해서 통달하고 있었다는 것, 그리고 모든 약초에 대해서 정통하고 있었다는 것의 성과이다"고 기술하고

있다. 또 디지보덴베르크의 그녀의 수도원은 그란강과 나에강의 합류점에 위치하고 있으며, 또 루베르츠베르크는 나에강이 라인강으로 유입하는 지점이었다는 지역적 특징이 그녀에게 어류에 대한 흥미를 갖게 한 이유라고도 말하고 있다.

그러나 다음에 보는 바와 같은 지상의 많은 피조물 -돌부터 동식물까지-의 지식을 그녀가 어떻게 얻었는가, 특히 의학과 의술의 지식을 어디에서 어떻게 배웠는지에 대해서는 자세하게 설명하고 있지 않다. 하물며 본서 본문에 있는 것처럼 라틴어는 커녕 고등 교육을 받지 않은 여성이 왜 중세에 있어서도 어려운 박물학과 의학의 책을 저술할 수 있었는가 등 많은 의문점이 남아있다. 다만 여기에서 말할 수 있는 것은 힐데가르트라고 하는 중세의 한 여성이 보기 드문 강한 호기심과 면학욕, 그리고 병자들을 고치고 싶다는 깊은 애정을 가지고 있었을 것이라는 추정뿐인 것이다.

그러면 513장으로 형성되고 있으며, 293종이나 되는 식물이 소개 수록되어 있다고 하는 자연학의 목차만 살펴보도록 하자.

제1권「식물의 책」230종(곡물, 콩류, 라벤더 등의 약초)에 대해서 설명하고 있다. 또 활력, 냉과 온의 성질에 대해서도 기술하고 있다.
제2권「원소, 혹은 강물의 책」
제3권「수목의 책」63종의 수목.
제3권「돌의 책」그녀는 광물이나 보석에도 자세하게 알고 있으며, 여기서는 수정, 자수정, 진주, 벽옥 등 많은 광물을 소개하고 있다.
제4권「물고기의 책」36종의 물고기.
제5권「새의 책」72종의 새.
제6종「동물의 책」45종의 동물.
제7종「파충류의 책」18종의 파충류.
제8권「광물의 책」8종의 금속.

목차만 봐도 그녀가 중세의 수녀에 불과했다고는 생각할 수 없지 않겠는가! 다음에 보는 의학서와 함께 기술의 기본이 되어 있는 것은 희랍로마 이래의 지식의 총합인 동시에 거기에는 그녀가 아니면 도저히 생각할 수 없는 가톨릭 창조신학의 지식과 사상이 여러 곳에 드러나고 있으며, 전체를 관통하는 사상적 배경을 이루고 있는 것이다. 힐데가르트의 치료법은 총체적인 치료법이다. 그 당시의 시대와 신학을 떼어서 생각할 수 없다. 힐데가르트가 고대로부터 전해서 내려오는 당시 수도원의 치료법을 알고 적용했다는 것은 확실하다. 수도원의 치료법만이 아니라 민간의학의 요소들도 수용했다. 서양에서는 보기가 드문 사혈이 그 예이다. 아래에 보듯이 힐데가가르트의 치료법은 광범위하다.

다음에 『원인과 치료』의 목차를 제시해 본다.

제1장 세계의 창조
제2장 우주의 구조
제3장 세계요소
제4장 인간의 형성
제5장 건강한 신체와 병든 신체
제6장 사람의 출생
제7장 성적 행동
제8장 수면과 각성의 사이
제9장 머리부터 발끝까지, 전신의 병.
제10장 여성병
제11장 영양과 소화
제12장 성생활
제13장 마음의 작용

제14장 대사 장애
재15장 치료 방법
제16장 생명의 징표
제17장 건강한 생활방법
제18장 의사의 간호
제19장 의사의 덕
제20장 생명의 상

위에서 보는 것처럼 단순한 의학전서가 아니다. 창조신학에 따라 자연에 대한 지식을 규정, 배치했다는 점과 자신의 신학적인 이상에 따라 치료법을 규정했다는 점이 중요하다. 예를 들면 제1장이 세계의 창조인데 바로 중세적이며 힐데가르트의 특징을 잘 나타내고 있다. 세계의 창조는 하느님이 바로 하느님이 그렇게 바라는 것이며 그리고 동시에 한처음에 하느님은 하늘과 땅을 창조하신 것이다. 하느님은 4원소 즉 불,공기,물, 흙, 화수지풍을 창조하셨다고 힐데가르트는 말한다. 힐데가르트의 치료석을 소개한다.

<표 1> 힐데가르트의 치료석

귀감람석 (페리도트 chrysolite)	집중력 향상, 인식력과 창의력의 증진, 슬픔 우울한 감정 해소, 착용자에게 긍정적
	활력을 넣어줌으로써 면역성 강화, 어린이의 경우 신체적 정신적 성장 촉진
	열을 동반하는 질환, 심장과 폐 보호, 흉부 질환 치료
	여드름, 헤르페스, 풍진및 대상포진에 사용
	전염병 예방, 에이즈(치료 지원), 생식 수태 불능
녹석영 (Prase)	신경이 과민하여 쉽게 흥분하는 사람이나 심신의 긴장 완화 - 안티 스트레스 보석
	피부 발진, 햇빛에 그을렸을 때, 알레르기성 피부 발진, 상처및 외상의 치료
	피부 질환에 효과 - 신경성 피부염, 건선, 여드름
	목걸이로 착용하면 눈의 피로 현상이나 근시 원시의 악화를 막고 치료
녹옥수 (Chrysoprase)	정신적 불안 상태, 신경과민, 정서를 해치는 시기, 탐욕, 질투에 도움
	혈액의 정화 작용, 고혈압에 특효, 동맥 경화, 심장 질환, 비만 방지, 과체중
	성적인 문제와 생식기 질환
	피부 질환, 발진, 습진
	류머티즘성 장애, 간질, 경미한 마비 현상
녹주석 (Beryl)	공격적인 사람에게 정서적인 조화로움 선사, 명상에도 도움
	장기 여행시 멀미 방지, 긴장해소, 심리적 안정 도모, 스트레스와 불쾌감 제거
	향수병 예방 - 착용자의 마음을 안정
	위와 장의 장애가 있을때 사용
	눈위에 올려 놓으면 눈의 피로 회복와 안과 질환의 치료 효과
다이아몬드 (Diamond)	정신 장애(격분, 광신주의, 조울증)나 심신의 정화에 사용 (만성 피로, 쇠진 상태)
	허기를 없애주는 작용 - 단식에 도움
	중풍, 뇌졸중(후 치료), 황달에 도움
	저항력 약화, 면역 부진, 전염병 예방
	스트레스와 탈진 방지에 사용

Ⅵ. 결 론

　동양의 문화, 우리의 문화가 자연에, 우주에 순응하며 화해하고 조화를 이루고 사는 것을 모색하는 것이었다면 서구에서는 자연을 극복하고, 더 나아가서는 정복하도록 하는 방향으로 발전해갔다. 모든 피조물 중에 우위에 서 있는 인간, 자연에, 우주에 초월해 있는 초월성을 추구하는 서구신학이 육적인 인간의 한계를 극복하도록 자극하였고 초기 이러한 발전방향의 기초적인 사고를 받쳐주었다. 그래서 기술의 발전과 함께 인간 개인에 대한 인권의식이 발달한 반면 우주관이 위축되었다. 환경문제가 심각하게 대두되면서 북미에서 톰 베리(Thomas Berry)신부와 매튜 폭스(Mattew Fox) 신부를 중심으로 서구 발전의 근본적인 뿌리(변증법)에서 우주와 인간간의 화해를 모색하려는 틀을 다시 찾으려는 노력이 시작됐다. 다른 한편으로는 공동의 문제의식으로 자연에 적응하고 조화를 이루는 것에 중점(음양론)을 두면서 전체 체계 안에서 개인을 중시하는 인권관이 부족한 동양의 문화와 대화하며 서로 보충할 길을 모색하기 시작했다.
　이러한 맥락에서 12세기의 힐데가르트는 우리에게 어떤 의미가 있을까? 12세기의 뛰어난 영성가이자 신비주의자였으며 예언자적인 정의의 실천가였던 힐데가르트, 그 분의 영성이 오늘날 21세기, 새로운 밀레니엄 시대에 동서양 모두를 매개하고 모두에 적용할 수 있는 새로운 패러다임을 찾는 데에, 어떤 역할을 할 수 있을까?
　이 시점에서 힐데가르트를 볼 수 있다는 것은 참 다행한 일이다. 12세기 한 여성이 오늘날 우리에게도 의미를 주는 것은 그 시대에는 도저히 찾아볼 수 없었던 "우주신학" 즉 우주에 대한 "단일성과 전체성"의 영성이다. 음과 양, 죄와 은총, 자연과 초자연, 몸과 영혼, 피조물과 창조주를 대립물로 분리하지 않고 하나로, 유기적으로 통합해서 보았다는 것은 놀라운 발상이다. 그녀는 이 우주를 알로 비유한다. 동양의 우주관과 일맥상통하고 있다. 그녀의 우주신학이다. 그녀는 오관을 통해 창조자의 뜻을 깨우치도록 하였다. 글로써만이 아니라 시와 음악과 그림으로 "창조영성"을 표현하여 누구나 접할 수 있도록 했다. 자신의 통찰과 비판이 들어간 성서와 교회활동에 대한 신학적 연구서 "Scivias"에서 비전을 표현한 36점의 그림으로 볼 수 있듯이 자신의 신학을 그림으로 표현함으로써 그리스도교적 만다라의 기초를 제공하기도 했고, 자신의 음악과 연극으로 전례를 형성했다.

그리고 힐데가르트는 중세의 가부장적인 사회구조, 교회체계 안에서 수녀원의 독립성을 쟁취하고, 편지와 설교여행을 통해 밖으로 나아가 사회의 병폐를 제시하고, 교회와 세상 권력자들의 불의를 비판하며 세상을 향해 정의를 선포했다. 또 스스로를 치료한 경험을 살려 정신적, 육체적 질병에 대한 처방과 이에 필요한 약초를 글로 적어 놓았다. 지금은 무리없이 받아들여지는 모든 것들이 당시로서는 사회제도나 교계제도 안에서 용납되지 않는 것들, 금지된 틀을 벗어나는 것들이었기 때문에 힐데가르트는 끊임없이 이와 맞서 싸운다. 신비체험을 근거로 해서 제도에 굴하지 않고 그로써 받은 소명 곧 정의구현이라는 임무를 끝까지 밀고 나간다. 9세기 전에 이미 예언적 신비주의의 관점에서 여성문제와 환경문제에 대해 영성적 기초를 마련했던 것이다.

필 자 소 개 (가나다순)

권 명 수
한신대학교 신학과 및 동 대학원 신학과 졸업
미국 세인트 폴 대학 대학원(M.A.), 미국 시카고 신학대학 졸업(Ph.D.)
현재 : 한신대학교 신학과 목회상담학 교수
주요서서 및 논문 : "관상기도: 깊은 사귐의 기도",『영성 목회 21세기』(한들, 2006)
"관상기도 집중 수련의 효과에 대한 경험적 연구 : 자기 개념과 하나님 이미지 변화를 중심으로",『신학연구』45호(한신대 출판부, 2004) 외 다수

김 치 온
동국대학교 행정학과 졸업, 동대학원 불교학과 졸업(철학박사)
현재 : 대한불교진각종 진각대학 교수
주요저서 및 논문 :『佛敎論理學의 成立과 轉用 硏究』(박사학위논문), "唯識學에서 바라본 人間의 有漏性과 無漏性", "淸辯과 護法의 空有論爭에 대하여", "眞如에 대하여 -『成唯識論』을 중심으로-", "『解深密經』의 止觀에 대하여" 외 다수.

노 용 필
서강대학교 사학과 및 동 대학원 사학과 졸업(문학박사)
현재 : 가톨릭대학교 인간학연구소 연구교수
주요저서 및 논문 :『신라진흥왕순수비연구』,『최승로상서문연구』(공저),『동학사외 집강소 연구』, 천주교와 한국 근·현대의 사회문화적 변동 : 조사보고서 (상,중,하)』,『한국 근·현대 100년속의 가톨릭교회(상,중,하)』외 다수

박 두 환
서울신학대학교 신학과 및 서강대학교 대학원 졸업
독일 본(Bonn)대학교(Kand. Dr. theol.) 독일 Kirchliche Hochschule Bethel/Bielefeld 졸업(Dr. theol)
현재 : 나사렛대학교 신학과 신약신학 교수
주요역서 :『신약성서신학』(H.Conzelmann/A.Lindemann),『신약성서 어떻게 읽을 것인가』 (H.Conzelmann/A.Lindemann),『요한계시록』(E. Lohse) 외 다수

연 규 홍
한신대학교 신학과 및 대학원 신학과 졸업(신학박사)
현재 : 한신대학교 신학과 교회사학 교수
저서 :『교회사의 해방전통』,『한국교회의 평화통일 운동 연표』,
『성령의 정치경제학』(역서) 외 다수

이 법 산
대만 중국문화대학 졸업(철학박사)
현재 : 동국대학교 선학과 불교대학장 및 불교대학원장, 교수
저서 :『말있는 곳에서 말없는 곳으로』,『문답으로 풀어보는 불교입문』,
『물속의 물고기가 목말라 한다』외 다수

임 홍 빈
한신대학교 신학과 및 대학원 신학과 졸업
독일 하이델베르크대학교 졸업(Dr. Theol.)
현재 : 한신대학교 신학과 조직신학 겸임교수
주요저서 :『현대의 삼위일체론』(생명의 씨앗, 2006),『생태위기와 독일생태공동체』(공저, 한신대 출판부, 2004),『디지털 세대를 위한 기독교』(공저, 민들레책방, 2002) 외 다수

정 홍 규
가톨릭대학교 신학과 졸업
현재 : 푸른평화 대표, 천주교 대구대교구 경산교회 주임신부, 영천 오산자연학교 교장
주요저서 :『빙엔의 힐데가르트』,『산처럼』,『우주이야기』(역서) 외 다수

차 차 석
동국대학교 대학원 졸업(철학박사)
현재 : 금강대학교 강사, 보조사상연구원 연구실장.
주요저서 :『법화사상론』,『여든은 어려워도 세살은 쉬운 참살이』
역서 :『선어삼백칙』,『중국불교사』,『법화사상』외 다수

최 동 순
동국대학교 대학원(철학박사)
현재 : 동국대학교 불교문화연구원 연구원
주요저서 및 논문 :『수습지관좌선법요』(2004), "초기 천태조통설의 성립 연구"
『보조사상』(21집)(2004), "현대 한국 천태종의 수행구조와 원융삼제의 적용",
『한국불교학』(37집)(2004) 외 다수